员工行为跟随现象的驱动机理及干预策略研究

陈 洋◎著

吉林大学出版社

·长春·

图书在版编目（CIP）数据

员工行为跟随现象的驱动机理及干预策略研究 / 陈
洋著. -- 长春 : 吉林大学出版社, 2023.10
ISBN 978-7-5768-2266-3

Ⅰ.①员… Ⅱ.①陈… Ⅲ.①企业管理—人力资源管
理—研究 Ⅳ.①F272.92

中国国家版本馆CIP数据核字(2023)第191692号

书　　名：员工行为跟随现象的驱动机理及干预策略研究
YUANGONG XINGWEI GENSUI XIANXIANG DE QUDONG JILI JI GANYU CELÜE YANJIU

作　　者：陈　洋
策划编辑：李承章
责任编辑：李承章
责任校对：甄志忠
装帧设计：刘　丹
出版发行：吉林大学出版社
社　　址：长春市人民大街4059号
邮政编码：130021
发行电话：0431-89580036/58
网　　址：http://www.jlup.com.cn
电子邮箱：jldxcbs@sina.com
印　　刷：湖南省众鑫印务有限公司
开　　本：787mm×1092mm　　1/16
印　　张：20.5
字　　数：340千字
版　　次：2025年1月　第1版
印　　次：2025年1月　第1次
书　　号：ISBN 978-7-5768-2266-3
定　　价：79.00元

目　录

1 绪　论 ……………………………………………………… 1

1.1 选题的背景 ………………………………………… 1

1.2 研究的目的与意义 ………………………………… 3

1.3 研究内容 …………………………………………… 5

1.4 研究方法与技术路线 ……………………………… 7

1.5 本章小结 …………………………………………… 10

2 理论基础与文献综述 …………………………………… 11

2.1 羊群行为与从众行为的关系 ……………………… 11

2.2 行为跟随概念的界定 ……………………………… 12

2.3 相关理论基础与模型 ……………………………… 17

2.4 文献综述 …………………………………………… 23

2.5 本章小结 …………………………………………… 48

3 行为跟随驱动模型的建立 ……………………………… 49

3.1 行为跟随驱动因素筛选 …………………………… 49

3.2 行为跟随驱动因素的界定 ………………………… 71

3.3 行为跟随驱动机理模型构建 ……………………… 85

3.4 本章小结 …………………………………………… 95

4　研究所需量表的开发与数据收集 ………………………………… 97

　　4.1　量表开发的流程与原则 …………………………………… 97

　　4.2　初始题项的提取与修正 …………………………………… 101

　　4.3　预调研与初始量表检验 …………………………………… 103

　　4.4　正式施测与样本情况 ……………………………………… 129

　　4.5　正式量表的检验 …………………………………………… 132

　　4.6　本章小结 …………………………………………………… 151

5　行为跟随驱动机理实证分析 …………………………………… 153

　　5.1　行为跟随的描述性统计及差异性分析 …………………… 153

　　5.2　行为跟随各驱动因素的描述性分析 ……………………… 162

　　5.3　行为跟随与其各驱动因素的相关性分析 ………………… 185

　　5.4　行为效用感知的中介效应检验 …………………………… 187

　　5.5　本章小结 …………………………………………………… 203

6　基于行为效用感知的行为跟随选择博弈分析 ………………… 205

　　6.1　演化博弈理论 ……………………………………………… 205

　　6.2　演化博弈分析的适用性评价 ……………………………… 208

　　6.3　员工群体内部演化博弈分析 ……………………………… 209

　　6.4　管理者与员工演化博弈分析 ……………………………… 225

　　6.5　本章小结 …………………………………………………… 243

7　行为跟随仿真研究 ……………………………………………… 244

　　7.1　建模的理论与方法 ………………………………………… 245

　　7.2　Netlogo 平台仿真的原理与优势 ………………………… 248

　　7.3　仿真系统的构建 …………………………………………… 249

　　7.4　行为跟随仿真分析 ………………………………………… 256

7.5　本章小结 ⋯⋯⋯⋯⋯⋯⋯⋯⋯⋯⋯⋯⋯⋯⋯⋯⋯⋯⋯⋯ 275

8　行为跟随干预的对策建议 ⋯⋯⋯⋯⋯⋯⋯⋯⋯⋯⋯⋯⋯⋯⋯⋯ 277

8.1　基于行为跟随驱动机理建议 ⋯⋯⋯⋯⋯⋯⋯⋯⋯⋯⋯ 277

8.2　基于演化博弈的管理者的干预建议 ⋯⋯⋯⋯⋯⋯⋯ 284

8.3　基于仿真研究的干预措施选择建议 ⋯⋯⋯⋯⋯⋯⋯ 285

8.4　本章小结 ⋯⋯⋯⋯⋯⋯⋯⋯⋯⋯⋯⋯⋯⋯⋯⋯⋯⋯⋯⋯ 286

9　研究结论与展望 ⋯⋯⋯⋯⋯⋯⋯⋯⋯⋯⋯⋯⋯⋯⋯⋯⋯⋯⋯⋯ 287

9.1　研究结论 ⋯⋯⋯⋯⋯⋯⋯⋯⋯⋯⋯⋯⋯⋯⋯⋯⋯⋯⋯⋯ 287

9.2　主要创新点 ⋯⋯⋯⋯⋯⋯⋯⋯⋯⋯⋯⋯⋯⋯⋯⋯⋯⋯⋯ 290

9.3　研究的局限性和展望 ⋯⋯⋯⋯⋯⋯⋯⋯⋯⋯⋯⋯⋯⋯ 291

参考文献 ⋯⋯⋯⋯⋯⋯⋯⋯⋯⋯⋯⋯⋯⋯⋯⋯⋯⋯⋯⋯⋯⋯⋯⋯ 293

1 绪 论

1.1 选题的背景

自工业革命以来,工业对于社会经济的推动作用有目共睹。工业是国民经济的"主引擎"与"压舱石",是衡量一个国家综合经济实力和国际竞争力的重要标志,工业稳则经济稳。2022 年,工业对我国经济增长的贡献率达到 36%,在经济发展中起到了核心作用。作为工业体系的重要组成部分,轻工业与重工业都发挥了不可替代的作用,但是相较于轻工业,重工业企业多分布于与国民经济命脉相关的高危行业,其健康发展对于我国经济社会的稳定与发展更具有现实意义。安全是发展的基石,党的二十大再次强调安全生产的重要性,指出"安全生产应该作为发展的一条红线,树立安全发展理念,弘扬生命至上、安全第一的思想,坚决遏制重特大安全事故"。然而安全生产事故的时有发生威胁着工业企业的平稳运行,比如,2023 年 1 月辽宁盘锦浩业化工有限公司发生爆炸着火事故,造成 13 人死亡、35 人受伤,直接经济损失约 8 799 万元;2022 年 4 月广东省清远精美特种型材有限公司熔铸车间发生爆炸,造成 5 人死亡;以及 2020 年 8 月湖北省仙桃蓝化有机硅有限公司甲基三丁酮肟基硅烷车间发生爆炸事故,造成 6 人死亡、4 人受伤。这些事故不仅给相关企业带来经济和人员损失,还造成了恶劣的社会影响,威胁工业企业的健康发展。因此,提升工业企业的安全生产是保障我国经济社会平稳发展的重要任务。

在工业企业中,安全是基于"人—机—环境"系统的协调运行。安全生产需要杜绝人的不安全行为,消除物的不安全状态和控制环境中的不安全因素。由于工艺和技术的进步使得机器设备的安全性和可靠性得到了极大提高,同时由于各种监测和预警手段、劳保用品的使用使得环境中的不安全因素的消极影响也得到了有效控制,但是人作为系统中唯一具有能动性的部分,其生理和心理不具有稳定性,始终是威胁安全生产的主要因素[7]。人的不安全行为是导致安全生产事故频发的主要原因,一系列的文献也验证了这个观点。经典的事故致因理论指出,事故的发生总是与人的不安全行为和物的不安全状态息息相关。一些中外研究者通过对工业事故的统计和调查,结果几乎无一例外的表明,人的不安全行为是导致安全事故的主要原因。海因里希(Heinrich,1959)较早对工业事故进行统计和调查,提出了著名的"88:10:2"规律,即在 100 起事故中有 88 起是由于人的不安全行为引发的,10 起是由于物的不安全状态导致的,仅仅只有 2 起是难以避免的[2]。Christina 则对发生于 20 世纪 60 年代至 90 年代的事故原因进行分析,得出了由人的不安全行为导致的事故由最初的 20% 激增至 80% 以上[3]。与此同时,有学者对日本制造业 1977 年之前发生的导致停工 4 日以上的事故(104 638 起)进行了统计和分析,结果与前人的结论惊人相似,这些事故中有 94.5% 是由人的不安全行为导致的[4]。在电力系统中,相关学者也对其中发生的事故进行了统计分析,结果显示 78.1% 是人因失误引发的,再一次表明人的不安全行为是导致事故的主要原因[5]。除此之外,也有学者对核电领域进行了事故分析,通过梳理 1993—2002 年世界范围内的 940 起核电运营过程中的事故分析报告,最终得出有 58% 的事故是由人的不安全行为引发的[6]。美国的杜邦公司也曾对发生在其公司的安全事故进行了分析,得出由员工的不安全行为而引发的事故比例高达 96%。因此,预防和控制人的不安全行为才是当前工业企业安全生产应该关注的重点。

实践中,大多数事故是由群体不安全行为造成的。员工个体的不安全行为在大多数情况下都不会演化为事故,只有这种行为通过社会接触被其他员工效仿、跟随,产生了行为叠加或共振后才会导致诱发事故,这也是员工不安全行为频繁发生的原因之一。当前我国工业企业基层员工多采用班组化管理的管理方式,工作任务的完成需要员工的密切配合,这种小群体增加了内部成员的互动与交流,同时复杂的社会关系的存在,比如亲友、邻里、师徒关系,也使得"帮传带"现象十分普遍,一旦班组中产生不安全行为,便极大可能被成员观察、模仿,产生行为跟随现象,最终引发群体成员行为的趋同,进而诱发安全生产事故。尽管这种对不安全行为的效仿与跟随会对企业造成巨大危害[5,9],但是却没有受到足够重视,缺乏对其影响因素的挖掘和演化规律的揭示,这无疑会导致理论层面的滞后,不利于企业把握行为跟随发生和发展的规律,这给企业在实践中的安全管理工作带来了挑战。

综上所述,鉴于行为跟随现象在工业企业中普遍存在,以及员工不安全行为对企业安全生产的重要影响,本书以重工业企业中班组员工为研究对象,以员工不安全行为切入,深入探讨班组内员工行为跟随的驱动机理、演化过程及其干预措施,以期在理论上丰富行为安全管理的相关研究,在实践中为工业企业提升安全管理水平、降低事故率提供切实可行的依据。

1.2 研究的目的与意义

1.2.1 研究的目的

在本研究中,鉴于员工不安全行为对企业健康发展的重要影响,将行为跟随置于不安全行为框架内,针对工业企业中一线员工学习和模仿不安全行为的行为跟随现象进行系统深入的研究,着重探讨影响这种现象的驱动因素及其作用机理;此外,进一步揭示行为跟随的产生条件、演化路径以及如何达到稳定状态;通过建立行为跟随仿真系统,分析不同情形下的系统演化,以期为企业的管理实践提供可行的干预策略。具体来说,本书的目标体现在如下几个方面:

①挖掘影响员工行为跟随的驱动因素,进而构建行为跟随驱动模型。

②开发出测量行为跟随及其驱动因素所需的量表,运用问卷调查法收集数据,并对构建的理论模型进行实证分析。

③从一线员工内部和外部两个层面建立演化博弈模型,分析在不同情境下行为跟随的形成条件、演化路径及演化稳定策略,并对每种情境进行数值模拟。

④以实证分析所得结论为依据,建立一线员工行为跟随仿真系统,分析不同因素的不同取值对一线员工行为跟随发生与发展的影响,以期为干预措施的

制定提供量化依据。

⑤基于研究所得结果,结合工业企业和员工的具体情况,有针对性地提出行为跟随干预的对策建议。

1.2.2　研究的意义

本书从工业企业入手,针对班组员工间存在的行为跟随现象进行深入研究。行为跟随是实现个体行为向群体行为蔓延的重要途径,若员工对不安全行为产生行为跟随,则会威胁企业的安全生产,可见行为跟随与企业的安全生产联系紧密。因而本研究的开展无论是在理论层面还是实践层面都具有重要的意义。

(1)理论意义

①本书运用扎根理论对工业企业从业者的访谈资料进行了分析,构建了行为跟随的二维结构及其驱动模型,并以此为基础有针对性地开发出适用于工业企业员工的行为跟随及其驱动因素量表,本研究所做的工作为后续的行为跟随及其相关研究的深入开展提供必要的研究工具(即问卷)支持以及扎实的理论支撑。

②本书通过合理地运用和借鉴安全科学理论、社会心理学理论、行为经济学理论以及恢复理论等,借助扎根理论、问卷调查、多元统计分析、结构方程模型分析、演化博弈分析以及仿真分析等方法深入探讨了行为跟随的驱动机理、演化规律以及干预途径和效果,本研究将多学科理论与方法融会贯通,丰富和拓展了行为安全管理理论。

(2)实践意义

①国家层面,响应党和国家政策号召,保障企业安全生产。党的二十大报告把安全生产纳入到国家安全的高度进行部署,深刻体现了党中央对安全生产工作的高度重视。作为与国民经济健康发展密切相关的领域,工业企业安全事故易发、频发使得其安全生产尤为重要,在这样的背景下,本研究的开展符合国家政策的号召,能够有效降低工业企业由于人的因素而导致的事故,一定程度上保障了企业的安全生产。

②企业层面,提升企业的安全性与可靠性,避免不必要的损失。工业企业

一线班组员工若对他人的不安全行为产生行为跟随便会引发群体性的不安全行为,影响范围大,涉事人员多,事故一旦发生便会导致大量人员的伤亡,这给企业处理事故和善后工作带来极大的经济负担。此外,工业企业也会因为事故的发生而被迫停工整顿,对生产产生不利影响。本研究旨在提升工业企业安全生产水平,在不安全行为框架内挖掘一线员工行为跟随驱动因素,探索其发生及演化规律,为企业采取相关干预措施提供了科学的依据,有利于企业迅速、有效地对其进行管理,避免了管理中的盲目性,大大降低了潜在的人因事故产生的可能性,避免不必要的经济损失。

③员工层面,提升员工的安全意识,确保行为的安全性,提高其工作安全感。本研究的开展有助于员工充分认识到效仿、跟随他人不安全行为会导致群体不安全行为的产生,会埋下巨大的安全隐患,进而会自觉遵守组织规章制度,确保自身行为的安全性;同时,本研究中干预措施的提出能够遏制对不安全行为的跟随,降低了安全风险,保障了员工的安全与健康,使得员工能够更安心地投入生产,提高工作积极性。

1.3 研究内容

为了顺利实现研究中所提出的目标,本书分为如下几点来对研究的内容进行详细的阐述。

首先,构建员工行为跟随驱动模型。在基于代表性的员工深度访谈的基础上,同时结合专家咨询的方法,运用扎根理论对访谈资料进行一、二和三级编码,挖掘影响一线员工行为跟随的驱动因素,同时借鉴现有的文献资料对员工行为跟随和驱动因素的内涵和边界进行界定,构建员工行为跟随驱动因素作用机理理论模型,并提出了相关研究假设。

其次,开发行为跟随及其驱动因素量表并进行数据的收集。在基于文献阅读与扎根访谈的基础上明晰研究中所涉及的变量,按照量表设计的流程、原则对研究变量进行操作化定义,借助深度访谈资料和相关文献形成研究所需量表的初始题项,之后对初始量表进行预测试,对预测试所得数据进行分析,进而对初始量表进行修订、完善,最终形成正式调研所需问卷;设计正式调研的实施方案,对收集的数据进行描述性分析,以了解样本特征;对正式量表实施共同方法偏差检验、正态性检验、验证性因子分析、信度和效度检验,为后续的实证检验提供可靠的数据支持。

第三,实证分析行为跟随驱动因素作用机理。对变量进行描述性统计分析,运用单因素方差分析、均值比较等方法检验行为跟随在不同的人口学变量上是否存在差异;同时,通过相关性分析检验了变量之间的相关性;运用结构方程模型检验理论假设部分提出的直接和间接效应是否成立,基于实证分析的结果,对提出的行为跟随驱动因素作用机理理论模型进行修正,从而得出最终的行为跟随驱动因素作用机理理论模型。

第四,构建基于行为效用感知的行为跟随博弈模型。从动态视角分析行为效用感知对行为跟随的影响,分别从员工内部和外部两个层面揭示了在行为效用感知的影响下,行为跟随的演化规律。首先,通过构建对称博弈,确定参与博弈的双方均为一线员工,并将其策略划分为"跟随"和"不跟随"策略;其次,构建管理者与一线员工间的非对称博弈,将管理者策略细分为"积极干预"和"消极干预"策略,而一线员工的策略依然为"跟随"和"不跟随"策略。通过对模型进行一些必要的假设后,对博弈各方的策略进行分析获得相应支付矩阵,通过复制动态方程求解模型中的演化路径,并利用 Matlab 对演化博弈分析中的各种情形进行数值模拟,以验证结论的正确性。

第五,构建员工行为跟随仿真系统。以行为跟随驱动因素作用机理理论模型以及演化博弈模型为基础,构建了内、外部因素与行为效用感知的关系表达式,将内、外部因素嵌入到员工的行为效用感知中,运用 ABMS 法并借助 Netlogo 仿真平台构建一线员工行为跟随仿真模型,分别模拟在不同因素的不同取值下,工业企业一线员工表现出行为跟随的人数变化趋势,从动态视角考察了各因素对行为跟随的影响,为后续干预策略的制定提供了量化依据。

1.4　研究方法与技术路线

1.4.1　研究方法

本书利用定性与定量相结合的研究方法,重点关注工业企业一线员工,从行为跟随的驱动因素及演化过程入手,充分利用已有的研究成果,借鉴安全科学、社会心理学、行为经济学以及管理科学等多学科理论,并结合使用文献研究方法、质性研究方法、专家咨询法、问卷调查法、多元统计分析方法、结构方程模型、演化博弈论与多主体仿真等方法对问题进行分析,多学科理论与方法的运用是本研究科学性与有效性的重要保证。

①文献资料查阅法。通过对(不)安全行为、羊群行为、从众行为以及不安全行为扩散等国内外文献的研读,找出本书研究的视角和切入点,深入理解和掌握本研究所涉及的变量的概念和理论,为研究假设和理论模型的提出提供了理论依据;在梳理文献的基础上,总结和借鉴现有国内外行为矫治的优秀经验措施,结合本书的研究结论,形成有针对性且可执行的对策建议,并将其运用到行为跟随干预的实践中去。

②质性研究法。对选定的具有代表性的员工进行深度访谈,同时结合专家的意见建议,运用扎根理论发掘出影响一线员工行为跟随的驱动因素,同时对员工行为跟随和驱动因素的内涵和边界进行界定,并且构建行为跟随驱动因素作用机理理论模型。

③问卷调查法。在基于质性分析的结果之上,结合相关文献资料和专家意见,确定研究变量的初始测量题项,运用问卷调查法进行预测试,并对初始量表进行检验和修正,形成最终正式的调查问卷,并进行正式样本调查,对正式量表进行检验,为后续的实证分析奠定基础。

④多元统计分析技术。在对调查数据的分析处理中采用 SPSS 22.0 对研究变量进行信度分析、探索性因子分析和描述性统计分析,运用方差分析、均值比较等方法研究不安全羊群行为在不同的人口学变量上存在的差异性;利用相

关性分析来分析研究变量之间的相关性;利用 AMOS 22.0 对量表进行效度分析、验证性因子分析以及共同方法偏差潜因子分析;运用 Mplus7.0 构建结构方程模型对理论假设部分提出的直接和间接效应是否成立进行检验。

⑤演化博弈分析。个体在决策过程中具有有限理性行为跟随是员工在基于有限理性分析基础上而采取的行动方式,通过演化博弈分析来揭示一线员工群体中的行为跟随的演化路径与演化稳定策略。

⑥计算机仿真模拟。利用 Matlab 对演化博弈中的情境进行数值模拟;此外,基于复杂适应系统理论,运用基于主体的建模与仿真技术(ABMS)法,构建一线员工行为跟随仿真概念模型,借助 Netlogo 仿真工具对模型进行仿真,探索行为跟随在不同因素取值下的演化规律。

⑦比较分析与归纳演绎。综合行为跟随驱动模型、演化博弈模型以及行为跟随仿真模型的研究结果,结合现有的一些干预措施,提出适用于工业企业一线员工行为跟随的干预措施,为我国工业企业的安全管理提供可行的意见和建议。

1.4.2 技术路线

为了能够获得较好的研究结论,本研究将按照如下的研究思路和框架展开研究,具体内容如图 1-3 所示。

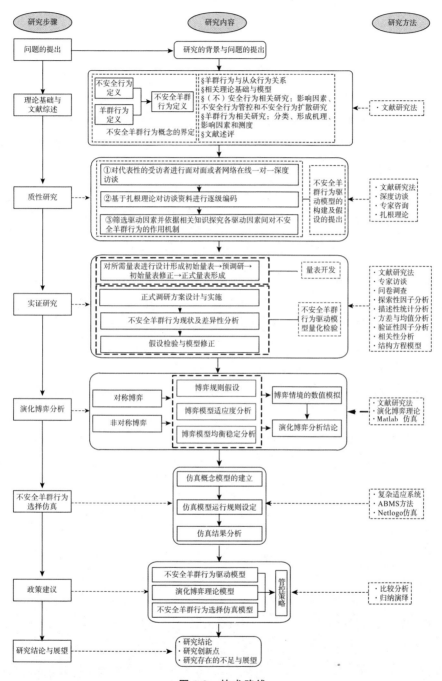

图 1-3 技术路线

1.5　本章小结

本章通过对研究行为跟随的背景的论述,指出人的不安全行为是引发事故的最主要原因,并进一步将行为跟随置于不安全行为的前提下,阐述行为跟随研究的目的以及理论与现实意义,此外还对本研究的内容、研究方法以及技术路线进行了明确,为后续的分析打下了坚实的基础。

2 理论基础与文献综述

2.1 羊群行为与从众行为的关系

羊群行为与从众行为在某种程度上来说都是描述个体模仿和跟随他人的行为,但是二者又存在一定的区别。羊群行为的研究始于社会心理学的从众行为,因此,以往有关羊群行为的研究都会或多或少涉及从众行为的内容。现有研究中,大多数研究者对二者并不做严格的区分,认为二者都是指个体对群体中已经存在的某种观点、想法及行为模式采取模仿、跟随或者学习的一种行为,区别仅仅是名称的不同。然而,也有研究者在肯定相同点的同时也指出二者之间存在的一些区别,这些区别主要体现在如下方面:

①首先,从众行为指的是个体通过改变个人的观念、行为,进而与群体中的大多数成员保持一致。而羊群行为的本意是指在领头者的带领下成群结队地朝着某个方向移动或者觅食的现象。由概念可以看出,从众行为更类似于"少数服从多数",个体只做与多数人一致的事情;羊群行为则是强调做与领头者一致的行为,这个领头者可以是单个人也可以是一群人。基于此可知,羊群行为的内涵比从众行为要更加宽泛。

②其次,尽管二者都强调主体是如何受到客体影响的,但从影响的结果来看却存在区别。从众行为描述的是个体在受到群体中大多数人的影响后,与群体中的大多数保持一致的现象,因此从众行为描述的是个体层面上的现象。羊群行为则既可以描绘群体层面的现象,也可以描绘个体层面的现象,当描绘为群体层面的现象时羊群行为往往指的是在某一时刻表现出相同行为的人数(即

羊群规模）[24]，而当描绘个体层面的现象时羊群行为与从众行为没有区别[25-26]，这也就是二者之间不做严格区分的原因。基于此可知，羊群行为的应用范围比从众行为要更加宽广。

③从众行为往往是个体所做出的一种简单跟随行为，并不能体现个体与群体中他人的一种动态博弈的过程。羊群行为往往被应用于经济领域，是由于投资者之间的动态博弈引起的投资者为实现利益最大化采取跟随策略而表现出的一种行为[27]。由此可以看出，羊群行为比从众行为更加复杂。

④从众行为属于中性行为，其造成的后果可能是良性的也可能是恶性的，这主要取决于群体中的大多成员从事的是良性行为还是恶性行为，因此对于从众行为就要具体问题具体分析。而羊群行为特指个体对他人的观点、想法及行为模式采取模仿、跟随或者学习后会引起恶性后果。由此可知，羊群行为的危害性要高于从众行为。

基于羊群行为与从众行为间的联系和区别，本书对于行为跟随概念的界定主要基于羊群行为的概念。首先，员工可能会跟随单个人的不安全行为（比如班组长），也可能会跟随多数人的不安全行为，而羊群行为既可以是个体也可以是群体；其次，个体在不安全行为的效仿中更多体现的是有限理性，员工会根据实际情况不断调整自身行为，体现了博弈的思想，而羊群行为是个体在动态博弈中形成的结果；第三，本书运用经济学中的收益-成本分析法来揭示员工效仿不安全行为的演化规律，而羊群行为更多地使用在经济领域；最后，由于员工效仿不安全行为导致不安全行为的蔓延、扩散，其中潜藏着巨大的安全隐患，一旦发生事故就是群死群伤，而羊群行为恰恰是指个体的模仿、跟随及学习会引起恶性后果。因此，本书将基于羊群行为并立足工业企业班组实际情况对行为跟随进行探讨。

2.2　行为跟随概念的界定

前文已经指出安全生产对于工业企业的重要性，同时员工的不安全行为又是威胁安全生产的主要因素，因此本书将在不安全行为框架内探讨员工行为跟随现象。而行为跟随又主要表现为个体的羊群行为,因此本研究中,我们将对不安全行为和羊群行为的概念进行梳理,进而提炼出关键特征,以此来为本研究中涉及的概念——行为跟随进行界定。

2.2.1 不安全行为的概念

对于不安全行为,目前尚无统一的定义,学者们也从不同的角度提出了不同的看法。一些研究者认为不安全行为就是人因失误,并对二者之间的内涵不做严格区分,其中,孙林岩认为当某些人因失误能够导致系统的风险性增加时,这种人因失误就可被称为不安全行为[28];王泰则直接指出在生产过程中产生的人为原因的失误都属于不安全行为的范畴[29]。陈红等认为生产过程中存在的人为失误,比如故意违章、设计不合理、管理欠缺等都属于不安全行为的范畴[30]。

此外,一些学者则认为不安全行为应该是指违章或者冒险行为。博德(Frank Bird)指出不安全行为的内涵和违章行为的含义几乎没有区别,违反安全规章制度是导致不安全行为的重要原因[31]。不安全行为是一个集合词,其中包含了形形色色的不安全行为,在生产实际中,安全规章制度不可能涵盖所有的不安全行为,如果仅用违章行为来代替不安全行为,就会显得片面,然而,采用违章行为来定义不安全行为却能够很好融入到组织的日常安全管理中,更容易被理解和观察。

也有学者认为不安全行为与事故往往密切相关,因此倾向于从事故发生的可能性方面进行界定。青岛贤司认为那些可能引发或者已经引发事故的行为就是不安全行为,而不会造成事故的行为就是安全行为[32]。刘轶松则认为不安全行为并不是绝对的,只是一个相对的概念,不安全行为只是相对比较容易引发事故,而安全行为只是相对不太容易引发安全事故[33]。为了便于理解和操作的简单,曹庆仁等受到违章行为的启发,构建了违章行为与不安全行为之间的联系,认为不安全行为就是可能会引发事故的违章行为[34]。与以往学者不同的是,周刚更加关注那些曾经导致事故或者当前可能导致事故的少数人,而不是关注所有的个体[35]。

有关不安全行为的含义,我国《企业职工伤亡事故分类标准》(GB 6441—

86)认为其就是人为错误。此外,在全国注册安全工程师执业资格考试辅导教材编审委员会编制的丛书中指出,不安全行为是在人机系统中,员工的动作或行为超出或违背系统所认定的范围时而出现的人的行为错误,或者说,人的不安全行为是指那些以前引起过事故或大概率会引起事故的人的行为,它们是导致事故的直接原因[36]。

综上,可将员工不安全行为理解为在生产过程中违反劳动纪律、操作程序和方法等具有危险性的做法,以及已经造成危害或具有潜在危害的员工行为。

2.2.2　羊群行为的概念

羊群行为,顾名思义,本意是指在生物界中一些群居动物,比如羊、牛以及鸟类等在领头者的带领下成群结队地朝着某个方向移动或者觅食的现象,后来这一生物学现象被一些社会学家借鉴并引申到人类社会中去,对于一些人类社会的群体性现象具有很强的解释力。表 2-1 列出了不同领域的研究者对羊群行为的定义。可以看出,虽然学者们的学科背景不同,界定的视角也有区别,但是字里行间都传达着羊群行为就是个人的思维方式、行为习惯或决策选择总是倾向于与他人保持一致,或是一种行为方式在群体成员中的传染与扩散[37]。表面上看,羊群行为似乎是盲目的、非理性的,但是从效用最大化、风险规避以及纳什均衡的视角来看却是合情合理的,换言之,羊群行为能够使个体在不明朗的环境下实现效用最大化,降低风险[14,38]。

表 2-1　不同学者对羊群行为的定义

作者	领域	时间	定义
Keynes[39]	经济	1936	在不确定和有限理性的情况下,人们倾向于通过观察他人的行为来获取信息,并认为他人拥有更充分的信息能做出合理的决策,进而采取投资或者消费的跟随策略
Asch 和 Guetzkow[40]	心理	1951	当多数人的主张是错误的时候,个人仍然可能服从多数人的意见
Allen[41]	心理	1965	从众是社会影响的表现,影响的来源是个体受到群体其他成员的影响

续表

作者	领域	时间	定义
Kiesler 和 Kiesler[42]	心理	1969	个人在面临群体压力时,会产生思想或行为上的改变而与群体趋向于一致
Seharfstein 和 Stein[14]	经济	1990	投资者违反贝叶斯理性人的后验分布法则,只跟随其他人都做的事情,而忽略了根据自己的私有信息做出判断的能力
Banerjee[38]	经济	1992	每个投资者都跟随其他投资者的行动而做出相同的决策,忽略自身的私人信息,不采取应采取的投资行为
Lakonishok 等[43]	经济	1992	投资者在同一时间段与其他投资者购买或者出售相同的股票,这是一种比较狭义的对从众行为的理解
Wilkie[44]	营销	1994	消费者为了取得群体的认同,符合群体的期望,因此做出与群体其他成员相似的行为
Shiller[45]	心理	1995	一种社会群体中相互作用的人们趋向于相似的思考和行为方式。比如在一个群体决策中,多数人意见相似时,个体趋向于支持该决策即使决策是不正确,而忽视反对者的意见
Mowen 和 Minor[46]	营销	1998	个人在群体中与他人互动,也免不了受群体的影响而在行为上或思想上有所改变。从众可分为两个层次:顺从舆论和私下接纳。"顺从舆论"是指,个人虽然采取了符合群体期望的行为,但内在的信念并没有改变;而"私下接纳"则是个人的信念与行为都受到了群体的影响,因而做出与群体相一致的行为
Bikhchandani 和 Sharma[47]	经济	2000	投资者在交易过程中学习或模仿其他投资者,在相同时间段内买卖相同的股票。其表现为如果投资者在不知道其他投资者的决策行为时有自己的决策方式,而一旦了解其他人的投资行为时,便改变自己的投资行为模式,这种行为称为有意识的模仿
Ciadini 和 Goldstein[48]	心理	2004	改变个人的行为使其与其他人对此的反应相匹配

续表

作者	领域	时间	定义
张胜康[49]	心理	1999	在社会群体和他人的影响下,放弃自己原来的意见,并在知觉、判断、信仰及行为等方面与大多数人保持一致
曹虹剑和姚炳洪[50]	营销	2003	消费者自觉、不自觉地以其他消费者的行为作为参考,做出与多数消费者一致的消费行为或反应倾向
宋官东[51]	心理	2005	主体因客体影响而产生的与客体一致的态度或行为
乐国安[52]	心理	2009	个体在群体压力下,改变知觉、判断、信仰或行为,使之与群体中的大多数人一致的一种倾向
华红琴[53]	心理	2012	个体在社会群体中感受到大多数人一致性行为所产生的压力,从而放弃自己的意见和行为,采取与群体内大多数成员相一致的行为

2.2.3　行为跟随概念的界定

基于上文中的不安全行为和羊群行为的相关概念两方面的内容,本书得出行为跟随就是指,员工在信息不对称和情境模糊的情况下,受到群体内其他成员违反劳动纪律、操作程序和方法以及其他一些潜在的会引发危害的行为的影响后,为了获取额外收益、规避风险和节约成本,而采取的对此类暂时没有造成事故的行为进行复制、模仿和学习的一种行为。可以通俗地理解为:不安全行为往往会给个体带来心理或生理上的收益。由于每个员工对于不安全行为的态度和认知存在差异,导致其对于不安全行为的了解程度也不同。加之,不安全行为的表现形式多样,个体不可能熟悉所有的具体不安全行为表现形式在何种场合下会给自身带来收益。这时只要群体中的某个成员实施不安全行为而给自身带来了收益并且规避了组织的查处,这时其他个体就认为其掌握了比自己更多的关于不安全行为的信息。同时,由于群体中已经有人通过实践表明了某种不安全行为能够在不引发事故和规避组织查处的情况下带来收益,于是其他个体就获知了此种不安全行为是"有利可图的""安全的",他们就不会尝试其他类型不安全行为,因为他们对其他类型的不安全行为不够了解,无法预知是否会引发事故或者被组织查处,为了保险起见,就会对已经存在的不安全行为进行复制、模仿和学习。

2.3 相关理论基础与模型

2.3.1 行为经济学

主体的行为选择是一个复杂的过程,在经济领域,有关主体行为选择经历了多阶段的发展,从最初的主流经济学到制度经济学,再到实验经济学,然后发展到目前广为学术界认可的行为经济学。行为经济学突破了以往的经济学的研究范式,不再单纯研究经济因素对人的行为的影响,将一些非经济的却能够影响人的行为的因素(比如,感知、内在动机和态度等)一并纳入研究范畴,认为人的行为之所以反生改变,是因为其自身状态与所处环境发生了变化。行为经济理论更侧重实证,主张通过实证调研获取行为主体的状态、特征,以此来分析非经济因素对主体的行为选择的影响。行为经济学理论在传统的经济学理论的基础上,融入了社会学和心理学理论,在一定的情境下运用问卷或者是实验室模拟的方式来收集影响主体行为决策的因素的数据,进而通过一定的分析,最终得出主体的决策特征以及影响主体决策的因素。

2.3.2 社会心理学

传统的经济学理论在分析主体的行为选择时,都是以"理性经济人"为前提假设的,然而现实情况并非如此,由于个体对于信息的获取和处理存在差异,个体的行为选择既不是完全理性,也不是非理性,而是介于二者之间的一种有限理性。个体的内在心理因素是心理学研究的重点内容,而社会学更注重社会因素对个体的影响,认为人是社会人,其行为决策不仅是其短期决策的结果,还是受到社会发展和社会系统配置影响后而产生的结果。当在心理学中纳入社会学的思想理论后,就形成了社会心理学。社会心理学既关注行为主体的内在心理因素,同时也关注社会情境对行为主体的影响,认为个体行为的产生是受其内在心理因素与社会因素共同影响而产生的。

社会学指出行为的产生是多方共同作用的结果,是行为主体在其自身认知、思维能力和情感、意志等内在心理因素,以及社会文化因素、价值观的影响下,对其所处环境的能动反应。社会性是人的行为的一大特征,个体在与周围环境的交互中会通过外在群体的互动,以及借助学习、效仿和受教育的方式,达到对社会价值和群体规范的认知,以及认识到行为对于自身受到社会认可的重要性。心理学认为行为是个体心理状态的外在表现,是个体的外显活动。现代心理学家普遍认同行为是在主观与客观因素的作用下而形成的外显活动。然而,行为主义学派侧重于对外部环境因素的研究,认为其是行为的决定因素;认知心理学派则侧重于对个体内部认知因素的探讨,认为认知因素才是引起行为的根本。

行为主义理论和认知理论间的分歧在社会学习理论中得到了较好的解决。社会学习理论认为人的个性和行为的形成是受个体认知因素、观察学习、榜样示范和自我调控等因素影响的,明确了人的行为是个性与环境因素间的相互作用而产生的。在社会学习理论中通常用行为的控制系统来描述行为的影响因素及其对行为的影响,可以划分为外部刺激系统、反应结果控制系统和认知控制系统。外部刺激系统是引发行为的一些因素;反应结果控制系统则主要指行为引起的后果会进一步对行为产生影响;认知控制系统主要是用来沟通行为后果对后续行为的影响的中间环节,即行为产生的结果会作用于个体的认知,这种认知会影响后续的行为表现。社会学习理论认为个体的心理活动是联通内、外部刺激的重要过程,是个体做出一定行为反应的重要前置影响因素。

2.3.3 行为跟随相关理论与模型

目前有关行为跟随研究主要集中于经济金融领域的羊群行为以及社会心理领域的从众行为,因此行为跟随相关理论与模型主要从这两部分入手。在社会心理学领域,学者们通过对个体产生从众行为的原因进行总结和归纳,最终得出了如下几类解释从众行为发生的理论模型。

①Rose 等在研究个体的消费行为时,融入了社会心理学的相关知识,对消费者从众行为的产生进行归因,提出了从众归因模型[54],如图 2-1 所示。此模型主要侧重于刻画个体对从众的知觉,以及由这些知觉而引发的心理归因过

程。此模型将心理归因区分为外部和内部归因,在各类归因结果中,"没有归因"产生从众行为的可能性最大;当个体具备外部归因和内部归因二者中的一项时,会相对比较容易出现从众;当个体兼具内、外部归因时,则出现从众行为的可能性最低。

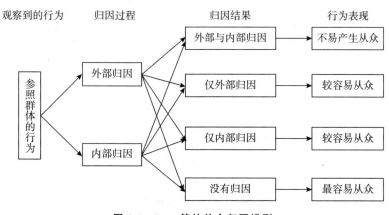

图 2-1 Rose 等的从众归因模型

②Lascu 和 Zinkhan 从众行为模型。Lascu 和 Zinkhan 在试图揭示消费者产生从众购买行为的原因时,对相关的文献进行梳理、归纳和总结,最终构建出个人从众消费行为的影响因素模型[55],如图 2-2 所示。此模型认为从众行为可以划分为规范型从众和信息型从众,其中规范型从众又包含顺从和认同,信息型从众包含内化。同时,模型认为影响个人从众消费的因素包括四大方面,分别为任务/情境特征、个人特征、品牌特征和群体特征。具体来看,任务/情境特征囊括了诸多因素,主要有任务复杂度、模糊性、主观性和重要性,群体压力,情境中是否有清晰的答案,初始看法,所处情境是否公开以及奖罚情况等。个人特征则主要是指行为主体自身具有的能够引起从众行为的因素,比如个体认知情况,个人的导向(工作导向或自我导向),个人的智力水平、创新和适应能力、自尊和自信水平、性别、年龄、自我意识以及个人的"地位"等因素。产品特征主要为产品的可见性和差异化,产品档次(大众消费品或奢侈品)。群体特征包含了诸如人际间的互动和依赖,群体内部成员的差异化,群体设置的目标是否明确且具有吸引力,群体中是否存在核心人物,群体以往的成功经验,群体具有的权威和可信性等。

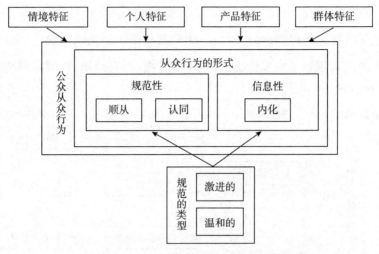

图 2-2 Lascu 和 Zinkhan 从众影响因素模型

③宋官东"S-R"模型。我国学者宋官东认为,当行为主体处于客观或者主观感受到的不明确情境中,就会有意、无意地观察他人的行为方式并将其作为自身行动方式的判断依据,进而表现出与他人相似或一致的行为,此时从众行为就产生了。同时他也指出,在不明确的情境与他人明确的行为的共同作用下个体便会产生从众行为[56]。具体来说,特殊的情境往往会诱发个体的从众行为,此情境对于产生从众行为的个体来说是不明确的,这种不明确性往往来自个体所处的客观环境或者是其主观臆想、感受。此外,在不明确的情境中,若他人的态度、观点或行为是明确的,而个体难以形成明确的态度、观点,此时个体就会受到他人持有的明确的态度、观点或表现出的行为的暗示,进而导致自身知觉或判断发生改变。基于以上两点分析,从众行为的"刺激-反应"(S-R)模型应运而生(如图 2-3 所示)。

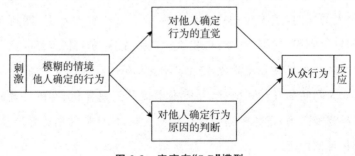

图 2-3 宋官东"S-R"模型

针对羊群行为的理论与模型,目前在经济学领域主要采用三种模型来解释其成因,分别为声誉引致的羊群行为模型、信息引致的羊群行为模型和报酬引致的羊群行为模型。

①由声誉引致的羊群行为模型。Scharfstein 在揭示机构投资者羊群行为生成机理方面做了一些首创性的工作,提出了由声誉引致的羊群行为模型[14]。此模型主要用来刻画证券市场中的基金经理为了使自身的声誉免受损害以及利益最大化,而对其他基金经理的投资决策进行模仿的一种现象。一方面,由于受信息不对称的影响,广大基金购买者(委托人)对基金经理的能力并不知根知底,基金经理对自身的实际投资能力也不甚了解,为了防止因投资失误而引起的声誉、形象的损毁,于是便对其他经理人的投资决策进行模仿,即使其掌握的私人信息显示此投资决策并不会带来预期收益。另一方面,市场中优秀基金经理的存在也是羊群行为产生的重要条件之一。Grabowski 通过研究指出,名声好、能力强的基金经理在选股和择时方面要明显优于其他基金经理,其业绩水平也要超过大盘 50～90 个基点,因此普通的基金经理会追随先行优秀基金经理的决策,以此来获得较好的业绩和保持较好声誉,于是就产生了羊群行为[57]。

②由信息引致的羊群行为模型。在由信息引致的羊群行为模型提出之前,学者们普遍利用声誉引致的羊群行为模型来进行分析,但是声誉引致的羊群行为模型存在委托-代理问题,反观现实中大多数羊群行为是行为主体从个人利益出发进行决策,并不具有委托-代理问题(比如,技术采纳、创新扩散、行为传播和投票选举等)。在 20 世纪 90 年代,Banerjee 提出了由信息流引致的羊群行为模型,此模型的核心假设为:市场是公开透明的,这样先行投资者的决策会成为之后投资人的公开信息,后者会认为前者掌握了有价值的私人信息,于是便以先行者的决策为依据,做出与先行者一致的行为决策,羊群行为随之产生[38]。同时,他也指出羊群行为是个体在自身能力范围内所做出的最佳策略选择,但是羊群行为是否理性主要取决于先行者的策略选择是否正确。

同年,Bikhchandani 等也提出一个基于信息的羊群行为模型,即信息串联羊群行为模型,此理论模型认为当决策者在进行决策时如果一味选择相信他人信息而忽视了个人信息时,此时便会形成信息链,信息就会顺着其一直传递。

具体来说,投资者在市场中的决策具有一定的次序,先行动的个体的决策能够被后动者观察。先动者会利用个人掌握的私人信息来做出合理的投资决策。由于同处于市场环境中,面临相同的决策选择和公开信息,而仅存的区别就是个体之间的差异使得个体通过分析获得的私人信息不尽相同。如果先动者与后动者通过分析获得的私人信息相似或相同,那么后动者在观察到先动者的决策后就会理所应当地做出与先动者一致的决策。如果后动者掌握的私人信息与先动者并不一致,那么在获知先动者的决策后,其便会陷入是坚持利用个人私有信息进行决策,还是追随先动者的决策的两难境地,这时后动者的策略选择是完全随机的,只能用概率描述其策略的选择。按照这种情况发展下去,则各个个体持有的私人信息和投资决策将按照个体决策的次序不停传递,但是终究会出现某个信息流节点,其会使得即使当前的投资者掌握了与他人不同的私人信息,然而由于先行投资者的决策已经占优,此时当前投资者就会倾向于放弃个人私有信息,转而采纳和主流决策相同的决策行为,自此之后,其后的投资者也都倾向于采用这一行动方式,最终引发羊群行为。由此可以看出,纵使个体具有相同的私有信息的可能性很低,但是只要生成的信息链足够长,那么终究会出现某一节点成为羊群行为的触发点。

③由报酬引致的羊群行为模型。此模型是因为委托-代理关系的存在,导致委托人和代理人之间存在"逆向选择"和"道德风险"的问题。从委托人的角度来看,其最优选择只能是基于代理人绩效与其他代理人的相对绩效来给付报酬。这样做不仅能够督促代理人勤奋工作,还能避免道德风险。同时,能够有效甄别存在于代理人之间的能力的差别,避免发生逆向选择。然而,这种给付报酬的方式也会使代理人的激励问题发生偏离,成为代理人间相互模仿的幕后推手,进而导致羊群行为的产生。

Roll 认为代理人报酬的给付是基于其业绩水平,故而代理人的投资行为会受到其报酬的左右,最终其会选择低效的投资组合,引发羊群行为[58]。其后,Maug 和 Naik 在前人的基础上,对模型做了进一步发展。他们认为,购买基金的投资人与基金经理之间存在着委托-代理关系,于是便会导致"逆向选择"和"道德风险"。代理人的报酬与其业绩成正比,与同行绩效(基准代理人绩效)成反比。在某个时间段内若基准代理人形成投资决策,那么基金经理在获知基准代理人决策后便会制定自己的投资组合,正如信息串联的羊群行为描述的那样,风险厌恶的基金经理会在理性思维的支配下将个人的投资决策积极地向基准代理人靠拢,也就是说基金经理会对基准代理人的决策进行观察,然后加以模仿,羊群行为随之产生[59]。然而,有研究表明基金经理对他人决策进行模仿并没有其独立决策时的业绩优,也就是说采取羊群行为并非会带来较优的结果[60]。

2.4　文献综述

在前文中我们已经指出了本书所要研究的对象为对工业企业安全生产产生影响的行为跟随现象,即在不安全行为框架内探讨工业企业一线员工的行为跟随,具体来说就是一线员工对班组内其他成员表现出的不安全行为采取复制、模仿和跟随,本研究的内容涉及不安全行为与行为跟随的相关知识,因此,在此部分主要针对不安全行为与行为跟随的相关文献进行梳理。

2.4.1　不安全行为的相关研究

由于人的能动性导致了其行为的复杂性和不稳定性,因此员工不安全行为是当前安全管理领域的热点和难点[61]。国内外研究者以员工的不安全行为为切入点展开一系列的研究,取得了许多有价值的成果,大致可从如下几个方面阐述。

2.4.1.1　不安全行为影响因素

员工不安全行为影响因素涉及的层面多、范围广、内容复杂,是当前安全管理领域内重点研究的内容之一,只有对员工不安全行为影响因素进行探索和研究,才能把握不安全行为发生和发展的规律,进而有针对性地提出建议和采取有效措施,以期达到有效减少甚至是杜绝不安全行为发生的理想状态。经过相关专家、学者们的努力,越来越多能够影响个体行为决策的因素逐步被囊括到不安全行为研究范围中,有效地降低了企业事故率,促进了安全管理的发展。虽然影响因素种类繁多,但是大致可以概括为个体特征因素和外部因素。

(1)个体特征因素

员工是不安全行为的主体,对不安全行为的研究自然少不了对员工个体特征因素的探讨。在探讨个体特征对个体不安全行为的研究中,学者们常从个体的人口学变量、人格特质、心理因素、生理因素等探讨其对不安全行为的影响。

①人口学因素。

人口学变量主要指员工个体的年龄、工龄、婚姻状况、学历等。由于学者们研究的对象、视角不尽相同,导致在不同研究中同一人口学变量对不安全行为的影响会出现不同的结论。

Paul 和 Maiti 对印度两家国有煤矿员工的研究中得出年龄与员工的工伤事故显著正相关,而工龄与员工的工伤事故并不相关[62];Amponsah-Tawiah 和 Mensah 对加纳的一家运输公司的 290 名驾驶员的安全驾驶行为进行研究,发现越是年轻的驾驶员越倾向于表现出冒险的驾驶行为,但是工作年限却对其冒险驾驶行为并没有显著影响[63];Mohammadfam 等通过对伊朗 13 家大型建筑企业员工的为期 5 年的跟踪调查得出,员工的人口学因素(年龄、工龄和学历)与其不安全行为显著相关[64];Verma 和 Chaudhari 对印度发生于 1985—2015 年间的 102 起煤矿事故的分析中得出,员工的年龄和工作年限处于中等水平时容易产生不安全行为[65]。崔宁等在以 468 名国有煤矿员工为对象的研究中得出,年龄偏小(35 岁以下)、工龄处于中等及以下(不超过 10 年)、婚姻不理想、学历低以及无亲友在煤矿系统工作的员工更容易产生不安全行为[66]。

②人格特质。

所谓人格特质就是指能够引起和引导人的行为并且在不同的时间和情境中都表现出相对稳定的一种倾向。关于人格特质对不安全行为的研究源于对"事故倾向性"的探讨。作为人格特质的一种表现形式,"事故倾向性"会使个体更容易选择不安全行为[67],因此在安全管理领域受到了研究者的普遍关注。

起初 Greenwood 和 Woods 在对英国的兵器制造厂进行工伤事故统计分析时得出,工厂中的某些员工比其他员工更容易发生事故,于是指出应该对这部分员工的人格特质进行更深层次的分析和研究[68]。之后,Marbe 在对一家拥有 3000 名职工的工厂的追踪调查中发现,在第一年的行为观察中没有出现事故的员工,在之后的几年内发生事故的年平均起数仅为 0.30 至 0.60;若在第

一年的行为观察中出现了一次事故,那么今后几年发生事故的年平均起数为
0.86 至 1.17;而在第一年行为观察中出现两次事故的员工,在接下来几年发生
事故的年平均起数为 1.04 至 1.42,这从一个侧面反映了事故频发倾向者是存
在的[69]。Famer 和 Chamber 针对 Greenwood 和 Woods 所观察到的现象,首
次运用"事故倾向性"来对其进行描述[70],并在后续的交通事故的研究中明确
提出了"事故频发倾向"的概念,并指出正是具有"事故频发倾向"的人的存在才
导致安全事故的发生[71]。人的事故倾向性理论开启了人格特质与安全事故关
系研究的新视角,这在一定程度上推动了安全管理的发展,但是也招致了一些
研究者的诟病,比如事故频发者是否真的存在[72],以及将工业安全事故归咎于
事故频发倾向者而忽视安全管理上的缺陷,这在某种意义上又会阻滞企业安全
管理的发展[73]。然而作为安全科学中的重要组成部分,探讨人格特质与人的
不安全行为的关系依然有其合理性和重要性[67]。

　　随着研究的深入,一些新的趋势开始出现,研究者开始将人格特质进行精
细划分,以便于探讨具体人格特征对员工行为的影响。Cellar 等就"大五"人格
(外向性,神经质,责任心,宜人性和开放性)与车辆事故的关系展开研究,结果
仅得出宜人性会显著降低车辆事故的发生[74]。紧接着,Cellar 等运用几乎相
同的方法探究了人格与工作场所事故卷入的关系,结果表明责任心和宜人性能
够显著减少安全事故的发生[75]。Geller、Berek 和 Sholihah 在"大五"人格模型
的基础上分析了不同人格类型对建筑工人不安全行为的影响,其结果都不同程
度地表明了人格特质会对员工的不安全行为产生影响[76,77]。Clarke 和 Ro-
bertson[78-79]、Beus 等运用元分析法对相关文献进行分析,最终得出人格特质中
的宜人性和责任心能够显著负向作用于工业安全事故[78-80]。Baba 等的研究表
明航空公司人员的主动性人格在低情绪耗竭和高安全氛围的作用下会对员工
的安全绩效产生巨大的推动作用,避免不安全行为的发生[81]。

　　我国学者、专家在该领域也开展了一系列有价值的研究。赵长城和何存道
将人格划分为内向和外向两种类型,并分析其对车床工、行车工和驾驶员的不
安全行为和事故发生率的影响,结果发现随着外向型程度的加深,员工发生不
安全行为和事故的概率大大增加[82]。刘超针对煤矿员工提出了安全人格特质
(情绪稳定度、个体自律性、工作有恒性、焦虑紧张度、敏感冲动性、心理忧虑度、

外向浮躁性）的概念，并实证检验了情绪稳定度、个体自律性对不安全行为的抑制作用，以及焦虑紧张度、敏感冲动性和外向浮躁性对不安全行为的促进作用[67]。在航空领域也存在着这样的共识，孙瑞山等认为飞行员的安全人格特质（严谨性、适应性、积极性、自律性和有恒性）与其不安全行为之间存在着内在联系，是飞行员行为安全的基础[83]。

③心理因素。

心理与行为密切相关，外在的行为往往受到内在心理活动的驱使，而心理活动的外显必须借助于外在刺激后所形成的肢体行为，因此心理因素是探索不安全行为形成机制的一大突破口[84]。心理因素主要探究的是个体的态度、认知、情绪、动机、能力、意识等因素对不安全行为产生的影响。

国外学者尝试探讨了一系列心理因素对不安全行为的影响。Siu 等在研究中发现，在排除年龄和工龄因素的干扰后，员工的某些安全态度会显著作用于安全绩效，并指出良好的安全态度能够带来整个组织安全绩效的提升[85]。Wallace 和 Chen 针对工作场所这一特殊情境，设计开发出了一套工作场所认知障碍量表，并通过实证检验得出工作场所认知障碍显著正向作用于员工的不安全行为[86]。Paul 和 Maiti 对印度两家国有煤矿员工的研究中得出，表现出消极和对工作不满情绪的员工会更容易产生冒险和不安全行为[87]。Tam 和 Fung 采用问卷调查和结构化访谈的形式对中国香港地区的建筑工人展开了调查，得出了员工的健康与安全意识、知识会影响其工作行为以及对健康和安全的态度[88]。Pordanjani 和 Ebrahimi 用安全动机作为一个主要前因变量来预测伊朗的一家石化公司一线工人的职业安全事故，结果与预期相符，即安全动机能够降低事故的发生率[89]。Alavi 等探究了驾驶员的心理疾病与安全事故的联系，通过对 800 名公交和卡车司机历时两年的数据收集，最终得出患有心理疾病（抑郁症、焦虑症和强迫症）的司机更容易出现交通事故[90]。

国内学者在员工心理因素层面也做了大量有意义的研究。苑红伟和肖贵平基于交通心理学研究了行人的不安全行为，剖析了行人不安全行为的心理因素，并且通过对实际观测数据的分析得出安全意识低下，性别、年龄和驾照的有无对行人的安全意识都会产生影响[91]。周波等从理论分析的视角阐述了煤矿员工的不安全心理对不安全行为的正向促进作用，并提出了一系列抑制不安全心理的措施[92]。张孟春和方东平重点探讨了不安全行为形成的认知机理,提出了建筑工人产生不安全行为的原因是"选择应对"环节的失效,并且基于计划行为理论从态度、主观规范和行为控制感知来探究出现"选择应对"环节失效的原因[93]。王永刚和杨洁研究了民航一线维修工的自我效能感、安全意识、安全动机、安全认知以及不安全行为间的作用机制,通过结构方程模型分析得出自我效能感、安全意识、安全动机和安全认知均会对员工的不安全行为起到抑制作用[94]。田水承等构建了煤矿工人心理因素、工作压力反应和不安全行为间的关系模型,结果发现矿工的心理因素不仅能够直接影响其不安全行为,还可以作用于工作压力反应进而引发不安全行为[95]。

④生理因素。

生理状况的波动会引发员工的异常行为,现有的有关员工(不)安全行为影响因素的研究中,生理方面的异常已经是一个不可忽视的重要影响因素。学者们在探究生理状况与行为关系的研究中获得了一些有价值的结论,为指导实践提供了强有力的理论依据,在一系列的生理因素中生物节律、疲劳、睡眠状况以及倦怠等受到了学者们的普遍关注。Gold 等通过对马萨诸塞州的 635 名护士的工作情况的调查得出,相比于只上白班或者夜班的护士,昼夜轮班的护士睡眠/觉醒周期更短,工作时更容易打瞌睡,由此引发的事故和差错是非轮班人员的两倍,因此把握生物节律是改善护士健康和避免事故的有效方法[96]。Hallowell 分析了道路施工人员认知和局部肌肉疲劳的特征、疲劳的测量和控制方法及其对安全工作行为和生活质量的影响,并提出了疲劳管控的理论模型[97]。Gatti 和 Migliaccio 重点讨论了生理状态会对建筑工人的工作效率、安全以及行为绩效产生重要影响,并从理论层面设计出一套检验这些关系的实验流程,为后续的实证研究奠定了基础[98]。Kao 等对建筑行业员工的失眠与工伤事故间的联系展开了研究,分别对主管和一线员工进行了调查,通过跨层次研究得出失眠会导致员工安全行为的减少进而引发工伤事故,但是失眠和安全行为间的关系还受到主管的影响,主管越是重视安全,则失眠对安全行为的消极影响越弱,造成事故的可能性也就越低[99]。Useche 等对快速公交驾驶员的危险驾驶行为形成机制进行研究,运用结构方程模型构建了工作压力、社会支持、努力-回报不平衡、疲劳、恢复需求(need for recovery)以及危险驾驶行为间的作用机制模型,结果表明驾驶员的生理状态(疲劳和恢复需求)不仅能够直接正向作用于危险驾驶行为,还能够在工作压力和社会支持对危险驾驶行为的影响中起中介作用[100]。

国内学者在这方面也做了众多研究,进一步丰富和深化了生理因素对(不)安全行为的影响。陈永新和金士其将人体生物节律的变化规律应用于煤矿安全管理,通过对煤矿工人的体力、智力和情绪的周期性变化进行测量分析,得出了安全事故多发于员工生物节律的"低潮期"或者"临界期",建议煤矿企业根据员工生物节律制定相应的安全管理措施[101]。刘轶松在剖析了影响不安全行为的内部因素后认为,生理因素,比如生理机能缺陷(听力不佳、色盲)、身心疲劳、体力不支以及视力、运动机能的不佳等,是引发不安全行为的重要原因[33]。徐国英为了探索急诊护理安全的影响因素,通过对 20 位急诊科护士长的问卷调查分析得出,有 85% 的被调查者认为"急诊工作紧张、身心疲惫"是威胁急诊护理安全的重要因素,在众多因素中高居首位[102]。李乃文和牛莉霞主要分析了矿工的工作倦怠、不安全心理和不安全行为间的作用机制,基于结构方程模型方法得出了工作倦怠(生理疲乏、情感耗竭和工作疏离)不仅能够直接导致不安全行为,还能够通过不安全心理的中介作用间接引发不安全行为[103]。李红霞等运用脑电测量实验对煤矿工人疲劳前和疲劳后的脑电信号进行测量分析,结果表明煤矿工人疲劳时注意力会显著下降,进而引发不安全行为[104]。毛男则认为脑力疲劳会导致人的冒险决策,通过情境模拟、对照试验的方法对航空工作者的脑力疲劳和风险决策关系进行研究,结果发现高脑力疲劳者更倾向于做出冒险决策并且更容易产生决策偏差与失误[105]。黄芹芹等运用问卷调查的方式,结合结构方程模型对建筑工人的不安全心理、生理健康、安全动机以及不安全行为间的关系和作用机制进行了研究,结果显示生理健康与不安全心理二者相互影响,同时生理健康能够正向作用于不安全动机端正[106]。

(2)团队(班组)因素

工作任务团队化、协作化已经成为当前组织发展的趋势[107],一个成功的工业系统往往需要充分考虑工作群体或者团队(班组)在其中所扮演的角色[108]。在复杂的工业系统中,一项工作的完成需要多个员工间的协作与配合,员工并不是相互独立的,而是内嵌于团队(班组)之中的,因此其行为也会受到团队(班组)因素的影响。当前的安全管理措施也呈现出一些新的态势,即由单纯的个体取向发展为相互依赖的团队协作[109]。关于团队因素对员工的不安全行为的影响,研究者也进行了一系列的探索。Hofmann 和 Stetzer 通过研究得出团队成员的互动、团队安全氛围以及团队与团队之间的互动显著影响员工的安全事故[110]。Helmreich 在对由机组成员不安全行为导致的事故分析后,认为不安全行为的发生主要是因为成员之间的沟通、合作和决策存在失误[111]。Zohar 在对一家制造企业的班组员工进行研究时发现,团队(班组)层面的安全氛围能够显著降低员工不安全行为,有效减少安全事故的发生[112]。Aksorn 和 Hadikusumo 认为建筑工人的不安全行为是多方面因素导致的,其中群体规范会引发员工的不安全行为决策,进而产生不安全行为[113]。叶贵等通过问卷调查和结构方程模型揭示了群体行为满意度和群体规范对建筑工人的不安全行为意向具有显著的正向影响[114]。Schwatka 和 Rosecrance 认为建筑企业的安全氛围和安全行为不仅需要管理者的安全承诺,更需要同事的安全承诺,并通过实证研究得出,同事的安全承诺与员工个人的安全行为显著正相关[115]。安景文等将班组因素纳入煤矿工人不安全行为评价模型中,结果表明班组因素对不安全行为的发生具有一定的解释力[116]。

(3)组织因素

随着安全管理研究的深入,学者们不再满足于对个体因素的探讨,而是对更深层次的组织因素进行探索。组织因素众多,下面仅列举一些有代表性的国内外文献进行分析。Gaertner 通过对比研究得出劳资关系紧张的煤矿其产生的事故率比劳资关系较好的煤矿高两倍[117]。Hemingway 和 Smith 研究了护士感知到的组织氛围(工作压力、主管支持、同事凝聚力和自主)、职场压力源、退出行为(withdrawal behaviors)以及工伤事故间的作用机制,回归分析结果表明组织氛围不仅能够直接负向作用于退出行为和工伤事故,还能够削弱工作压力源的影响进而避免退出行为和工伤事故[118]。后续的 Neal 等(2000)也对医护人员的组织氛围、安全氛围、安全知识、安全动机和安全绩效间的关系进行了研究,得出组织氛围会作用于安全氛围,进而引起安全知识和动机的改变,最终引发安全绩效的变化[119]。Zohar 和 Luria 提出领导监管措施对安全行为的作用,主张领导应该与下属保持以安全为导向的互动反馈,以此来改善安全氛围和员工安全行为[120]。Burke 等认为员工在培训过程中的参与度会深刻影响其安全结果,通过实验设计将培训过程划分为低参与度、中等参与度和高参与度,通过对比研究得出,随着培训过程参与度的提升,员工能够获取更多安全知识,安全绩效显著提高[121]。Tucker 等通过研究证明了在英国公交驾驶员群体中其感知到的安全支持(组织和同事的安全支持)会促使他们表现出安全建言行为(safety voice;为改善不安全的工作条件而提建议)[122]。Vinodkumar 和 Bhasi 分析了组织安全管理措施(管理承诺、安全培训、安全卷入、安全沟通和反馈、安全规章制度以及安全促进政策)对员工安全绩效的作用机制,通过结构方程模型分析 6 类安全管理措施均会对安全绩效产生影响(直接或者间接),其中安全培训能够作用于安全知识和动机进而促进安全绩效,并被认为是最重要的安全管理措施[123]。Kagan 和 Barnoy 通过研究验证了组织中的安全文化能够对医护人员的安全行为产生积极影响,有效降低了医护人员在用药中出现的失误或差错[124]。Jiang 和 Probst 的研究得出不同领导风格能够调节员工的安全知识和安全动机对安全参与的作用强度,即在高水平变革型领导作用下,安全知识对安全参与影响显著增强;在高水平消极领导作用下,安全动机对安全参与的影响减弱了[125]。

国内学者在组织因素对不安全行为的影响方面也做了一系列相应的研究。郑双忠等从个体、群体和组织三个层面构建复杂社会技术系统人因组织行为安全控制模型[126]。傅贵等认为个体行为深受组织行为的影响,因此设计了一套由安全文化、组织机构和安全方法构成的组织安全管理方案,并指出可以运用组织行为诊断来评估方案的有效性,运用对个人行为的观察来对方案的结果加以纠偏[127]。刘绘珍分析了影响复杂人机系统安全的组织因素,通过结构方程模型分析得出了组织因素中对系统安全影响程度由大到小依次是程序、培训、组织结构、监督管理、组织文化、决策和交流[128]。戴立操和肖东生对能够影响核电站人因失误的组织因素进行了分析,通过定性分析得出组织因素中的规章制度、人机交互、工作规程、监督与控制以及沟通与协调都可能对核电站中存在的由人因导致的安全事故产生影响[129]。曹庆仁等认为管理者行为(设计行为和管理行为)在很大程度上会影响矿工的不安全行为,通过对煤矿工人的问卷调查得出设计行为会对管理行为产生直接显著的正向作用,而管理行为则会显著正向作用于安全知识和安全动机,进而提高矿工安全绩效(安全遵从和参与)[130]。薛韦一和刘泽功运用逐步回归法分析了煤矿企业组织管理因素对矿工的不安全心理和不安全行为的预测作用,结果表明组织公平、组织支持和组织安全态度负向预测员工的不安全心理和不安全行为,而生产任务则正向影响不安全心理和不安全行为[131]。程恋军和仲维清则基于计划行为理论探讨了安全监管对于员工不安全行为的影响,通过结构方程模型分析得出安全监管调节了不安全行为意向与不安全行为的关系,并指出在一定范围内加强监管可以有效降低不安全行为,但是监管过严反而会导致不安全行为的增加[132]。王丹等主要分析了人力资源管理(薪酬和教育培训)、心理安全感对矿工安全行为的作用机制,结构方程模型分析结果表明人力资源管理(薪酬和教育培训)对安全遵从既有直接影响也有间接影响(通过心理安全感的中介作用),而对安全参与行为仅有间接作用(通过心理安全感的中介作用)[133]。祁神军等从安全激励的视角对建筑工人中存在的从众动机不安全行为的形成机理进行了研究,得出奖励能够端正从众动机员工的安全动机和提升其安全能力,惩罚则能够强化从众动机员工的安全心理和激发其学习安全知识[134]。

(4)环境因素

环境因素对不安全行为的影响一直也是相关领域学者研究的主要内容之一。本书中所提到的环境因素主要指会对个体的(不)安全行为产生影响的物质环境(作业环境和机械设备)和社会环境(人际关系和家庭状况)。

①物质环境对(不)安全行为的影响。

Wagenaar等认为,人的不安全行为的发生与不安全环境息息相关,其中前者可以看作后者的一个函数,个体所处的物质环境,尤其是作业环境中存在的不良因素和不合理设计致使不安全行为易于发生[135]。作业环境包含的种类众多,对员工(不)安全行为的影响是显著的,不同的研究者会依据研究对象的不同选取相应的作业环境,但是大多数研究都包含员工所处环境的温度、噪声和湿度,一系列研究表明作业环境中的温度[136-139]、噪声[140-141]以及湿度[142-143]等都会对员工的不安全行为产生影响。Glazner等对机场施工项目中的工伤事故致因进行了研究,通过对4 000起事故的分析,他们将工伤事故致因划分为人因(不当行为、安全违规、匆忙、缺乏经验、缺乏技能)和条件因素(天气、地形、照明不佳、行走表面),并指出不同条件因素对不同工种造成的伤害事故是不同的[144]。吴海等基于人因学理论分析了煤矿中的综放作业面的微气候(温度、湿度、风速和煤尘)对工人操作的可靠性的作用机理,并针对每种因素提出了一些有效的建议、措施[145]。Chi 等通过对美国 2002—2011 年间发生的 9 358 起建筑行业安全事故的分析,得出了工作条件(比如,工作面条件和天气)与建筑工人的行为、事故类型以及事故伤害的程度紧密相关[146]。兰国辉等将作业环境纳入影响井下煤矿工人行为的内部因素体系中(组织任务、法制监管、作业环境、安全管理及安全技能),通过结构方程模型分析得出作业环境和安全技能两因素对不安全行为作用远比其他因素显著[147]。骆火红等基于 2-4 模型对煤矿员工在高温环境下的"脱帽"这一不安全行为进行了探索,研究结果表明在高温环境下员工的安全生理异常和安全心理消极是诱发"脱帽"行为的直接原因,并建议改善安全帽设计,做好组织安全管理工作[148]。

机械设备与个体工作中潜在的危险密切相关[149],在科学技术尚不发达的时期,机械设备危险曾一度成为引发工作场所安全事故的重要原因[150]。在工作中如果机器设备难以操作、老旧、完善程度不够以及人机不匹配等都会引发一系列安全事故。许东强运用案例分析的方法对员工使用冲压设备所导致的伤亡事故原因进行了剖析,他认为之所以会产生冲压设备使用中的伤亡事故,主要是由人的不安全行为和冲压设备的不安全状态(设计不合理、开关故障、功能失效或残缺等)导致的[151]。Mohammadfam 等通过对比设置警示标志前后工人的不安全行为产生的概率的变化来说明警示标志对于工作场所安全的重要性,对比结果显示在没有设置警示标志前不安全行为发生的概率高达 31%,设置警示标志后不安全行为发生率降至 22.3%,由此得出警示标志的使用能够有效减少不安全行为[152]。Chi 等在分析了台湾省建筑业的电气事故后得出安装不当、有缺陷或损坏的工具和设备,以及个人防护装备的使用不当是造成伤亡事故的主要原因[153]。Raksanam 等在探究泰国农民的农药风险行为的影响因素的研究中得出,个人防护设备作为重要的影响因素之一能够有效防止农民自身在施药过程中受到伤害[154]。梁振东对煤矿一线员工感知到的组织和环境层面的因素与其不安全行为意向和不安全行为间的作用机制展开了研究,在综合运用因子分析和结构方程模型分析后得出,不安全行为意向和不安全行为分别与环境因素中的安全装备和物态环境显著相关[155]。

②社会环境对(不)安全行为的影响。

安全生产关乎员工的生命安全和企业的平稳运行,需要员工在一种安全的状态下,心无旁骛地进行工作。然而,人类作为一种社会性动物,其行为受到社会环境的影响,如果陷于消极的社会环境中就会导致员工难以摆脱这类消极事件的影响,使得难以集中精力继而引发一系列安全问题。

员工在工作与生活中都避免不了与周围人产生互动,而社会互动质量的高低对员工的安全结果会产生重要影响[156-157]。Watson等运用社会资本理论揭示了员工的人际关系(同事的安全规范、对主管的信任、对高层管理者安全价值观的信任)对员工安全(知觉环境安全、危险行为)具有显著的影响[158]。张雅萍等通过实证研究得出,煤矿员工的人际关系亲密度能够调节冲突处理模式与不安全心理间的关系[159]。Chen和Li运用结构方程模型分析了建筑工人知觉到的职场排斥、心理脱离、情绪耗竭和不安全行为间的作用机制,结果表明职场排斥会阻碍心理脱离,引发情绪耗竭,进而导致不安全行为的产生[160]。

家庭状况也会对个体的职业安全产生一定的影响。Westaby和Lowe认为社会因素中的父母风险倾向会影响青年员工风险倾向和工伤事故,通过对2 542名青年员工的纵向长期追踪调查发现,青年员工父母的风险倾向会显著作用于青年员工的风险倾向,进而引发青年员工的工伤事故[161]。Cullen和Hammer较早地探讨了工作和家庭之间的冲突对员工职场安全的影响,通过构建工作-家庭冲突对员工安全的作用机制模型并进行了实证检验,得出当家庭事务干扰到工作任务时,员工的安全绩效显著降低(安全遵从和安全参与),而工作对家庭的干扰并不会影响员工的安全[162]。宫运华和王镇将家庭教育作为影响大学生不安全行为的重要因素之一纳入研究模型中,并且通过结构方程模型分析得出了良好的家庭教育能够有效减少大学生不安全行为的发生[163]。

2.4.1.2　不安全行为管控研究

对于不安全行为的干预由来已久,并且伴随着安全管理研究的深入,涌现出一系列针对人的不安全行为的干预理论和方法。

基于行为的安全管理(behavior based safety,BBS)是当前应用比较广泛的干预策略之一。BBS 扎根于心理学和行为学,运用 ABC(前因-行为-后果,antecedent-behavior-consequence,ABC)模型进行分析[164],试图改变人的行为来实现安全的目标,继而降低由于人的行为而引发的事故,其诞生于 20 世纪 70 年代末,由学者 Gene 和 Jim[165]首次提出,之后迅速得到相关领域研究者的认可并获得实践应用。BBS 方法操作起来可归纳为如下几个环节:第一,工作准备环节,包括对不安全行为进行界定、制订相应的工作计划、确定相关人员和观察的区域;第二,观察环节,主要对观察到的行为进行区分、辨别合规和违规行为;第三,沟通环节,认可合规的做法,就违规做法进行沟通交流,并指出可能造成的潜在危害;第四,分析与反馈环节,对观察的结果进行记录、统计分析,对最终结果进行反馈。BBS 方法的有效性也在众多的实践应用当中得到了验证,研究表明凡是采用了 BBS 方法的企业,其企业绩效比未采用 BBS 方法的企业平均提升 22%[166]。Krause 采用纵向跟踪的研究方法,对采用 BBS 方法的企业进行了长达 5 年的跟踪研究,最终得出在采用 BBS 方法后,员工的失误行为率在第一年降幅为 26%,在第五年降幅更是达到了 69%[167]。Hermann 选取了两个汽车装配车间进行对比实验,采用 BBS 方法的车间无论是人因事故率还是重大事故率都下降了 90% 以上,效果十分显著[168]。于跃等对同一批采煤工在实施 BBS 方法前后分别进行了问卷调查,通过前后的对比发现,在实施 BBS 方法后,员工的安全心理水平具有显著的提升[169]。此外,BBS 应用领域也十分广泛,比如交通[170]、石油[120]、建筑[171]、营销[172]等领域。除 BBS 以外,各个企业结合自身的特色,在 ABC 模型的基础上开发出了一套行之有效的员工不安全行为管控措施,例如杜邦的 STOP(safety training observation program)方法、ASA(advanced safety auditing)方法、TOFS(time out for safety)方法等[173]。

上述提到的一些经典的不安全行为干预措施对我国企业的安全管理起到极大促进作用,这些舶来品与我国的管理思想和实践交融,催生了一些具有代表性的本土化安全管理措施。

张力等认为多米诺骨牌理论已经无法防范当前复杂系统中可能存在的人因事故,提出应该融合技术、组织和文化手段进行联合防御,在这种思想的指导下构建出具有主动防御人因事故特征的模型,用来主动探索与识别潜在的人因事故并综合运用技术、组织和文化手段进行遏制[174]。

曹庆仁等从认知心理学的角度剖析了员工不安全行为模式，归纳出影响员工不安全行为的因素，提出了煤矿员工不安全行为管控的"知-能-行"模式，为煤炭企业进行管理者和一般工人的差异化监管提供了依据[34]。

陈红在分析了我国煤矿重大事故发生的特点后，以过程激励理论为依托，提出了基于行为控制的煤矿事故防控的"行为栅栏"体系，主张将行为控制要素和关系进行融合，纳入同一分析框架内，建立起系统的、能够彼此相互支撑的体系。同时，为了方便对员工和管理者行为进行引导和监控，研究者还设计了一套与"行为栅栏"体系相配套的监控系统，从现实—预期—责任契约实现对煤炭企业人员行为安全的管理，从而有效遏制煤矿中的事故隐患[175]。

事故致因 2-4 模型也是当前应用较多的本土化事故原因分析和事故预防模型，主要继承了链式事故致因理论的精华，但是又有一定的发展[176]。事故致因 2-4 模型认为导致事故的原因包含了组织的内、外部因素，这就是模型中"2"的内涵。在组织内部因素中又包含了组织行为和个人行为两块内容，其中组织行为常被分解为运行行为（根源原因）和指导行为（根本原因），而个人行为则被分解为习惯性行为（间接原因）和一次性行为（直接原因），这四大原因即是模型中"4"的具体内涵，将这四大原因串联起来就形成了所谓的事故致因模型。基于 2-4 模型，学者们也展开了相关研究[148,177-179]，结果无一例外地表明 2-4 模型在企业的安全管理中具有显著效果，能够有效遏制员工不安全行为。

为了弱化矿工的不安全行为倾向，李乃文和马跃认为可以通过塑造矿工的安全行为习惯来达到这一目的，并指出文本化、流程再造、制度化、物化以及习惯化是实现安全行为习惯化的重要途径[180]。

Cao 在 B/S 模式的基础上开发出煤矿安全管理优化系统，此系统综合考虑了煤矿的风险和生产特点，运用网络分析来监测员工的违章信息，实现对风险的预测、预警，并在实践中获得了较好的效果[181]。

田水承等通过文献回顾和案例分析的方法归纳总结出我国矿工不安全行为干预的策略，运用系统动力学建模的思想构建了矿工不安全行为组合干预系统，通过仿真模拟技术检验了组合干预系统的有效性，实现了干预模型由定性向定量的转化，为煤矿员工不安全行为管控提供指导[182]。

为了消除不安全行为,实现从源头控制事故,张书莉和吴超提出了"五位一体"安全管理模型,即主张从组织活动、人员行为、效果评估、反馈机制和安全文化来阐释个人行为、组织行为、安全行为和不安全行为彼此间的相互作用,并在交通安全事故分析中取得了良好的效果,实现了安全管理模式的创新[183]。

2.4.1.3 不安全行为扩散研究

随着不安全行为研究的深入,学者们更加关注员工所处的群体,发现不安全行为往往会在群体中扩散和蔓延。尽管对于行为扩散的研究较早地得到了学术界的关注,但是当前针对不安全行为扩散的研究却屈指可数。

许正权等基于社会网络构建了煤矿员工不安全行为传播的数学模型,并指出不安全行为成本和收益,不安全行为的模仿和学习的价值以及社会接触是影响不安全行为传播的重要条件[7]。韩豫等借助问卷调查和深度访谈对建筑工人群体中存在的不安全行为模仿和学习进行了定性研究,分析了不同类型的模仿和学习的形式,在此基础上探讨了影响不安全行为模仿和学习的因素,研究结果表明对不安全行为的模仿和学习是实现不安全行为扩散的重要途径,并提出了相应的干预策略[184]。韩豫等从群体封闭性的视角对建筑工人的不安全行为传播特性进行了分析,最终得出建筑工人不安全行为传播主要表现为两种形式,分别为示范模仿和感染从众[185]。周丹运用 SEM 分析了影响建筑工人不安全行为传播因素的作用机制,结果表明不安全行为传播受到个体安全素养和安全氛围的负向影响,受到任务与安全用具不方便性的正向影响,同时不安全行为的传播还受到关键人物和群体成员关系的双向催化[186]。曹文敬在借鉴周丹研究的基础上,探讨了煤矿员工不安全行为传播的影响因素作用机制,并基于复杂网络对不安全行为的传播路径进行了模拟[187]。杨振宏等在问卷调查所得数据的基础上运用 SEM 分析了不同影响因素对于建筑工人不安全行为传播的作用路径,其中关键人物影响力、关系密切度、个体易感度对员工的示范模仿产生显著影响,而个体易感度和安全氛围对感染从众会产生显著影响[188]。Jiang 等通过访谈明确了不安全行为传播的二维结构(示范模仿和感染从众)及其影响因素,并通过问卷调查运用 SEM 验证了影响因素对于不安全行为传播的影响,其中关键人物影响力、个人安全素养、处罚力度、不安全行为风险收益显著作用于示范模仿,成员关系亲密度、个体安全素养、安全氛围和不安全行为风险收益显著作用于感染从众[189]。王新华等基于 SIRS 模型将煤矿员工在不安全行为传播的过程中划分为不安全行为易感人群、不安全行为传播人群以及不安全行为免疫人群,并通过数值模拟分析了传染率、免疫率、改善率以及遗忘率的变化对整个传播过程的影响[8]。王丹等运用社会网络分析法对建筑工人的不安全行为传播网络结构进行了分析,结果表明网络的中心位置往往被技术工人占据,人际关系好的员工处于次核心位置,而班组长则处于网络的边缘位置,不安全行为主要通过网络中心人员扩散至其他员工。

2.4.2 行为跟随的相关研究

行为跟随常常会造成巨大的社会影响,引发了众多学者的关注,但是目前理论研究多侧重于从羊群行为与从众行为来揭示行为跟随现象,因此本研究将对羊群行为与从众行为相关研究进行梳理。尽管社会心理学和行为经济学从不同的视角和不同的途径来研究羊群行为和从众行为,但是从个体层面进行理解时二者并没有区别[26],后续的研究也主要是基于社会心理学和行为经济学的相关知识展开的,由于本研究重点探讨的是员工个体对不安全行为的模仿和跟随现象,即从个体层面来探讨行为跟随,因此本研究对个体层面的羊群行为与从众行为不做严格区分,都将其归为行为跟随。近来,学科交融日趋频繁,学者们在社会心理学和行为经济学的基础上,将羊群行为(或从众行为)引入其他学科领域,比如舆情传播[16-17]、人员疏散[18-19]、行人违章过马路[20-21]、消费者购买决策[22,23]等,这些领域的研究成果不仅丰富了行为跟随的研究领域,也为本研究提供了坚实的理论基础,因此本研究关于行为跟随的探讨主要借鉴心理学和行为经济学的相关成果,并融入一些其他领域的相关研究。

2.4.2.1 行为跟随的分类

对于行为跟随的分类,可以从心理学和经济学来分别进行梳理。即使是同属一个研究领域,由于作者的侧重点不同,行为跟随的分类也呈现出多样化的特点。

(1)心理学领域的划分

在心理学中行为跟随更多的是以从众行为出现的,为了能够更好地理解从众行为,一些学者对其进行了分类。起初,Festinger 只针对服从行为展开了讨论,认为当个体的不服从行为会招致惩罚时,其往往会表现出公开服从;如果个体渴望融入群体中与他人保持良好关系,此时私下接受的服从行为便产生了,但是只要个体产生脱离群体的想法,这种私下接受便会随之消失[41,190-191]。随后,Kelman 聚焦于行为主体表现出从众行为的原因将从众行为进行了分类。具体来说,当行为主体感受到来自他人的"胁迫"时,为了避免"冲突"带来的惩罚而采取的表面上与他人保持一致的行为,而内心却依然坚持自己最初的想法,此时就形成了公开服从;若行为主体在无外力"胁迫"下,对群体所表现出的规则、信念和期望表示认可和接受,进而做出与群体中大多数人相同的行为时,这时就产生了私下接纳的服从行为。除此之外,他进一步提出另外一种从众行为,也就是认同,这是在私下接纳基础上的进一步深化,是个体的价值观与群体的规则和信念一致,并且为了维系一些重要关系(比如与重要的人或群体)而采取的模仿他人或者群体的行为。这种类型的从众是否会持续存在主要取决于行为主体是否认为那些重要关系是有价值的[192]。

Deutsch 和 Gerard 根据引发从众行为因素的不同将从众行为分为信息性从众和规范性从众[193]。信息性从众主要是个体在情境并不明确的情况下,在没有群体一致性压力作用时,在进行决策时倾向于收集他人的信息并以之为自身决策的参考,最终形成与群体中大多数人一致的行为。在信息性从众中,信息对个体的影响是"由内而外"的,即信息不仅使得个体表层的行为态度发生转变,也使得其真实的态度和行为发生改变。规范性从众往往发生于能够对成员进行处罚和奖励的群体,主要是指个体依据个人掌握的信息完全能够做出独立的判断、决策,然而来自群体一致性或群体规范的压力使得个体不得不放弃原先的独立思考和判断,转而采取与群体中大多数人一致的行为,以此来获得群体的认可和接纳,避免排斥和惩罚。规范性从众可以理解为"阳奉阴违",人们都不希望与群体产生对立,所以为了避免被孤立,会在表面上与群体保持一致,即使有时大多数人的做法是错的,但是其真实想法和态度并没有发生改变。

Carlson 对从众行为的分类进行了回顾和比较,得出这些分类方法之间存在着一定的联系,并且可以将其有机地整合到一起,最终形成一个包含从众动机、从众方式和从众目的的体系。其中,从众动机包括了信息性从众和规范性从众;从众的方式主要表现为公开服从、私下接纳和认同;而从众的目的就是为了得到奖励、避免处罚、获得知识和自我实现等[194]。

在我国,宋官东依据从众行为产生过程中个体心理动机是否理性,认为从众行为应该包括理性和非理性从众行为[51]。其中,在理性意识支配下,由于情境和相关外部影响因素的不同,以及个体的行为目的和理性思维活动(比如,推理、判断、类比等)存在差异,理性从众又可细分为遵从、顺从和服从三种类型。遵从常发生于行为主体置身于模糊情境中,为了知悉、学习或决策,会以他人传达的信息为参考,进而做出与他人一致的行为、决策。顺从是行为主体为了不违背客体的期待,会对客体表现出的意图和态度进行分析,并最终选择与客体保持一致的一种从众行为,有目的的利他性是其主要特征。尽管在顺从的过程中,个体外化的表现倾向于与他人一致,但是其思想意识上并不认同这种做法。服从是当客体有能力对主体实施奖励与处罚时,主体为了能够使奖励最大化或者处罚最小化而采取的与客体一致的行为。服从的产生遵循判断—评估—实施,首先行为主体会对与客体保持一致所产生的效用价值进行判断,若能够带来益处,就会对实现这种效用价值的概率进行评估,若实现的可能性达到可接受水平,那么就会引发个体的服从行为。非理性从众则是个体在缺乏理性意识介入的条件下,仅凭借个人直觉、本能而做出的与他人一致的行为,即盲目从众。需要注意的是非理性从众与理性从众是可以相互转化的,当理性从众行为演化为一种思维或行为习惯时,伴随而来的就有可能是非理性从众行为;非理性从众也会在某些情境中受到有意识的思维活动的影响而发展成为理性的从众行为。

(2)经济学领域的划分

在行为经济学领域研究者多用羊群行为来刻画行为跟随现象,并按照不同的标准将羊群行为分为以下三类。

①羊群行为可分为理性与非理性羊群行为两种形态,这主要依据羊群行为能否给经济活动参与者带来收益。理性羊群行为的发生是基于信息获取难度较大,经济活动参与者出于风险规避的考量,避免个人决策的失误而采取的追随、模仿他人策略的一种行为。非理性的羊群行为则是指行为主体缺乏对自身情况的理性分析,只是单纯、盲目地对他人的策略、行为的模仿。在实际的经济活动中,经济活动参与者表现出羊群行为是出于理性还是非理性主要取决于参

与这种活动能否为经济活动参与者带来收益。如果经济活动参与者的收益因为采取了羊群行为而增加，那么就可称这种羊群行为为理性羊群行为，否则称之为非理性羊群行为。

②依据发生机制的差异，羊群行为也可区分为真实羊群行为和虚假羊群行为。在经济活动中，行为主体会刻意对他人所传递的信息、行为决策进行追随和模仿，这种羊群行为称之为真实羊群行为，是追随者的理性行为。虚假羊群行为则是经济活动参与者在面对相同的问题，掌握相似的信息，同时具备相似的能力时而在无意中做出的相似或者一致性的决策。虚假羊群行为并不是真正意义上的羊群行为，尽管从表象上看，群体中大部分成员都采取了相同的行为，但是群体成员行为的致因却是相同的。当经济活动参与者对其所处的环境中的变动因素产生了相同的感知，便会对此做出合理反应，在宏观层面就会出现人群的行为趋于一致的表象。这种反应并不是行为主体对其他个体行为的观察、模范或学习，而是个体在相同的情境下做出的相同行为反应。

通过对比二者可以看出，真实羊群行为和虚假羊群行为的本质区别在于个体的决策是否存在"模仿"。在真实羊群行为中，追随者总是有意对他人的决策进行模仿。从社会学和行为经济学来看，之所以产生这种行为，一方面是源于对于群体归属感的需要，对偏离群体的恐惧；另一方面则是出于对自身利益最大化的考量，比如在信息获取成本较高以及对自身决策能力不自信的情况下，小投资者会对大投资者的决策进行跟风模仿。

③根据信息是否对称和行为主体的决策次序，可以将羊群行为分为三种类型，分别为序列型羊群行为、非序列型羊群行为以及随机型羊群行为。Banerjee认为投资者总是认为先前的投资者可能掌握一些私人信息，因此在做决策时总是观察前人的行为决策并以此为参考，模仿前人的投资策略而不利用自己掌握的信息进行自主决策，基于此提出了羊群行为的序列决策模型[13,38]。序列型羊群行为具备如下特点：首先，是决策者需要按照一定次序做出决策；其次，决策一旦形成便无法改变；最后，先前决策者的决策结果能够被后决策者观察到。非序列型羊群行为则是假定每个个体在最初都有自己的决策，个体在与他人的交互中其决策会发生改变（决策可逆）。随机型羊群行为主要是指一群有关联的个体会相互影响，进而形成一个群组，群组与群组之间的决策是各不

相同的。

2.4.2.2　行为跟随的影响因素

行为跟随的影响因素众多,研究对象和领域的不同都会导致影响因素方面的差异,但是,就整体来看,行为跟随的影响因素研究大致可以分为内部影响因素和外部影响因素。

(1)内部影响因素

无论是社会心理学领域的从众行为,还是行为经济学领域的羊群行为研究,都对相应的内部影响因素有所涉及,常涉及的内部影响因素包括个体的传记特征、人格特质因素和心理因素。

地位与个人的声誉与从众行为息息相关,Bourne 指出对个人的地位和声誉越是重视的个体,无论是在公开场合或者私底下都会表现出比较强的从众行为倾向[195];相反地,当个体在群体中的地位和声望较低时,其在公开场合可能会比较倾向于遵从群体的规范,但是其内心可能并不认同这种规范。除此之外,也有研究指出当个体在群体中获得更多的认可和支持时,其更倾向于按照自己的想法行动,因此不太可能会产生从众行为。

智商的高低对个体的从众也有一定的影响,Nakanura 就认为智商表现和能力一般的个体,更容易受到其他人的言论、意见的干扰,而改变自身行为,产生从众行为,这主要是因为这类人能够意识到自身能力有限,对自己所做的判断并不自信,于是就倾向于与他人保持言行的一致[196]。

人格对个体的从众也具有一定的影响,Yarnold 等学者发现 B 型人格,即安于现状、知足常乐的人比 A 型人格,即那些争强好胜、不满足于现状,试图处于支配地位的人更容易产生从众行为[197]。

自我监控对个体的从众行为具有一定的影响。具体来说,自我监控特质较高的人,往往会更倾向于遵从群体的规则,而自我监控水平较低的个体则不会轻易产生从众行为[198]。

也有学者指出,不同的年龄段对个体的从众行为会产生一定的影响,他们指出处于青少年的个体更容易产生从众行为,因为处于青少年时期的个体在多种因素的影响下,其渴望更多地参与社交活动,为了留下好的印象和维持和谐的人际关系,故而更容易产生从众行为[199-200]。

Skitka 和 Maslach 则将关注的焦点放在性别上,其指出相比于男性,女性更乐意与群体成员维持和谐的人际关系,因而也就更容易与他人保持行动的一致。有些研究者则得出恰好相反的结论,布拉德·巴伯(Brad Barber)和特伦斯·欧登(Terrence Odense)以股市中的投资者为研究对象,结果发现男女投资者在行为方式上存在着显著的不同,女性投资者情绪比较平稳、镇静,并不热衷于追求那些不合理的回报,因而不会因为市场中多数人做出某种投资决定而盲从[201]。但是,也有学者认为这是有失偏颇的,已经完全不适用于当今社会,这部分学者认为无论是男性还是女性其感受到的社会暗示并没有区别,因此在对待从众行为方面并没有差异[202-203]。此外,也有研究者通过实证研究检验了性别对个体的传统性以及从众价值观的影响,结果表明在不同性别上,个体的传统性以及从众价值观并没有显著的差异[204]。

心理抗拒能够显著降低从众行为发生的可能性。Goldsmith 等的研究表明,心理抗拒水平越高的个体,更倾向于坚守个人的观点和坚持自己的行为方式,受他人干扰的可能性较小[205]。

此外,甚至有研究表明个体的情感也会引起羊群行为。亚科·阿斯帕拉(Ashibei La)和亨瑞克·提卡宁指出个体对于某个上市企业的情感会左右其投资决策,即便在理性分析之后不应该采取投资行动,但是由于对于公司的深厚情感,仍然会选择投资某只股票,即使这只股票的收益并不理想[201]。

也有研究者指出金融市场中的羊群行为与投资者的个人性格有关,投资者的过度自信,盲目相信自身的知识水平,表现出期望和懊恼的心态,并不依据自身的处境进行理性判断,只是基于直觉的盲从[206]。

(2)外部影响因素

在以往的研究中涉及的从众行为与羊群行为的外部影响因素大致可以归纳为群体因素、情境因素、事件本身特征和社会文化因素等。

在群体因素中,群体的权威性和可信度,群体凝聚力,群体规模等都会导致个体从众行为的产生。当个体在模糊的情境中,个体会出现不知所措,此时群体中存在着权威者,会导致其他个体的从众行为,这表明群体的权威性和可信度会引起从众行为,不仅如此,若是群体内部成员具有很高的凝聚力,那么其在行动上倾向于保持一致,因而更容易产生从众行为[207-208]。Rosenberg 指出群体规模是影响个体从众行为的又一重要群体因素,群体的规模越大,并且从事某种行为或者持某种观点的人数越多,对群体中成员产生的压力就越大,越容易使个体屈从于大多数人的行为、决策,从而产生从众行为;当实验研究中从事某种行为和持有某种观点的人数由 1 增加至 3 时,产生从众行为的人数会显著增加,但是达到或者超过 4 人后,从众的人数不升反降[209]。蔡晓惠和李俊娇通过实验法对实验中的同谋者为一人和两人的情况进行了对比,从中发现人数多的情况下更容易产生从众行为,也就是说,从众行为与群体规模具有显著的相关关系[210]。

正如从众行为的概念所界定的那样,情境模糊是引起个体从众行为的重要因素,在情境模糊的处境中个体会变得无所适从,缺乏明确的目标,进而会引起从众行为。此外,在某些场合下,特立独行会导致个体的私人信息暴露,而跟随多数人的做法则可以避免这种情况,因此在公开场合,个体倾向于采取从众行为。

个体初始的态度、立场同样会对从众行为产生影响,在认知失调理论的基础上,Brehm 和 Cohen 认为只有坚持自身初始的信念、立场,才有可能避免因为前后的不一致而引起的认知失调和消极情感,从而避免从众行为的发生[211]。刘启华认为在线用户在情境模糊和不明真相的情形下会依赖于他人的观点和看法,来获取对整个事件的了解,进而追随、学习和模仿他人行为,羊群行为随之产生[212]。

社会文化对于个体行为的影响已经得到学术界的广泛认同,其对于从众行为的影响也得到了相应研究的证实。相较于个人主义文化,集体主义文化影响下的个体更容易产生从众行为。受传统文化的影响,集体主义文化更强调“中庸”,认为“适度”是最好的状态,过犹不及,是主张中立的一种文化氛围,让人不要冒险,要融于世俗。因此在这种集体文化下,个体更容易产生从众行为。在一项研究东亚人与欧美人的从众行为的研究中,Bond 和 Smith 通过对比发现相较于欧美人,东亚人更容易产生从众行为,究其原因是因为在东亚文化中,集体主义文化占据主导地位,而欧美更崇尚个人主义[213]。马欢认为中国股市中之所以会产生羊群行为,一个关键的原因就是投资者受中国集体主义思想文化的影响,倾向于做出与群体中大多数人一致的行为、决策[214]。

2.4.2.3　行为跟随的测度

在社会学心理学领域,学者专家更倾向于运用实验和问卷调查法来对从众行为进行测度,注重对观察到的社会现象和采集到的被试者资料进行分析。

最早对从众行为进行测度的当属美国心理学家 Sherif 在 20 世纪 30 年代所做的一项实验[12]。在实验中以对"游动效应"并不知情的人员为观察对象,将其安排在一个漆黑的房屋中,在被试者前方一定的距离内会缓慢出现一个会不规则运动的光点,最后消失。然后被试者需要估算出这个光点的位移。在第一天的实验中,被试者单独多次观察光点的移动,最终给出一个结论;但是在第二天的实验中,会将之前单独实验的被试者集中在一起进行实验,所有被试者在光点消失后依次给出自己的估算。经过反复几轮的实验,被试者对光点的位移经过多次估算,最终这些被试者给出的结果收敛于某一值,在光点位移的判断上,所有被试者达成了一致,此时从众行为就产生了。

20 世纪 50 年代,Asch 也设计出一个同样经典的实验,在实验中,被试者需要在提供的三条线段中指出哪些是与给定的线段是等长的[215]。当被试者单独判断时,能够非常准确且快速地指出相应线段,但是如果其他被试者(经过研究者训练的同谋者)有意给出一致的错误回答,那么此时被试者出现错误的可能性大大增加。实验的结果得出,在单独进行判断时,被试者回答的正确率高达 99%,但是在同谋者的误导下,有 37% 的被试者会与同谋者给出的答案一致。之后的研究者在进行从众行为的实验研究中几乎都借鉴了上述两项经典的情境实验,只是针对研究目的和对象做了适当修订,因此不再进行赘述。

由于实验法在实施过程中难度较大,费时费力,因此,也有相当一部分研究者采用问卷调查的方式来探讨羊群行为的表现形式、结构维度和驱动机理。Sun 在探究羊群行为对新技术采纳的影响的研究中,通过自行设计开发的 7 个题项量表,将羊群行为分为模仿他人和贬低私有信息两个维度,并在研究中获得比较好的效果[216]。Shusha 等在探究个人态度决定因素、人口学变量以及羊群行为的关系时,采用了问卷调查的方法收集数据,通过设计的 3 个题项的羊群行为问卷来衡量投资者在投资时是否出现羊群行为,其结果表明态度因素会显著作用于投资者的羊群行为,但是这种关系会受到人口学变量的调节[217]。Hong 等在借鉴 Sun 开发的两维度 7 题项的羊群行为量表的基础上,根据研究的具体需要对题项进行了修正,结果依然保持两个维度,但是剔除了一个测量题项,仅保留 6 个题项,进而将羊群行为作为影响用户社交软件满意度的一个重要因素进行分析,所得结果基本与预期相符。杨卫忠在分析宅基地流转中农户的羊群行为及后续效应的研究中也构建了羊群行为的 5 题项二维结构,同样借鉴了 Sun 的羊群行为量表。此外也有研究者借鉴 Bearden 等开发的两维度12 题项的从众行为量表,分别为规范性从众和信息性从众,来揭示从众行为对产品购买倾向[218]、从众对大学生学习焦虑[219] 的影响。

在行为经济学领域,研究者倾向于借助数理统计模型来研究投资者的决策是否存在聚集现象,是纯粹统计意义上的实证检验,但是这些方法可能会存在比较大的偏差,因为仅仅对某一时段资本市场投资者所做出的相同的投资行为作为判断羊群行为是否存在的依据是不够精准的,因为有些投资者完全是基于自身所掌握的信息而做出的完全自主的投资决策,并没有受到其他投资者的影响,仅仅只是投资决策恰巧与他人一致,从而放大了羊群行为的规模。

（1）LSV 法

由 Lakonishok,Shleifer 和 Vishny(LSV)提出的羊群行为测度方法,认为羊群行为是资金的管理者在某一时间段内同时购进或者卖出某一特定股票的平均趋势,基于此可知,LSV 法只是对交易者在一定时期内的交易模式相关性的一种测定,主要测量的是这些交易者购进和卖出同类型股票的趋势[43]。

LSV 法用 $H(i,t)$ 表示羊群程度,而 $B(i,t)$ 表示在 t 时刻购进某只股票的投资者人数,$S(i,t)$ 则表示为在 t 时刻卖出某只股票的投资者人数,此时 $H(i,t)$ 可表示为:$H(i,t) = |p(i,t) - p(t)| - AF(i,t)$,其中 $p(i,t) = B(i,t)/[B(i,t) + S(i,t)]$,$p(t)$ 为股票 i 的均值,调整因子 $AF(i,t) = E[|p(i,t) - p(t)|]$,$B(i,t)$ 服从参数为 $p(t)$ 的二项分布。在 0 假设检验下,如果 $N(i,t) = B(i,t) + S(i,t)$ 足够大,$p(i,t)$ 趋向于 $p(t)$ 时,此时 $AF(i,t)$ 趋向于 0;若 $N(i,t)$ 足够小,$AF(i,t)$ 一般情况下大于 0。如果 $H(i,t)$ 显著不为 0 则表示存在羊群行为。

作为首个检验羊群行为的理论方法,LSV 还存在一些不足:首先,用卖出和购进某只股票的人数来衡量羊群行为,这无形中忽视了交易量的问题,例如,会存在买进和卖出某只股票的人数可能没有差异,但是买方的买入量远远高于卖方的卖出量的情况,对于这种情形 LSV 就会显得力不从心;其次,LSV 无法区分长期投资中的投资模式的差异情况,假如从长期来看,某只股票存在羊群行为,但是此时 LSV 法却无法断定是否是相同基金投资的结果;最后,股票 i 和时间间隔 t 扮演的角色十分重要,会对结论产生很大影响,基金经理会从宏观层面,比如行业、部门或者国家层面来对股票进行评价,因此对这一水平上的羊群行为研究更适用。时间间隔 t 受到基金经理的交易频率的影响,时间间隔的选取比较重要,如果以季度为单位更换投资组合,则以季度数据检验羊群行为所获得效果更好。

(2)PCM 法

PCM 法,即组合变动度量法(portfolio-change measure;PCM),Wermers 借助这种方法对投资者的交易方向和力度上的羊群行为进行了测量,这种方法弥补了 LSV 方法所存在的第一个缺陷[220]。

Wermers 定义投资组合 I 和 J 间时间延迟为 τ 的横截面相关 PCM 为:

$$\hat{\rho}_{i,\tau}^{I,J} = \frac{(1/N_t)\sum_{n=1}^{N_t}(\Delta\tilde{\omega}_{n,t}^I)(\Delta\tilde{\omega}_{n,t-\tau}^J)}{\hat{\sigma}_{t,t}(\tau)}$$,其中,$\Delta\tilde{\omega}_{n,t}^I$ 为时间间隔 $[t-1,t]$ 内投资组合 I 中股票 n 的持有比重变动;$\Delta\tilde{\omega}_{t-\tau}^J$ 为 $[t-\tau-1,t-\tau]$ 内投资组合 J 中股票 n 的持有比重变动;N_t 为投资组合 I、J 中的可交易股票数量;$\hat{\sigma}^{I,J}(\tau) = \frac{1}{T}\sum_t\left\{\frac{1}{N_t}\left[\sum_n(\Delta\omega_{n,t}^I)^2\sum_n(\Delta\tilde{\omega}_{n,t-\tau}^J)^2\right]^{\frac{1}{2}}\right\}$ 为横截面标准差的时间序列平均值。

与 LSV 不同的是,PCM 法指标值会随着某只股票的基金数量的增加而增大,随着股票交易基金的数量的增加,产生羊群行为的可能性也就越高,但是 PCM 法依然存在一定的缺陷:首先,PCM 法仅仅利用股票变动的比重来衡量羊群行为,这就在无形中导致那些资金量大的基金管理者被赋予的权重较大,从而引起偏差;其次,在没有任何购入和卖出的情况下,股票的价格、比重依然会发生改变,由此会导致 PCM 法监测到的羊群行为可能是虚假的;最后,在 PCM 法中没有较好的方法来计算股票比重的净资产值。

(3)CH 法

Christie 和 Huang 等指出可以利用收益率分散度来衡量羊群行为,称之为 CH 法,这种方法的核心观点就是在波动的市场中,个体投资者投资所获得的收益应该是分布于市场平均收益率两侧,当市场中的股票都得到平等对待时,就有可能会出现羊群行为[221]。在 CH 法中运用了截面收益标准差 CSSD (cross-sectional standard deviation of return),因此这种方法也称为 *CSSD 法*,其中 $CSSD = \sqrt{\sum_{i=1}^{n}(r_i - \bar{r})^2/(n-1)}$,$r_i$ 为股票 i 的收益率,$\bar{r}$ 为资产组合中 n 只股票的平均收益率。应用 CSSD 法,Christie 和 Huang 对美国股市中的日收益率进行了研究,结果表明,在股市出现较大波动时,个股的收益率的分散度较大,进而得出羊群行为并不显著。但是这样的结果并不能使所有人信服,因为在股票市场波动较小的情形下,依然会看到市场中的资金会被重新分配,由此可以看出,CSSD 法只是对羊群行为的一个较为保守的测度,因为只有多数投资者对所有股票产生羊群行为时,才有可能出现股票的收益率都相同的情况,故而 CSSD 法测算出的羊群行为程度被低估了。

(4)CSAD 法

鉴于 CH 法的不足,有学者指出运用 CSAD(横截面收益绝对差,cross-sectional absolute deviation of returns)法来进行完善,这种方法主要是用来测量投资者决策的一致性[222],其表达式为 $CSAD_t = \dfrac{1}{N}\sum_{i=1}^{N}|R_{i,t} - R_{m,t}|$,$N$ 表示的是投资者所投资的股票数量,$R_{i,t}$ 则表示的为股票 i 在交易日 t 的收益率,$R_{m,t}$ 为市场组合收益率。

2.4.3 文献述评

通过对员工(不)安全行为和行为跟随(羊群行为、从众行为)相关研究的梳理可以看出,当前学术界针对员工(不)安全行为和行为跟随的研究都取得了一系列有价值的理论成果,但是依然存在一些不足。

首先,以往研究仅关注员工个体行为,却忽视员工间的社会关系所引起的行为、决策的趋同。尽管针对企业员工不安全行为的研究日趋丰富,但是研究内容趋同导致员工不安全行为的发生并没有得到有效抑制,已有的关于员工不安全行为的研究多是关注不安全行为本身,却忽视了群体中成员行为趋同这一现象。工业企业中行为跟随是引起班组成员不安全行为趋同的重要途径,为预防安全事故的发生,针对员工行为跟随进行研究和干预更具有理论和现实意义。

其次,现有研究缺乏对不安全行为扩散影响因素的系统和全面探讨。关于不安全行为的研究多侧重于员工个体的视角,从群体视角来考察员工不安全行为在人际间的扩散和蔓延的研究则十分匮乏。不仅如此,在为数不多的探讨员工不安全行为扩散的研究中,对其影响因素的探究主要局限于某个或者某一类因素,缺乏对影响因素的系统化和全面化的考虑,难以形成全方位、多层次的研究格局,导致研究结论和最终建议的提出都具有一定的片面性。

最后,现有的在安全管理领域内针对行为跟随的研究十分稀缺。作为诱发群体性行为的重要途径之一,行为跟随在社会心理学和行为经济学领域已经得到了一定关注,一些其他学科领域也开始涉及,然而在行为安全管理领域却并没有获得足够的重视。迄今为止,在企业安全生产管理领域中学术界尚没有给予员工行为跟随以明确的界定、可操作的测度方式。不仅如此,更是缺乏探讨行为跟随驱动机理以及揭示其演化规律的研究。

综上所述,关于工业企业员工行为跟随的研究相对匮乏,本研究的开展对于工业企业的安全管理具有重要的理论和现实意义。

2.5 本章小结

本章分析了羊群行为与从众行为的关系,在不安全行为、羊群行为和从众行为内涵的基础上界定了行为跟随的概念,梳理了与本研究密切相关的理论与模型,并对不安全行为相关研究和行为跟随相关研究进行了回顾和述评。本章的工作为接下来的理论研究奠定了扎实的文献基础。

3 行为跟随驱动模型的建立

3.1 行为跟随驱动因素筛选

3.1.1 研究方法

一线员工的行为跟随现象在工业企业日常的安全生产中普遍存在,也引起了管理者们的关注,但在理论层面却鲜有研究针对工业企业员工行为跟随现象进行深入的探讨。尽管从现有的文献来看,针对行为跟随的研究日益增多,尤其在经济和金融领域已经开展了大量针对投资者行为跟随(即羊群行为、从众行为)的研究,但是当行为跟随发生在不同的情境中时,其影响因素也不尽相同。如果仅仅通过归纳、总结现有的其他领域的有关行为跟随的研究,就会脱离工业企业的现实情况,并不能全面、准确地反映工业企业员工行为跟随的影响因素。为了能够准确挖掘工业企业员工行为跟随的影响因素,本研究打算从探索性的质性研究的视角出发,运用扎根理论深入企业实际,挖掘工业企业员工行为跟随的驱动因素,构建相关变量间的关系模型,进一步在基于量性研究的基础上运用问卷调查的方式收集数据,以此来验证质性研究的结论。

质性研究,也可以称之为定性研究、质的研究或质化研究。作为社会科学领域内的主流研究范式,其为研究者探索社会现象提供了一个有效的研究途径。尽管目前对于质性研究的概念并没有统一,但是不乏有些学者提出的概念得到了相关领域的普遍接受。其中,普遍被研究者接受的质性研究的概念是:研究者自身作为研究工具,置身于自然情境中对社会现象进行探索分析的一种活动[223-225]。在研究的过程中,研究者可以通过多种渠道(访谈、观察、倾听等)来进行资料的收集,进而对所获的资料进行分析、归纳和整理,深入发掘资料背后所折射出的深层原因和意义,最终形成一定的结论和理论。区别于量性研究(亦称为定量研究、量的研究)的运用可测量的变量来代替研究对象的特征,再综合运用数学模型和统计分析技术等来揭示变量间的关系以及事物的本质属性,以此来检验研究前所提出的假设和理论,质性研究分析预先并不提出假设,结果往往是以文字的形式展现出来的,较少涉及数理统计知识,两种研究范式的思维方式如图 3-1 和图 3-2 所示。

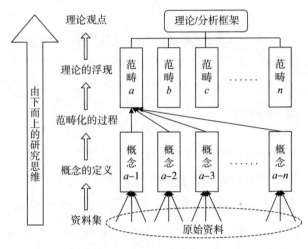

图 3-1　质性研究的思维方式

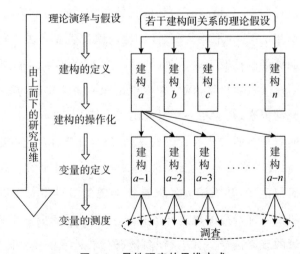

图 3-2　量性研究的思维方式

质性研究的一般流程包括:首先,研究者大致确定研究方向、主题,深入情境开始收集资料;然后,对收集来的资料分门别类、逐层编码;最后,对初步形成的理论进行饱和度检验[226],具体的流程如图 3-3 所示。质性研究的方法多种多样,目前比较有代表性的质性研究方法包括扎根理论、参与观察法、民族志、个案研究和现象学等,每种方法都有自己的特点和优势,侧重点也不尽相同。在这些比较有代表性的质性研究方法中,扎根理论(grounded theory)无疑是最突出的,也是绝大多数质性研究所常采用的方法,其最大优势在于其相对的系统性和规范性,同时在分析的过程中不失科学性和严谨性,因此运用扎根理论所获得的结果是深深根植于资料数据之上的,并且整个研究是可以回溯查阅的,能够经得起反复推敲。正因为这些优势,扎根理论成为众多质性研究方法中无论是在信度、解释力还是科学性方面都是最优的,成为理论建构的最佳选择[227]。本研究便是运用扎根理论来进行相关的质性研究。

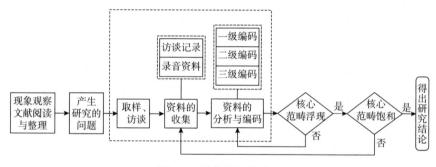

图 3-3　质性分析的流程

扎根理论源于 1967 年美国学者 Glaser 和 Strauss 的著作《扎根理论之发现:质化研究的策略》(*The Discovery of Grounded Theory:Strategies for Qualitative Research*),是指在没有任何前提假设的情形下,研究者基于所要解决的问题进行资料的收集,之后在一套系统化的流程中运用归纳、对比、推理和理论建构等方法对所得资料进行分析,最终得出相关结论或理论的一种质性研究方法[228]。不同于量性研究的自上而下和直线式的研究思维(如图 3-2 所示),扎根理论则是一种自下而上和螺旋式循环的研究思维(如图 3-4 所示)。这种方法要求研究者在获得相应资料后就开始分析和编码,然后将新生成的概念和范畴与已有的概念、范畴进行比较,在基于比较的结果上开始新一轮的资料收集与分析,直到新收集的资料中不再产生新概念、范畴,即理论饱和。

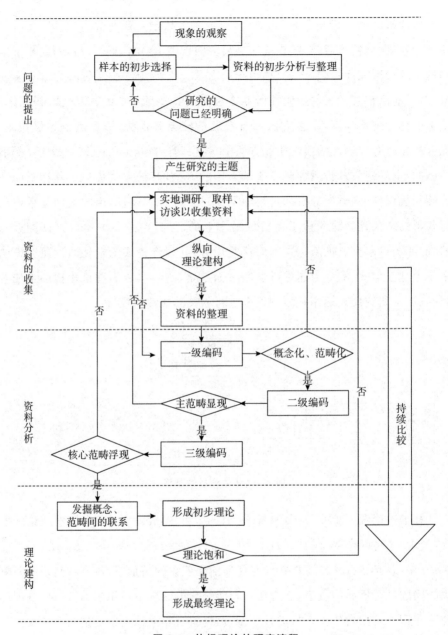

图 3-4　扎根理论的研究流程

扎根理论大致可以分为如下几个步骤：

（1）确定研究问题与样本

在个人的研究兴趣、经历等的基础上，研究者可以确定个人将要研究的具体问题。之后研究者可以运用多种抽样方法来获取研究样本,比如方便抽样、综合抽样、滚雪球抽样等方法。

(2)收集资料

研究样本确定以后便要对样本展开调研、收集相关资料。研究者可以运用观察、个别访谈和焦点小组访谈等方法进行研究资料的收集。在资料收集的过程中要充分尊重被试者的意愿,本着自愿、保密、公正合理和公平回报的原则开展。

(3)分析资料并构建理论

在对收回的资料进行分析时,①要对资料编码,从中析出相关概念;②运用比较法,将资料与概念不断进行比较,逐步将资料概念化;③发掘概念间的潜在联系,从中抽象出核心范畴;④获得初步结论、理论并对所得结果进行饱和度检验;⑤饱和度检验通过,形成最终结论、理论。扎根理论的重要环节就是对资料的逐级编码,即一级编码、二级编码和三级编码。

可以看出扎根理论有着一套系统的研究流程,是一个动态的过程,并且是一个螺旋循环的过程,即通过不断重复某些步骤使得最终的结论或理论逐步浮现(如图 3-4 所示)。

3.1.2　资料的收集

作为质性研究的首个过程,资料的收集尤其重要,是后续研究的基础。为了能够准确、有针对性地识别出工业企业员工行为跟随的驱动因素,深化对驱动因素的认识,并最终形成合理的测量问卷,本研究主要采用深度访谈方式来进行资料的收集。在资料收集的过程中,访谈对象对资料的获取和最终结论具有重要的影响,因此访谈对象的选择需要慎重考虑。本研究探讨的对象为置于不安全行为前提下的工业企业员工行为跟随现象,由于不安全行为多发生于企业日常生产作业的一线班组中。因此,在研究中访谈的对象主要限定于企业中主要从事一线生产作业的普通员工、班组长以及与一线生产作业联系密切的部长和安全员,这些员工对行为跟随这种现象有一定的了解,能够提供比较大的信息量。同时,为了使得获取的信息资料足够具有代表性。

在具体操作中,受到时间和空间的限制,研究者并不是对所有的受访者都采取面对面交流的方式,加之当前网络技术的发展,各种社交聊天平台(QQ 和微信)的广泛使用使得研究者在运用访谈获取资料时不再局限于面对面的沟通、交流。相较于传统的面对面的访谈,借助社交平台在线进行访谈的优点也是显而易见:首先,访谈者与受访者并不需要直接见面,操作起来更灵活、方便,突破了时间和空间的限制;其次,可以缓解紧张气氛,消除受访者的拘谨,使其更加放松,思维更加敏捷;第三,访谈者的一些表现(比如面部表情、举止动作)无法被观察,大大降低了访谈者对受访者的影响,因此回答的内容也更趋于真实[229]。基于此,本研究会根据实际情况,综合运用一对一面谈、QQ 和微信社交聊天平台进行深度访谈。

为了能够准确、高效地获取相关资料,本研究采用了半结构化的深度访谈。具体地说,就是在实施访谈之前,研究者在基于所要研究问题和目的的基础上预先拟定一个简单的访谈提纲以此来控制访谈的主题和节奏。在实际访谈中,不必严格按照访谈提纲所列问题进行提问,访谈提纲只是一个大致的参考,研究者可以根据实际需要对问题进行增删或次序的调整[227]。在访谈中,受访者需要对相关问题进行思考和表达,因此访谈的时间不宜过短,本研究将访谈时间控制在 60 min 左右。在一对一访谈之前,应该与受访者确定访谈的时间和形式。时间和形式的选择应该以受访者为中心,充分尊重受访者的意愿。通过事先与受访者的沟通,能够让受访者合理安排访谈时间和形式,最大限度防止中途可能出现的干扰而导致的访谈中断,同时能够使受访者带着轻松愉快的心情参与访谈。此外,可以提前告知访谈的主题、目的和注意事项,使得受访者有一定的心理准备,提前开始思考有关访谈的问题,利于访谈的高效、顺畅进行。在基于自愿和保密原则的基础上与受访者进行交流、互动,在征求受访者的同意后对相关内容进行了录音,并随之转化为文本资料,方便后续的相关分析与备查,若受访者拒绝录音,则研究者仅对访谈中的关键词进行记录,半结构化的访谈提纲如表 3-1 所示。至于研究中需要多少研究样本并没有一个确切的数量,只要研究样本能够比较完整、准确地回应研究者的问题,并且新加入的样本无法提供额外的有用信息时,则可以停止抽样[225],最终,本研究总共囊括了 39位受访者,其相关信息如表 3-2 所示。

表 3-1　研究中的访谈提纲

正式访谈提纲
引入:在我们日常的工作中会出现当有人出现不安全行为后,他人会对这种暂时没有导致事故的不安全行为进行效仿和跟随,当采取效仿和跟随策略的人越来越多时,就会导致这种不安全行为在集体中扩散和蔓延,导致群体成员安全意识下降,带来严重的安全隐患。这种员工对他人的不安全行为的效仿和跟随就是我们当前需要研究的。在访谈过程中,我们会记录下相关重要信息,在您同意的情况下会对谈话内容进行录音。所有资料仅用于科学研究,严格保护您的个人隐私。
基本信息:年龄、学历、工龄、职位层级
问题 1:您对员工的违章行为有什么看法?
问题 2:员工不安全行为的产生,是自己摸索出来的,还是效仿他人产生的? 这两种情况,哪个发生的比例会更高一点? 您对此有什么看法?
问题 3:您认为从哪些方面可以判定员工是在模仿、学习他人的违规行为?
问题 4:在平时工作中,有的员工观察到有人出现违规行为就会跟着去做,而有的人却不会跟着去做。您认为导致这种区别的原因是什么?
问题 5:员工在观察到有人违规时就会跟着去做相同或者类似的违规行为,您认为这是哪些原因导致的?
问题 6:为了避免员工在观察到有人违规时就会跟着去做相同或者类似的违规行为的现象的发生,您认为可以通过哪些措施来应对?
问题 7:您在平时工作中是如何避免效仿他人违章行为的?

表 3-2　受访者基本信息

	分类	人数	比例/%		分类	人数	比例/%
年龄	25 岁及以下	6	15.4	收入	3 000 及以下	8	20.5
	26~32 岁	7	17.9		3 000~5 000(含 5 000)	16	41.0
	33~39 岁	9	23.1		5 000~7 000(含 7 000)	8	20.5
	40~46 岁	10	25.6		7 000~9 000(含 9 000)	4	10.3
	47 岁及以上	7	17.9		9000 及以上	3	7.7

续表

	分类	人数	比例/%		分类	人数	比例/%
学历	小学及以下	3	7.7	工龄	1 年及以下	0	0.0
	初中	12	30.8		1～3 年（含 3 年）	3	7.7
	高中（中专、技校）	16	41.0		3～5 年（含 5 年）	5	12.8
	大专	6	15.4		5～10 年（含 10 年）	8	20.5
	本科及以上	2	5.1		10 年及以上	23	59.0
职务	一线员工	22	56.4				
	班、组长	7	17.9				
	部长	5	12.8				
	安全员	4	10.3				
	科长	1	2.6				

3.1.3 基于扎根理论的驱动因素筛选

在对 39 位受访者的资料进行整理后，从中抽取三分之二的样本(26 份)进行扎根理论的编码分析，剩下的三分之一样本(13 份)作为扎根理论的饱和度分析。本研究按照 Strauss 和 Corbin 提出的扎根编码流程进行操作，以此来确保整个研究的可信性和可靠性。由于对资料的编码是一个比较主观的操作流程，因此在此过程中可能会夹杂着一些个人的主观偏见，进而对研究的结论产生不利影响。为了尽可能削弱个人主观偏见的影响，本研究在运用个人编码方式的同时也结合使用专家咨询法，借助本领域专家的专业知识和经验能够最大限度度降低编码的主观性，提高其科学性。

(1)一级编码阶段

一级编码，常被称为开放式编码，也可称为开放式登陆。作为扎根理论实施的第一个环节，在本环节中需要对访谈中获取的第一手资料进行适当地处理，需要将资料中一些明显赘余的成分、无实际意义的修饰性词语进行剔除。然后，对剩余的访谈资料内容进行切割，对切割后的词汇、语句和段落逐一赋予一定的概念标签，再通过反复比较和逐级登录得出相关的概念，进而对所得概念间的关系进行分析，试图找出它们的关联性和差异性，并以此对概念进行重新聚类组合形成相应的范畴。为了保证编码过程中尽可能免受研究者思维主观性的干扰,编码过程中生成的概念都是基于受访者的原话,比如用原话命名概念,或是从原话中抽象出相应的概念。一级编码应该在首位受访者结束后就开始实施,将首位访谈者的资料进行整理,并从中析出相应的概念,之后运用比较法找出概念之间的相似性和差异性,以此总结出一部分范畴,紧接着研究者可以依据首轮访谈中暴露的问题和总结出的概念范畴,有目的性地实施第二次访谈,如此重复,当编码者发现相关的概念和范畴已经比较丰富,并且开始重复出现的时候,就可以考虑停止访谈,相关的编码工作也可以进入下一阶段。表3-3 所列的是原始访谈资料概念化与范畴化的分析结果。从表中可以看出,借助于开放式编码获得 26 个范畴,其中的 24 个范畴具体包含监督检查力度、规章制度有效性、安全培训、处罚力度、管理者工作态度、员工安全能力、工作尽责、工作负荷、时间压力、作业环境恶劣程度、劳动用具不适性、不安全互动、不安全规范、不安全行为一致性、关键员工的不安全行为、任务密切程度、职场排斥、集体主义倾向、认知闭合需求、人口学变量、睡眠质量、心理脱离水平、感知收益和感知损失即为行为跟随的影响因素。由于文章篇幅的限制,无法穷尽罗列所有内容,只能有选择性地列出一些原始语句和初始概念。

表 3-3　行为跟随的影响因素开放式编码结果

原始访谈记录(代表性语句)	概念化	开放式编码
这种情况肯定是有的,而且并不罕见。这个很多时候都是监管不到位导致的,安全监管人人有责	监督检查不到位	
平时巡查的范围比较大不可能只关注某个或者某些人,往往会导致,顾得了这头就顾不了那头	监督检查范围过大	监督检查力度
员工也并不是盲目跟着别人去做不安全的事,在不容易被查到的情况下肯定会比较容易出现你所说的那种情况,在监管很严的时候,你所说的那种情况发生的可能性就要低很多了	监督检查松弛	

续表

原始访谈记录(代表性语句)	概念化	开放式编码
对工艺、环节、地点有没有派专人去负责管理,在这方面我们企业都是做得很好的,但是在具体实施的过程中就会出现相关的负责人就没有严格执行组织的制度,不认真检查	规章制度执行不力	规章制度有效性
虽然有制度文件,但是主要还是取决于监管人员的执行力		
除非是生产关系跟不上生产力的发展了,比如实施新制度、购置新设备,尚处于摸索阶段,组织内部的相关操作手册和相关规则还没制定出来	规章制度的缺失	
制度的制定要符合实际,尽管制度的制定都是为了安全高效工作,但是有时这些制度确实是没有考虑到工作中的实际情况	规章制度不符合实际	规章制度有效性
规章制度虽然都制定了,但是落实起来很难	规章制度落实不到位	
现场的教育、培训其实没有那么好	教育、培训落实不到位	安全培训
就戴安全帽这件事来说,如果不戴安全帽,在工作中如果被查到就被当成严重违章处理。如果在工作中出现不穿防护服,甚至光膀子干活的则被当做普通三违来处理	劳务处罚力度	
对违规人员进行考试"过8关",相关的8个部门,包括家属都要对违章者进行教育		处罚力度
处罚太轻了,只有加大处罚力度才会让员工重视,比如跟随严重违章一次,我把你当班人员当日工资扣了,相关人员的本月奖金扣完,半年的奖金扣完,甚至全年的奖金也扣了	罚款处罚力度	
若发现有员工自己违章或者跟随别人违章,一旦被监察到,重大违章开除	开除处罚力度	

续表

原始访谈记录(代表性语句)	概念化	开放式编码
管理人员自身放低了对安全的要求标准,没有严格履行自己的岗位职责。	管理人员岗位职责履行不到位	管理者工作态度
你一个管理层(班组长及以上)自己都不严格要求自己,自己都管不住自己,如何去管理别人啊?	管理人员没有以身作则	
高层领导要严抓安全管理,稍有松懈就会发生事故,现场监管人员必须要到位	高层领导的重视程度不够	
根本不知道那是违规行为,以为是符合规章的行为就跟着去做了,比如工作中需要戴手套,有的员工并不知道这个规定,看到别人没戴,自己也就不戴	员工安全知识的缺乏	员工安全能力
员工不懂,压根就不知道是违规,就不知道有危害性,现场经验不多,工作时间短,他看别人怎么做,也就会跟着去做,跟着学,因为他不懂	员工安全知识的缺乏	
我们只知道一些大致的安全操作,具体一些细节可能不完全懂,如果有人违规了刚好是自己不熟悉的地方,怕别人讲自己不懂,就会跟着他干		
员工对违章的危害的认识不够深刻,经验主义,凭经验干活,不按照规程办事,根本不会考虑自己在跟着别人做出不安全行为后可能产生的严重后果	员工安全意识的低下	员工安全能力
无所谓,一些小问题不认为是个问题,经常工人的口头禅就是"没事,干吧"		
由于是刚购置,很多人都不会操作,这时候就会照着别人的操作方法来操作设备,即使有时这种操作是错的。在这种情况下就可能会引起员工跟着别人去违规	员工工作技能的缺失	

续表

原始访谈记录(代表性语句)	概念化	开放式编码
有的员工做什么事都谨慎小心,自制力很强,对工作负责、认真,一般不会跟着别人去违规的 安全责任无大小,必须要重视	自制力强、工作负责、认真	工作尽责
主要就是工作太辛苦了,那么长时间的体力活,搁谁谁都会累,所以看到一些可以省力的违规情况时会主动跟着做	工作辛苦、劳动时间长	工作负荷
操作流程繁琐,我们觉得太过于劳累,看到别人跳过一些步骤,我们也就会跟着去做	操作流程繁琐	
平时生产任务重,时间还很紧,休息时间也不多,整个人的状态就是很疲劳,看到别人违规觉得省时省力也就照着做了	任务重、时间紧	工作负荷、时间压力
工作环境比较恶劣(比如高温、高湿),会让员工很不舒服,很多员工会想着尽快完成任务然后休息,导致一起干活的员工会相互模仿,共同作出违规行为,以达到尽快完成任务的目的	井下自然环境恶劣	作业环境恶劣程度
工作面很狭小,有时都直不起身子,很不舒服啊,肯定想尽快干完,别人的一些违规做法可以提高效率,肯定愿意学者做	工作面狭窄	
本身那种环境下干活已经让人不好受了,再加上工作区域本身设计就不人性化,比如防护工具会妨碍我们的行动,路线的设置也是不合理,别人怎么做省事我就跟着做	设备和路线设置不合理	

续表

原始访谈记录(代表性语句)	概念化	开放式编码
有时配备的劳保用品有问题,不符合实际,使得员工干活不利索,增加负担,比如有的员工干力气活,你给他搞个口罩戴着,他喘气都费劲,根本不愿意用,只要有员工不佩戴,通过观察和交流,其他员工也相继开始不佩戴了	劳动用具不舒适	劳动用具不适性
劳保用品的供应有问题,质量越来越差,质量感觉不如以前,有的员工就会不愿意用,因为佩戴后既不能起到该有的保护效果还会使得干活很不方便啊	劳动用具质量差	
员工在任务执行的过程中,比如要戴沉重装备,会带来一定的不方便,短期来看不戴会比较轻松,在不发生事故情况下,员工肯定愿意去学习、跟随别人不戴装备	劳动用具耗体力	
员工通过内部交流,从别人口中获取违章的信息,于是就去做了	相互交流不安全信息	不安全互动
就是相互之间传个话,跟对方说"这些可以不用做"		
员工会有交流,比如上次班组长安排他去干了某件工作,他违章了,但干得非常成功,比如原本正常操作2个小时才能完成的他半个小时就完成了,整个操作流程非常成功。下一次班组长没有安排他去,而是安排另外一个人去,另外一个人按照正常操作需要至少两小时,于是后者就会请教前者或者前者会主动告诉后者,你应该怎么怎么做,很快的,没事的	私下传授违规的经验	
只要有个人说"一起做"后面就会都跟着一起行动,这时就会成群结队违规操作	接受他人违规的建议	

续表

原始访谈记录(代表性语句)	概念化	开放式编码
还有就是看到有很多人都去做了,比如群体中都有80%的员工都去违规了,我不跟着做会显得我很不合群,会感觉到会受到排挤的	少数服从多数	不安全规范
还有的员工看到很多人都做了,如果自己不跟着做,就会拖慢工作进度的		
大多数是习惯了,因为经常接受这些人的指派,就形成了习惯,肯定愿意跟着有影响力的人干啊	对权威的服从	
有时候还有违章指挥,班组领导自己都做错了,要求员工跟着后面一起干,你作为一个普通员工需要服从上级安排,所以没办法,只能按照领导的要求去做、跟着领导干		
作为底下的一名工人,需要听从班组长、副队长的指挥,实际上在工作中,你当时不听从的话,今天可能就没有钱了	对权威的服从	不安全规范
班组里面会存在一些被大多人接受的违规行为,如果自己和别人做的不一样,可能就会受到别人的另类的眼光。比如班组都不戴口罩,就我一人戴了,别人就会认为我很"娇贵",嘲笑我	对已经形成的行为习惯的遵守	
我认为班组中出现不安全行为的工人的人数会影响员工的行为跟随。比如只有极个别员工出现违章行为,那么我跟着违规的意愿就不会很强烈,但是如果有很多人出现违规时,我跟着去违规的可能性就比较大了	高违章行为一致性	不安全行为一致性
如果都不违章,没人敢这么做,那么大家肯定都是规规矩矩的,就不存在会有行为跟随产生了	低遵章行为一致性	

续表

原始访谈记录(代表性语句)	概念化	开放式编码
担任新员工师父的人一般很少发生违章,都是一些经验丰富,工作年限比较久的员工,师父是一个表率作用,应该带领员工正确完成任务,如果师父出现违规的情况,那么其徒弟出现违规的可能性也比较大	师父的不安全行为	关键员工的不安全行为
我看技术骨干都是那么做的,所以我也就那样做了	技术骨干的不安全行为	
部长、班组长自己带头违章,底下员工肯定都会跟着一起违章的	领导的不安全行为	
如果班组长都不戴帽子,防护服穿着也不规范,手底下的员工肯定也一样,他会跟着班组长,作为一个班组长如果不能按照规章作业,其手底下员工就跟上去做了,就自然而然跟着去做了,员工可能也知道是不安全的,但是其心态就是这样"你作为班组长都不按照规章作业,那也就别要求我们该怎样"		
考虑到安全状况会多一点,一般都是老员工,经验丰富的员工,但是这群人也比较危险,这些人一旦发生违章就会带动很多人跟着一起违章	经验丰富员工的不安全行为	
因为工作任务需要共同协作,并不是说你一个人就可以把活干了,一般4—5个人一起去做同一件事情,如果有人不守规矩,省略操作流程,就会使得工作进度变快了,你要是不跟着违规操作,就会导致你的进度变慢,没法和他人同步,没法协同作业了	高任务协同性	任务密切程度
有的工种不同,干的活都不一样,也没法跟着一起违章呀,不同作业之间是不会有跟着违章的现象。干同一种工作的时候,影响比较大,工作内容不同的话,影响就会比较小	高任务相似性	
我认为这种现象一般多发生于工作联系紧密的群体中,干的活差不多的员工		

续表

原始访谈记录(代表性语句)	概念化	开放式编码
你不跟着干,以后其他人就把你孤立了,都不愿意带你"玩"	高职场排斥感知	职场排斥
不合群,就会不招人喜欢,都会疏远你		
如果自己和别人做的不一样,可能就会受到别人的另类的眼光		
还有就是看到有很多人都去做了,比如群体中都有80%的员工都去违规了,我不跟着做会显得我很不合群,会感觉到会受到排挤的		
在一般情况下,我比较乐于和别人保持一致,这样既不会显得自己"另类",还能够维持和谐的人际关系,还能把活干好,这多好啊	维持和谐人际关系	集体主义倾向
我不能拖大家后腿,我不想让别人讨厌我		
如果有人不守规矩,省略操作流程,就会使得工作进度变快了,你要是不跟着违规操作,就会导致你的进度变慢,没法和他人同步,会影响任务的完成	个人利益服从集体利益	
偏爱去做别人已经做过的违章,已经有人给你打样了,说明这是没事的,要是自己去违章,没有参照,说不定就会出大事故	渴望明确的行为参照	认知闭合需求
当别人都不违规时,我坚决不违规,因为大家都不做,你自己偏要去做,万一出事了怎么办?要是有人违规,一点事都没有,我可能会跟着去做	对模糊情境的厌恶	
有些员工的经验确实没有那么丰富,就会跟着去做,这样就会造成一些事故,因为这部分员工确实没有多少经验,没有经历过,没有实实在在去干过	工作年限	人口学变量

原始访谈记录(代表性语句)	概念化	开放式编码
新员工,本身就对一些安全操作没有完全掌握,在看到别人违规后就跟着违规	工作年限	人口学变量
跟着别人违章被发现了,收入高,罚得少,就会不在乎,过不了多久又会头脑发热,很可能又会跟着别人一起违章	收入	
要是一个月本身工资就不高,别说是自己摸索着去违章,就是跟着别人违章都要小心翼翼的,万一被查到,就是扣钱		
这个感觉还是跟受过的教育有关吧,有的连字都认不全,制度条文也看不懂,别人做什么就做什么	学历	
培训教材没少发,没用,看不懂		
人的身体机能承受不了高强度、长时间的干活,尤其是年纪大点的员工,看到一些省时省力的不安全行为后会很容易跟着做	年龄	
有时候还有违章指挥,班组领导自己都做错了,要求员工跟着后面一起干,你作为一个普通员工需要服从上级安排,所以没办法,只能按照领导的要求去做、跟着领导干	职位层级	
作为底下的一名工人,需要听从班组长、部长的指挥,实际上在工作中,你当时不听从的话,今天可能就没有钱了		
部长、班组长一般受到他人的不安全行为的影响较小,他们管理的员工倒是很喜欢跟着这些领导做相同的事		
对于一线来说,倒一次班可能只能睡3~5个小时左右,个人休息、精力严重不足就有可能会出现能偷懒就偷懒,能省事就省事,减少体力消耗的措施和方法	休息、睡眠不好	睡眠质量
我认为这个可能是一种间接影响,员工休息不好肯定没劲,越是没劲越想偷懒,越是容易跟着别人违规		

续表

原始访谈记录(代表性语句)	概念化	开放式编码
就算我已经下班了,但是领导一个电话,我可能又要做一些杂事,看起来好像每个班就 8 小时,但是下班后还会面临许多杂事,很难做一些自己的事	非工作时间处理工作事务	心理脱离水平
平时的工作已经会让员工感到疲惫,可是在下班后,有的员工还要做一些与工作有关的事,无法完全摆脱工作事务,自己还很疲劳又要进入工作状态,想偷懒的想法就比较强烈,在看到别人做出不安全行为后没有受到处罚,会跟着去做	非工作时间沉浸工作事务	
发现别人的违章行为比自己的做法更省事、更便利,并且还没人管,就会跟着去做	更高的生理效用感知	感知收益
一般员工是喜欢跟着别人去做那些省时省力的行为,人都是比较懒的	更高的生理效用感知	
人都是趋利的,跟着别人违规的目的大多也就是偷懒、省力、多挣钱、早点下班,只有好处才能吸引我就跟着你违章		
员工人自愿跟随别人违规的目的主要还是为了更快、更高效、更加省时省力的方式、方法去完成任务以达到早点下班回家的目的		
如果自己单独去违章的话,要是被抓到,可能会当作"典型"来处理,跟着大家一起违章,即使被抓到了,大家都做了,法不责众,处罚反而没有那么重	更高的心理安全感	感知收益
一般都是看到别人去做了,自己才会跟着去做,认为别人那样做也没什么事,我这样做肯定也没什么大问题		
自己不会做,怎么办,单独搞又怕弄错,跟着别人一起做,心理很踏实		
跟着大家会显得我比较合群,会显得我比较好相处,受欢迎	更高的归属感	
你不跟着做,干的快的人就会说你,针对你		

原始访谈记录（代表性语句）	概念化	开放式编码
一旦被抓到是很严重的,好几百块钱就没了,还给你来个通报批评	组织处罚感知	感知损失
万一被查到罚款是在所难免的,还可能让你停工,还要考试		
其实处罚只是一种手段,主要还是想让员工牢记,安全重于天,不管是自己去摸索违章,还是跟着别人违章,都有带来安全风险,发生事故就晚了	安全风险感知	
我不会轻易违规的,但是如果工友们都那样做了,我很可能也会那样去做	工友们的带动	规范顺从
师父、领导、技术骨干等带头冒险作业,还会指挥我们一起做,有时也是不得不跟着做,又不敢举报,害怕被针对	师父、领导、技术骨干等违章指挥	
大多数是习惯了,因为经常接受这些人的指派,就形成了习惯,肯定愿意跟着有影响力的人干啊	遵从影响力大的员工指派	
别人提供的一些投机的做法确实会带来很大的便利啊,能够大大提高工作效率	赞成他人的不安全行为	信息认同
在平时的工作中很容易会耳濡目染,会看到各种违规情况,有些确实省时省力,会让人轻松不少,所以在以后的工作中会偷偷那样做	被他人不安全行为同化	
想偷懒、想违章,可是又怕被查处、怕出事故,如果有人违规却没发生什么,就会照着那样去做,毕竟别人做都没事,我那样做应该也没吧	接受他人的不安全行为	

（2）二级编码阶段

二级编码是整个编码程序中的第二阶段,也可称之为主轴编码。主轴编码的主要目的就是发掘一级编码过程中形成的概念范畴之间的联系,对其进行聚类。在实施过程中,研究者针对一级编码中形成的范畴进行梳理,深入分析这些范畴间可能存在的潜在联系,围绕某个"轴心"范畴不断扩展,将原本碎片化的资料进行整合重组。在识别组间范畴(范畴与范畴之间)之间的有机联系之后,还需要对组内范畴(单个范畴)的内部层次(级别)进行分析,以发现其中的主范畴和子范畴,再通过持续比较分析,构建主范畴与子范畴之间的联系。

通过二级编码,将一级编码(开放式编码)阶段得出的 26 个范畴进行整理和聚合,最终得到了 10 个主范畴,即①个人特质——集体主义倾向、认知闭合需求;②恢复水平——睡眠质量、心理脱离水平;③工作素养——安全能力、工作尽责;④任务与人际关系——任务密切程度、知觉职场排斥;⑤群体不安全氛围——不安全行为一致性、不安全互动、不安全规范、关键员工的不安全行为;⑥工作要求——时间压力、工作负荷、作业环境恶劣程度、劳动用具不适性;⑦组织监管——规章制度有效性、安全培训、管理者工作态度、监督检查力度、处罚力度;⑧行为效用感知——感知收益、感知损失;⑨人口学变量;⑩行为跟随——规范顺从、信息认同。主范畴和其子范畴之间的关系及内涵见表3-4。

表 3-4 二级编码过程与结果

主范畴	对应子范畴	范畴间的关系内涵
行为跟随	规范顺从	一线员工的行为跟随是出于迎合所属群体内其他成员的预期而表现出的对已经存在的行为(比如,不安全行为)的跟随和模仿
	信息认同	一线员工的行为跟随是在受到他人所传递的行为(比如,不安全行为)信息的影响后,将这种信息作为自身行动的判断依据而做出的行为选择
个人特质	集体主义倾向	一线员工具备的集体主义倾向特质是影响其行为跟随发生与否的重要因素,属于个人特质因素
	认知闭合需求	一线员工表现出的认知闭合需求特质水平的高低是影响其行为跟随发生与否的重要个人特质因素
恢复水平	睡眠质量	一线员工的睡眠质量的高低是影响其后续的行为跟随发生与否的重要因素,是员工恢复水平的重要组成部分
	心理脱离水平	一线员工心理脱离水平是影响其行为跟随发生与否的重要因素,是衡量员工恢复水平的重要方面

续表

主范畴	对应子范畴	范畴间的关系内涵
工作素养	安全能力	一线员工所具备的安全能力的大小会影响其是否会跟随他人的行为(比如,不安全行为),是工作素养的重要组成部分
	工作尽责	一线员工对待工作是否尽责会影响其是否会跟随他人的行为(比如,不安全行为),是员工工作素养的重要组成部分
任务与人际关系	任务密切程度	任务密切程度会影响一线员工行为跟随发生与否,属于任务与人际关系方面的因素
	知觉职场排斥	一线员工行为跟随发生与否会受其知觉到职场排斥的影响,其属于任务与人际关系方面的因素
群体不安全氛围	不安全行为一致性	不安全行为一致性是影响一线员工是否会跟随他人的行为(比如,不安全行为),其属于群体不安全氛围因素
	不安全互动	不安全互动会影响一线员工是否会跟随他人的行为(比如,不安全行为),其属于群体不安全氛围方面的因素
	不安全规范	不安全规范是影响一线员工是否会跟随他人的行为(比如,不安全行为)的重要因素,是群体不安全氛围的重要组成部分
	关键员工的不安全行为	关键员工的不安全行为属于群体不安全氛围方面的因素,会影响一线员工是否会跟随他人的行为(比如,不安全行为)
工作要求	工作负荷	工作负荷是影响一线员工行为跟随发生与否的工作要求方面的因素
	时间压力	时间压力是影响一线员工行为跟随发生与否的工作要求方面的因素
	作业环境恶劣程度	作业环境恶劣程度是影响一线员工行为跟随发生与否的工作要求方面的因素
	劳动用具不适性	劳动用具不适性是影响一线员工行为跟随发生与否的工作要求方面的因素

续表

主范畴	对应子范畴	范畴间的关系内涵
组织监管	规章制度有效性	规章制度对于一线员工的有效性程度会作用于其行为跟随发生与否,是组织监管方面的因素
	管理者工作态度	管理者工作态度影响一线员工行为跟随发生与否,其属于组织监管方面的因素
	监督检查力度	监督检查力度影响一线员工行为跟随发生与否,其属于组织监管方面的因素
	处罚力度	组织的处罚力度影响一线员工行为跟随发生与否,其属于组织监管方面的因素
	安全培训	组织中的安全培训影响一线员工行为跟随发生与否,其属于组织监管方面的因素
行为效用感知	感知收益	一线员工行为跟随发生与否受到其从实施行为跟随中所感知到的收益的影响,其属于行为效用感知方面的因素
	感知损失	一线员工行为跟随发生与否受到其从实施行为跟随中所感知到的损失的影响,其属于行为效用感知方面的因素
人口学变量	人口学变量	年龄、学历、收入水平、工作年限和职位层级

（3）三级编码阶段

三级编码是扎根编码的第三个阶段,也常被称为选择性编码。在这一过程中,研究者主要在前两个阶段编码的基础上,对各主范畴之间的关系进行深入和系统的分析。三级编码实际上是一种更加抽象的二级编码,需要在若干主范畴中提取核心范畴,建立起主范畴与核心范畴之间的联系,然后通过建立起"故事线"来刻画行为现象和脉络条件,进而生成抽象层次的理论。通过对各主范畴间关系的梳理最终将个人特质、恢复水平和工作素养归为员工内部因素,任务与人际关系、群体不安全氛围、工作要求、组织监管归为外部因素。

（4）理论饱和度检验

在扎根理论中,理论是否达到饱和是判断模型的构建是否完成、是否可以停止取样的依据,所谓的理论饱和就是指在对新资料进行分析时无法发掘额外的信息来发展出新的理论[230]。在本研究中将先前随机抽取剩下的三分之一的样本(13 份)用作当前的饱和度检验。在对剩余 13 份资料重复上述的操作后发现并没有浮现出新的范畴和路径关系,并且也没有新的构成因子的生成,基于此可以得出研究中生成的范畴已经相当清晰、丰富,基于扎根理论获得的行为跟随驱动因素已经达到了理论上的饱和。除此之外,为了检验扎根分析所得结果的效度,又有 6 位受访者被随机抽取以用来审查研究中所获取的行为跟随驱动因素是否准确、合理,研究者需要向受访者阐明各个范畴的含义及其之间的关系,在此基础上,受访者确认所得的模型是否符合其所要传达的意思,如果受访者不认同所得结果,则需要对相关部分进行修改,直到受访者对最终结果没有异议,在效度分析中,受访者并没有提出异议,因此通过扎根理论获得的结果具有较高的效度。

3.2 行为跟随驱动因素的界定

行为跟随属于一种普遍存在的社会现象,当前有关行为跟随的研究主要集中于行为金融领域的羊群行为和社会心理学领域的从众行为,通过对相关理论和文献的研读可以发现不同领域的行为跟随的发生及演化都存在区别,即便在同一领域,当赋予行为跟随以不同的情境,其形成与发展也不尽相同,因而导致了相关理论、模型中涉及的概念的界定和影响因素的选取均不尽相同。基于此,本研究根据具体的情境,并结合调研和质性研究分析的结论,对工业企业一线员工行为跟随的驱动因素进行界定。

3.2.1 行为跟随

尽管行为跟随属于一种社会现象,但是从现有的研究来看,多数研究都是从金融学的羊群行为或社会心理学的从众行为入手来分析其对个体行为的影响,鲜有从组织行为视角以微观个体为切入点来分析其驱动机理、演化规律及干预策略。

在本研究中,鉴于员工不安全行为对企业健康发展的重要影响,将行为跟随置于不安全行为框架内,在基于深度访谈、企业安全生产实际以及羊群行为及从众行为相关研究基础上,将员工学习和模仿不安全行为的行为跟随现象界定为员工学习和模仿班组内他人已经表现出的不安全行为或决策,进而使得其在工作中做出与他人相同或者类似的行为、决策。

本研究依据一线员工行为跟随的成因将行为跟随划分为两类:规范顺从和信息认同。其中规范顺从主要是指员工内心是拒绝跟随其他成员一同实施不安全行为,但是迫于种种外界的压力而不得不做出与他人相同或者类似的不安全行为;信息认同则员工内心是认同他人的不安全行为,并"自愿"与他人的不安全行为保持一致。

3.2.2　行为效用感知

效用是经济学中的重要概念,指消费者在消费某种物品或者服务时从中获得的满足程度,由此可以看出效用强调的就是一种心理上的主观评价。当个体从消费行为中能够获得满足感的增加则认为这种当前的消费行为给其带来了正效用,若引起满足感的降低,则认为带来了负效用。如今,效用已经不再局限于用来描述消费者的主观评价,还可以用来描述个体对其任何行为的主观评价,并且常用感知收益来描述实施某种行为带来的正效用,感知损失来描述实施某种行为所带来的负效用。在本书中,行为效用感知特指一线员工在实施行为跟随前对从这种行为可能带来的结果中所感受到的满足感的一种主观评价。结合深度访谈的相关结果,员工在实施行为跟随前会综合评估其可能获得的收益和损失,进而采取进一步行动。因此,本书中行为效用感知主要包括感知收益和感知损失两个方面。

贝克尔运用经济学理论对人的非经济行为进行分析,认为人的所有行为都是为了追逐效用(收益)最大化和损失最小化的经济动机,都是为了博取尽可能大的效用(收益)。可以看出只有个体感知到某种行为会给自身带来效用时才会决定是否实施这项活动,当感知到的收益(正效用)越大及损失(负效用)越小,则实施某种行为的可能性越大。由此可以看出,行为效用感知实际上是对行为跟随可能引起的后果的一种评价,计划行为理论认为个体所感知到行为实施带来的结果会作用于当前的行为[232]。从访谈的结果来看,员工对实施行为跟随所产生的效用感知会影响其行为跟随倾向。因此,本研究将行为效用感知作为行为跟随的驱动因素,其中感知收益包括生理收益、心理收益(归属感和心理安全感)以及时间收益,感知损失包括经济损失和安全损失。

3.2.3　个人特质

个体在不同情境下都会表现出的一些稳定的特点,我们称之为个人特质。换句话说,个人特质是不随情境变化而变化的一系列稳定的个人特点。个人的特质越是稳定,越是容易对其行为产生较强的预测效果。基于深度访谈资料的分析,可知个人特质对个体的行为跟随具有重要影响。员工的高集体主义倾向则会激发个体实施行为跟随;认知闭合需求越高的员工越是容易出现行为跟随。集体主义倾向和认知闭合需要均是个体所表现出来的稳定个人特点,都会对行为跟随产生影响,因此将这二者归为个人特质。

(1)集体主义倾向

集体主义本是属于文化层面的构念[233]。集体主义已经与东方文化紧紧联系在一起,尤其在中华文化中体现得更加明显,但是这种文化层面的构念并不能完全用来解释和分析个体行为,不能单纯认为中国人就是集体主义,西方人就是个人主义[234]。换言之,中国人内部也存在个人主义倾向,西方人中也存在着集体主义倾向。于是学术界主张将文化层面的集体主义转向个体层面的集体主义倾向,以期能够更好地对微观个体进行研究。

作为个人的一项重要特质,集体主义倾向左右着个人的态度和行为,是指个体对他人和所处集体的关心而表现出的一种情感和偏好[235]。集体主义倾向的个体会努力维护人际关系的和谐与集体成员的团结,在做决策前总是会将集体利益放在首位[235-236]。目前在组织行为领域,有关集体主义倾向对员工行为的研究结果比较一致,高集体主义倾向的员工倾向于对其所在群体的顺从,努力保持与他人的一致和协调[237]。鉴于行为跟随强调的就是在行为方面与群体中他人保持一致,因此本书将集体主义倾向作为行为跟随的重要影响因素之一。

(2)认知闭合需求

认知闭合需求主要用来描述个体对于不确定情境的厌恶以及对明确结果

的追求,是影响个体信息加工以及最终行为决策的重要人格特质[238]。研究表明,具有高认知闭合需求特质的个体会更容易产生"服从群体"的反应,比如倾向于与他人保持一致、拥护领导的决策、对偏离群体者的孤立与排斥,以及对群体规范的遵从(包括消极规范)[239]。在本书中,具有高认知闭合需求的员工可能会以他人表现出的行为作为自己行动的参考而产生跟随行为,也可能会"服从群体"而出现与群体中大多数人产生的行为保持一致,因此,本研究将认知闭合需求作为行为跟随的重要影响因素之一。

3.2.4　恢复水平

所谓恢复就是指个体在一系列应激活动后的休息过程,表现为生理和心理的各项指标都回到应激前的水平[240]。从这一点可以看出员工的睡眠质量和心理脱离都是属于恢复的范畴。二者的不同点是,睡眠质量反映的是个体在身体上的恢复,而心理脱离所刻画的是个体在心理层面的恢复。因此,本研究将二者归为恢复水平的范畴。

(1)睡眠质量

在深度访谈中得知,员工的睡眠质量对其行为跟随具有重要影响。由于缺乏足够的睡眠,员工的身体依然处于疲劳状态,精力和体力都无法满足工作要求,这就会使其产生对省时省事的渴望,一旦观察到他人的不安全行为能够满足自身对于省时省事的需求,就会对其进行效仿和跟随。一些来自其他行业的研究也显示出,睡眠质量会导致模仿行为的产生,Smith 等在研究中发现睡眠状况不佳会导致消防员模仿和学习他人的酗酒行为[242]。由于个体对于睡眠质量的评价是主观的,因此本书界定睡眠质量是员工个体所知觉到的自身睡眠令自己满意的程度。

(2)心理脱离

心理脱离是指个体在非工作时间不去从事或者思考与工作相关的问题,强调的是从精神上与工作隔绝的一种状态[243]。心理脱离是恢复的一种重要途径,能够使个体从紧张的、充满压力的工作情境中得到放松,其在工作中消耗的资源也将得到恢复和补充[244],也就是说心理脱离能够增加个体的效用(收益)感知。一些研究已经初步探讨了心理脱离对于员工行为的影响,比如 Chen 等的研究表明心理脱离水平越高的矿工,身心都处于较好的状态,不太可能会做出违反组织规章制度的行为[160,245]。此外,通过分析访谈资料也能够得知,个体在非工作时间如果还继续从事与工作相关的事情会导致其得不到充分恢复,偷懒的欲望就会很强烈,会很容易受到他人不安全行为的影响,进而对不安全行为采取模仿和跟随。本书认为,心理脱离通过改变个体的效用感知,进而作用于行为跟随。

3.2.5　工作素养

工作素养亦称为职业素养,是员工在工作中所表现出的综合品质,比如职业道德、职业技能、职业作风和职业意识等。在本研究中仅关注对员工行为跟随具有影响的工作素养,通过访谈发现能够对这种行为产生影响的工作素养主要表现为安全能力和工作尽责。

(1)安全能力

能力是个体在完成某项工作或者任务的过程中所需要具备的一系列个性心理特征。Shippman等则指出能力是个体在完成某项工作时所具备的知识、技能和态度等要素的综合体现[246]。

安全能力是安全和能力融合后所产生的一个衍生概念,也称为安全素质[247]。安全能力主要来自于员工对于安全知识的掌握、安全技能的运用以及自身所拥有的安全意识,本文基于申洛霖等和王旭峰对建筑工人安全能力的界定以及深度访谈的基础上,将员工安全能力定义为在工作过程中,员工能够时刻保持较高的安全意识,有效运用自身知识、经验、技能等要素有效辨识工作中的危险并加以克服,防止安全事故发生的能力[248-249]。曹文敬的研究发现矿工安全能力(素养)对其模仿和跟随他人的不安全行为具有显著负相关关系[187]。韩豫等也指出建筑工人的工作经验、技能和安全意识会对员工效仿不安全行为起抑制作用[184]。在本书中,通过深度访谈可以发现,员工的安全能力主要体现在安全知识、工作技能和安全意识三个方面。

(2)工作尽责

在不区分情境的情况下,尽责性指的是个体严谨、认真、细心、勤奋、持之以恒和有条不紊的程度。由于尽责性对任何职业群体的工作行为均能够起到很好的预测效果,因此在组织行为中,尽责性往往被当作个体行为结果的前置影响因素[250]。Beus 等认为高尽责性的员工之所以较少产生不安全行为,是因为其从遵守规章制度中感受了个人目标被满足的效用[80]。基于此可知,尽责性会影响行为结果,但是这种影响需要通过效用感知间接作用于行为。由于本书研究的是员工的工作尽责性,结合工业企业的具体情境,本书定义员工工作尽责为员工在日常工作中对待工作认真负责、自觉遵守安全规章制度的程度。

3.2.6　任务与人际关系

任务与人际关系主要是指会对员工行为跟随产生影响的任务关系和人际关系,具体来说就是员工间的任务密切程度以及其知觉到的职场排斥,其水平越高,行为跟随发生的可能性越高。由于二者分别从工作任务和人际方面反映了"关系"亲疏对行为跟随的影响,因此将二者归为一类。

（1）任务密切程度

在本研究中任务密切程度就是员工所从事的工作任务间的联系密切程度。通过前文的访谈可知,只有工作任务之间具有一定的联系,才可能会出现跟随他人行为、决策的现象,如果员工之间的工作压根就没有交集,行为跟随也就不太可能会发生。工作任务联系越是密切,员工所从事的工作流程越是相似,在工作中所运用的工具装备、技能知识也是相似的,并且由于具有共同需要完成的任务,这在一定程度上要求员工在行为上保持协作或者一致性,因而当任务密切程度高的群体中产生不安全行为时,可能会引起其他成员的跟随和模仿。在本研究中,通过质性分析发现能够对行为跟随产生影响的任务密切程度主要体现在高任务协同性以及高任务相似性两个方面。

（2）职场排斥

职场排斥指的是员工自身在工作中所感受到的被他人排挤、忽视以及不尊重对待的程度[251]。职场排斥是个体的一种主观感受,同一种行为有的人认为是排斥,有的人则不认为是排斥,而职场排斥的一大难点就是难以区分他人的被认为是排斥的行为是有意为之还是无心之举,因此职场排斥的度量往往从员工的感知入手,测量其在一段时期内感受到的排斥感的强弱。职场排斥描述的是个体在组织情境中所感知到的消极人际关系,尤其处于群体中的个体,当感受到其他成员一致的排斥行为(比如有意回避)时,其情绪和行为会受到显著影响。研究表明,员工会通过采取与群体成员保持一致的方式来重新建立联系试图获得群体成员的认同从而达到降低职场排斥的目的[252]。Chen 和 Li 在以建筑工人为样本的研究中得出,具有高水平职场排斥的员工往往更容易产生不安全行为[160]。

由上文中的访谈中可知,以班组为生产单位的一线员工群体当产生不安全行为时,员工往往可能会因为拒绝跟随他人做出不安全行为而被认为是不合群、拖慢团队的工作进度而招致被孤立和排斥、导致归属感的缺失,因此为了降低这种排斥感,避免成为群体成员针对的目标,也会随大溜进而做出与群体成员相同或相似的行为。基于此,本研究将员工工作中的人际关系因素——职场排斥作为行为跟随的关键影响因素之一纳入模型进行考虑。

3.2.7　群体不安全氛围

群体不安全氛围是不安全氛围在群体层面的体现。Zohar 指出安全氛围具有层次性,组织层面的安全氛围与团队层面的安全氛围存在着不同[112],依据这一观点,本研究认为不安全氛围也有组织和团队之分,并将团队层面的群体不安全氛围作为研究的对象,根据群体动力学的观点,员工并不是孤立的,总是内嵌于某个群体中,其行为也会受到群体的影响,员工处于班组之中,与班组成员发生的互动最为频繁,其不安全行为的发生易受到群体不安全氛围的感染。

群体不安全氛围目前还没有相关研究对其进行界定和描述,但是可以借鉴安全氛围的研究对其进行阐述。安全氛围本质上属于安全文化,是安全文化的浅层表现,是在特定的时间、特定的情境中员工所感知到的安全文化[253-254]。基于此可引申出群体不安全氛围的含义,就是在一定的时期内员工所感知到的群体内部所表现出的种种不安全文化及状态。通过深度访谈可知,群体不安全氛围对员工效仿和跟随不安全行为的影响主要从不安全行为一致性、不安全互动、不安全规范以及关键员工的不安全行为这几个方面进行衡量。

(1)不安全行为一致性

不安全行为一致性即个体所感知到的群体成员对不安全行为所持看法及

行动的一致性程度。当个体感知到的一致性程度越高,其感受到的群体压力越大,越是有可能产生行为跟随。前文的"文献综述"部分已经指出了群体成员对待某一事件看法的一致性程度会左右个体的判断、行为,使个体最终做出与群体中大多数成员一致的行为[40,209]。

在本书中,成员对于不安全行为的一致性程度对个体的行为跟随有着重要影响,比如在访谈中就有员工提到"只有极个别员工出现违章行为,那么我跟着违规的意愿就不会很强烈,但是如果有很多人出现违规时,我跟着去违规的可能性就比较大了","如果都不违章,没人敢这么做,那么大家肯定都是规规矩矩的,也就不存在效仿了"。

(2)不安全互动

互动指的是物体之间产生联系和互相作用的过程。社会互动理论指出互动就是在一定的情境中个体之间、群体之间在受到社会规范的影响后所引发的以传递信息、经验为基础的一种相互依赖型的行为的过程。社会互动理论认为个体是处于人际交往的世界中,个人的学习和发展都是在与他人的互动中完成的,是个体获取信息的重要过程。因此,当个体处于群体中时会有意无意地与周围的人产生交流互动,获取来自他人的信息。

有研究者认为羊群行为可以被看作是社会互动在行为上的表现[255-256],也就是社会互动导致个体会在行为上趋同。在访谈中员工也指出群体之间的互动会对他们的行为产生影响,比如"员工通过内部交流,从别人口中获取违章的信息,于是就去做了","……于是后者就会请教前者或者前者会主动告诉后者,该怎么怎么做"结合企业实际,本研究将不安全互动定义为员工通过一系列方式(比如言语、表情、动作等)传递不安全行为相关的信息、情报、知识等的行为。当这些关于不安全行为的信息、情报或者知识的互动水平越高时,员工则越是可能产生跟随群体中大多数人正在实施的不安全行为。

(3)不安全规范

群体规范就是群体成员一致认同且遵守的规则,是成员对于"合适"与"不合适"达成共同认识后所形成的结果。群体规范有正式与非正式之分,其中正式规范主要指明文规定的制度、准则;非正式规范就是群体成员在长期的磨合中自然形成的某些约定俗成的习惯、传统、观念和行为准则等一系列的默契[257]。群体规范对个体行为的影响已经早有研究,Lieke 通过对员工缺勤行为的研究得出,在群体规范的影响下,员工个体更容易对身边同事的缺勤行为进行效仿[258]。Flynn 等在对儿童的一项实验研究中也得出了,在群体规范的影响下,儿童更倾向于与身边的人保持一致[259]。

在本书中,不安全规范对员工效仿他人的不安全行为也有着重要影响,比如"……有很多人都去做了……我不跟着做会显得我很不合群……","……作为一个普通员工需要服从上级安排,所以没办法,只能按照领导的要求去做、跟着领导干"和"班组里面会存在一些被大多人接受的违规行为……"。在基于访谈资料的基础上,本研究中提到的不安全规范主要是指在班组中员工普遍接受的有关不安全行为的一些成文的或者不成文的规则、标准,主要包括"服从多数人的不安全行为"、"对权威者的不安全行为服从"以及"对已经形成的不安全行为习惯的遵守"。

(4)关键员工的不安全行为

关键员工就是指那些在员工日常工作中扮演重要角色,能够引领、激发员工对其进行模仿和学习的人。通过访谈可知,对员工日常工作产生影响较大的关键员工主要就是班组长、师父以及经验丰富的员工,由于这些类型的人都不同程度的具有一定的影响力,能够对员工行为跟随产生重要的影响。班组长作为班组中的领导,下属要服从其指挥,其行为会对其他成员产生重要影响;班组中的师徒制,使得师父的行为会极大影响其徒弟的工作方式;经验丰富的员工往往具有精神上的感召力、行动上的带动力,其行为方式会感染到群体中的成员,进而导致成员行为的改变。当这些关键人物出现不安全行为时,很容易被群体成员效仿和跟随。反之,若这些关键人物自觉遵守规章制度,群体成员会受其影响,也会遵守规章制度,实现安全生产。结合前文中的访谈资料,本书主要从班组长的不安全行为,师父的不安全行为,技术骨干的不安全行为,以及经验丰富员工的不安全行为四个方面来衡量关键人物的不安全行为。

3.2.8 工作要求

根据工作要求——资源模型(job demand-resource model,JD-R)可知,工作要求就是指工作中会消耗员工生理和心理资源,迫使员工持续投入努力和技能的因素[260]。研究者在借助 JD-R 模型和工作要求——控制模型（job demands-control model，JD-C），对工作要求对员工心理和行为展开了大量研究，所得结论也比较一致，工作要求会给员工带来压力，消耗其身心资源，最终导致行为的改变。工作要求是一个集合性的概念，可以根据不同的工作情境将其具体化，根据前文的深度访谈资料的分析，本研究将影响员工行为跟随的工作要求分为时间压力、工作负荷、作业环境恶劣程度以及劳动用具不适性四个方面。Hambrick 指出，当企业高管面对高工作要求时，其在进行决策时倾向于模仿和跟随他人的行为决策[261]。因此，本书认为工作要求也会对员工模仿和跟随他人的不安全行为产生影响。

（1）时间压力

时间压力就是指个体所感知到的完成某项任务、决策等所需的时间远远超过给定的期限而导致的一种压力感知[262]。换句话说，在完成某项任务、决策时，个体需要花费一定的时间，当个体预计需要花费的时间超过给定的时间期限而给个体造成的不适感就是时间压力。需要注意的是，有学者将时间压力和时间限制不做区分，二者混用，但是二者却是不同的概念，时间限制是指预先设定的限制个体完成任务所需时间资源的客观条件，也就是常说的截止日期[263]。时间压力的产生是客观存在的时间限制和个体内心的主观感受所决定的。Delfino 等（2016）通过研究得出，相比于低水平的时间压力，在高水平的时间压力之下，个体在观察到他人的投资决策后会更容易去模仿、跟随他人的决策[264]。通过访谈也发现时间压力对员工行为跟随起到类似作用，因此时间压力被考虑进当前的研究中。

（2）工作负荷

尽管工作负荷在组织行为领域经常出现，但是当前对于工作负荷含义还存在着分歧，目前比较受到学术界认同的就是个人知觉到的在一定时间内所承担的任务量。工作负荷包括生理和心理两个层面，在生理方面则主要指个体承担的工作给身体机能带来的负荷，即体力劳动[265]；心理方面则着重强调个人承担的与心理相关的工作，类似于脑力劳动[266]。

考虑到一线员工主要是以体力负荷工作为主的特征，本书界定工作负荷就是员工在作业过程中单位时间内所承受的工作量，体现出对员工工作任务的量和质的要求。工作负荷引发员工一系列的压力反应,比如疲劳、倦怠等[245],为了消除、缓解自身的疲劳、倦怠,个体会积极寻求途径,如果此时观察到他人的不安全行为刚好可以满足自身需求,就会对这种不安全行为进行模仿和跟随[187]。在深度访谈环节,员工也表达了当自身所承担的任务过重时,个人的身体状态就会比较差(疲劳),在工作中就会渴望做出省时省力的行为,因此很容易模仿、跟随他人省时省力的不安全行为。由于个体承受工作负荷的限度是存在差异的,因此本研究利用员工受工作负荷的影响程度来刻画工作负荷水平的高低。

（3）作业环境恶劣度

作业环境就是员工在工作过程中所接触到的包括地理、气候等自然条件,也包括作业过程中的照明、粉尘、噪音和空间等施工条件。作业环境对员工的生理和心理都会产生影响,优质的作业环境能够使得员工工作舒心、高效,有效避免各种工作中不必要的人因失误;反之,恶劣的工作环境会给员工带来糟糕的工作体验,需要付出更多的努力来完成工作,引发各种身心不适。在"文献综述"部分,作业环境对员工不安全行为会产生显著的影响,结合深度访谈,由于员工的作业环境比较恶劣,比如光线差、长久不见阳光、湿度、粉尘和噪音等问题都会使其在工作中感到不舒适,使其想尽快完成任务,来达到尽快脱离这种环境的目的,当观察到他人的不安全行为能够更快完成任务时,便可能去效仿和跟随。

（4）劳动用具不适性

劳动用具就是工人在工作过程中所需要借助的器具。员工在平时作业中,必须要使用一定的器具,这些器具不仅仅包括完成任务所必需的机械设备,还包括各种劳保用品,比如安全帽、口罩、防护鞋等。在"文献综述"部分探讨了劳动用具(设备)对不安全行为的影响。周丹通过对建筑工人的不安全行为传播研究得出,安全用具越是不方便,工人越是倾向于不佩戴,其他员工受到感染和暗示也会对这种不佩戴安全用具的行为进行效仿和跟随[186]。通过访谈得知,在感知到劳动用具并不适用的情况下,员工会在心理上产生抵触,当发现其他人不佩戴而没有受到处罚时,就会进行效仿,行为跟随就此产生。

在本书中,劳动用具不适性主要通过三个方面来衡量,分别为舒适性、有效性和省能性。其中舒适性主要是指劳动用具是否使用起来相对舒适,不会使个体感受到强烈的负担和不利索;有效性则是强调劳动用具能够起到其应有的作用,具有可靠的质量;省能性则是指劳动用具是否能够给使用者带来体力上的节省。

3.2.9 组织监管

组织监管就是组织利用各种资源和措施来防范自然界的、机械的、物质的不安全因素以及人的不安全行为,保障组织的安全生产的过程[267],可以看出防范人的不安全行为是组织监管的一项重要任务。Vinodkumar 和 Bhasi 的研究已经表明组织监管是提升员工安全绩效,降低员工安全事故的有效途径[123],本研究中涉及的组织监管主要是指员工所感知到的组织层面的能够降低其实施行为跟随意愿的安全监管因素。本研究中的组织监管因素主要包括规章制度有效性、安全培训、管理者工作态度、监督检查力度和处罚力度。

(1)规章制度有效性

规章制度有效性就是某种规章制度对人的行为所产生的客观存在的影响的效度[268]。由这一定义可知规章制度有效性包括了人的行为是否受到了制度的影响,以及这种影响到底发挥了多大效度。借鉴于这一定义,本书认为规章制度有效性就是组织制度对其中的成员行为所产生的客观存在的影响的效度。根据前文的质性分析,规章制度有效性主要体现在规章制度的执行效度、操作规则缺失、制度不符合实际、规章制度落实状况这几个方面。当规章制度的执行效度越高、操作规则越是完备、制度越是符合实际情况、规章制度落实到位,那么行为跟随发生的可能性将会显著降低。一些研究也在一定程度上支持这种观点,比如 Mohammadi 等通过文献回顾的方式在分析影响建筑行业安全绩效的研究中指出,组织的安全规章制度是规范员工行为,保障安全生产的有效途径之一[269]。基于此,本研究认为规章制度有效性是影响一线员工行为跟随的重要因素之一。

(2)安全培训

安全培训就是组织所采取的一系列旨在提升人员安全素质的教育培训活动,这些人员包括安全监察人员、生产作业人员等。在本研究中,由于研究的对象为一线员工,因此安全培训也主要是指为提升一线员工的安全素养而开展的一系列教育培训活动。研究表明科学的安全培训能够降低10％左右的高风险不安全行为的产生[270]。此外,Zaira等通过研究表明在建筑行业,组织采取的一系列安全干预措施(包括安全培训)能够有效提升员工的安全行为[271]。此外,Namian等以建筑行业为例,分析了安全培训对于高危行业员工的风险辨识能力以及安全风险感知水平的作用,研究结果表明组织对于安全培训落实得越好,则员工的风险辨识能力越强,相应的安全风险感知水平越高,其安全绩效水平也将得到显著提高[272]。在访谈中也可以看出安全培训的落实是避免员工产生行为跟随的重要因素之一。

(3)管理者工作态度

工作态度是个体对于其所从事工作的一种持久性的情感和评价[273],一般多用对待工作是否认真、是否负责以及是否努力来进行衡量。

基于工作态度的定义和深度访谈资料,本书认为管理者的工作态度就是管理者对其所从事的工作的一种持久性的情感和评价,主要表现为在日常工作中是否能够履行岗位职责,是否能够以身作则以及是否重视安全生产工作。管理者的工作态度会对员工的行为跟随产生影响,具体来说,如果管理者的工作态度不端正,对一些违章行为不进行及时制止和纠正,其他员工就会受到暗示认为这种违章行为是可以效仿的,便会对观察到的不安全行为进行模仿和学习,产生不行为跟随[5]。Zhang等通过研究证实了煤矿企业高管的工作态度(安全态度)对于提升组织安全具有重要的影响[274]。

(4)监督检查力度

尽管现有的涉及高危行业安全生产的文献几乎一致认同监督检查力度能够有效防止各种危险事故的发生,但是目前较少有研究对工业企业内部的监督检查力度进行明确地界定。通过借鉴一些相关领域的概念,并结合企业的特色,本研究认为监督检查力度就是监察部门为保障企业的安全生产和正常运行而对员工的种种可能引起事故的行为进行惩戒的严厉程度。

需要指出的是,本研究关注的监督检查力度是从员工视角进行分析,即通过测量员工对组织监督检查力度的感知,并且监督检查力度仅是指工业企业内部的监督检查,因为只有企业内部的监督检查才会直接作用于一线员工,外部的监督检查(比如,政府、社会等)往往都是作用于企业,难以对一线员工产生直接影响。此外也有研究指出,不安全的监督检查是引起员工违章和失误的重要原因[275]。通过前文扎根分析,进一步明确了本研究中的监督检查力度主要从监督检查不到位、监督检查范围过大、监督检查松弛三个方面进行衡量。

(5)处罚力度

对于处罚的词条解释是:对违反组织规章制度的员工实施一定的行政或经济上的惩戒,以用来约束其行为。基于此可知,处罚力度就是组织对行政或经济上的惩戒措施严格执行的程度。根据杨利峰和陈红的研究,矿工在决定是否模仿他人的不安全行为时会首先考量这是否会被组织监察到并处罚,由此可以看出组织的处罚会左右员工是否采取模仿他人不安全行为的决策(即行为跟随)[10]。强化理论也同样指出处罚是矫正个体行为的有效方式,能够使个体表现出组织所期望的行为。

尽管处罚会影响个体的决策,但是处罚想要真正带来预期效果主要还是取决于处罚措施的执行效度。当处罚力度不够时,即使组织制定了比较明确的制度,但是都会形同虚设,无法对员工形成约束,会重复没有引发事故和受到处罚的违章行为,并且会带动周围成员一同违章;反之,若处罚力度较大,则受到处罚的员工已经体会到了违章带来的恶果,因此在后续的工作中会尽可能避免同类违章的发生,而那些打算进行效仿的员工也会变得谨慎,不敢轻易效仿。结合访谈资料,本书中探讨的处罚力度主要指的是员工所感受到的组织在劳务处罚、罚款处罚以及开除处罚方面执行的严厉程度。

3.2.10 社会人口学变量

本书主要是在组织情境中探讨个人的行为,因此在选择人口统计学变量时主要考虑的是个体和组织,同时结合访谈资料,本研究选取个人的年龄、学历,以及工作年限、收入和职位层级五个人口统计变量进行研究。在本研究中,社会人口学变量会影响一线员工的行为跟随,但是这些变量并不是研究中所关注的重点,为了获得精确结论本研究仅仅只是将这些变量作为控制变量纳入模型进行研究。

3.3 行为跟随驱动机理模型构建

在上文中,我们已经通过扎根理论识别出了影响在不安全行为框架内,员工行为跟随的驱动因素,并对其内涵做了详细界定。然而,这些驱动因素对行为跟随的作用机理尚不明确。诺贝尔经济学奖获得者贝克尔认为人之所以会表现出某种行为,归根结底是收益——成本分析的结果,凡是能够带来正效用的因素都应该纳入收益函数,而带来负效用的因素则应该放入成本函数[276]。因此,在本节中,我们将基于收益——成本分析理论、行为经济学理论和社会心理学理论,借鉴前人的研究并结合先前的访谈资料,分析驱动因素之间的作用机理及其对员工行为跟随的影响,并提出相应假设。

3.3.1 内、外部因素对行为跟随的影响

本研究中所涉及的内、外部因素都是通过扎根理论从深度访谈资料中挖掘出来的,因此,这些因素都能够对行为跟随产生显著的影响。基于上文中的扎根理论分析,本研究提出如下假设:

H1:内、外部因素分别对行为跟随产生显著影响:

H1-1:个人特质显著正向作用于行为跟随;

H1-2:工作素养显著负向作用于行为跟随;

H1-3:恢复水平显著负向作用于行为跟随;

H1-4:任务与人际关系显著正向作用于行为跟随;

H1-5:群体不安全氛围显著正向作用于行为跟随;

H1-6:工作要求显著正向作用于行为跟随;

H1-7:组织监管显著负向作用于行为跟随。

3.3.2 行为效用感知对行为跟随的影响

根据贝克尔的观点,行为的产生都是基于行为主体权衡的结果,只有当行为实施的损失低于行为实施的收益,则最终的行为动机才能转化为最终的行

为。因此,行为实施的损失和收益成为影响主体行为倾向的关键因素[276]。Wilde 早在 20 世纪 80 年代就指出,人们采取冒险行为还是安全行为主要取决于感知收益(优势)和感知损失(劣势),感知收益能够带来正效用,会使个体更倾向于采取相关的行为,而感知损失则会带来负效用,会阻碍个体采取相关行为[277]。Soane 等探讨了在多个领域内(社会、娱乐、赌博、投资)感知收益和感知损失对其中个体的风险选择的影响,结构方程模型研究的结果表明在所有的领域内,感知收益都会显著影响个体的风险选择,感知损失也显著作用大多数领域的风险选择,也就是说,在这些领域内,个体对某个选择的感知收益越高,就越会倾向于采用这种选择;感知损失越高,则不太可能采取相关行为[278]。结合前文中的深度访谈可知,行为跟随是一种风险选择,如果员工认为能够从模仿、跟随他人的不安全行为中获得收益、感受到正效用时,就越是倾向于实施行为跟随;如果认为模仿、跟随他人的不安全行为会使得自身付出了过多的代价并感受到负效用,则会降低实施这种行为的可能性。基于以上分析,本研究提出以下假设:

H2:行为效用感知对员工行为跟随具有显著影响;

H2-1:感知收益对员工行为跟随具有显著正向影响;

H2-2:感知损失对员工行为跟随具有显著负向影响。

3.3.3　行为效用感知在个人特质与行为跟随关系中的中介作用

资源保存理论的一个重要推论就是,某些个人特质会影响个体对于资源获取的感知,进而影响后续的反应[279]。当个体感知到某种行为可以给自身带来资源时,则倾向于去实施这种行为,反之,若带来资源的减损则会尽力避免这种行为的发生。这里的资源实际上就是个体所感知到的效用,资源的获得往往会给个体带来正效用感知,而资源的丧失则会引起负效用感知。在一定程度上可以将资源的获取理解为收益的增加,资源的丧失理解为损失的增加。因此,根据资源保存理论,个人特质会作用于个体的感知收益和感知损失及其后续的反应。

正如前文所述,高集体主义倾向的个体往往会将群体利益置于个人利益之上,注重维护与他人间的良好关系。Chan 的研究揭示了,相比于个人主义倾向的个体,集体主义倾向的个体在进行判断和评价时更倾向于采用群体的观点,而忽视了个人的看法[280]。结合前文中的访谈资料可知,员工日常的工作大多需要班组成员间的协作完成,若班组中有人产生不安全行为,会使得工作进度加快,高集体主义倾向者会为了班组能够提前完成任务,同时为了维持良好的人际关系(一种资源),会低估不安全行为潜在的消极后果,倾向于做出与群体一致或者类似的行为。

个体的认知闭合需要水平越高,越是渴望明确的结果,同时厌恶模糊的情境,会通过参照周围人的行为来获得对结果的控制感和节约认知资源[238-239]。在本研究中,由于不安全行为往往会给个体带来正效用(比如省时省力),因此个体是倾向于实施不安全行为的。然而,不安全行为的结果也具有模糊性(比如是否会造成事故、是否会被处罚),当周围有工友实施不安全行为后没有产生不良后果,无形中在向高认知闭合需要的个体释放一种信号,那就是当前的不安全行为是"安全、可靠"的,此时个体就会认为对这种不安全行为进行效仿和跟随不仅能够获得不安全行为本身具有的效用(比如省时省力),还能够节约在实施不安全行为过程中所需要付出的认知资源,同时会感受到更小的风险。由此可知,高认知闭合需求的员工在观察到他人的不安全行为后会认为效仿他人的不安全行为会带来高感知收益和低感知损失,进而倾向于表现出行为跟随。综上所述,本研究提出如下假设:

H3:个人特质会对行为效用感知产生显著影响:

H3-1:个人特质正向作用于感知收益;

H3-2:个人特质负向作用于感知损失。

结合假设 H1、H2 和 H3 可知,个体受到其自身特质的影响越大越是容易从实施行为跟随中感受到一定的效用,进而决定是否采取这种行为。因此,本研究提出如下假设:

H4:个人特质会通过行为效用感知显著作用于行为跟随:

H4-1:个人特质通过感知收益间接正向作用于行为跟随;

H4-2:个人特质通过感知损失间接正向作用于行为跟随。

3.3.4 行为效用感知在工作素养与行为跟随关系中的中介作用

通过前文的深度访谈可知,工作素养对个体工作表现的影响是显而易见的,但是较少有研究细致分析一线员工的工作素养对其行为跟随倾向的作用机理。安全能力较高的个体由于具有较丰富的安全知识、操作技能和安全意识,能够清醒意识到不安全行为的危害性,因此当他人表现出不安全行为时,高安全能力的个体不但不会去效仿、跟随,还会对他人的不安全行为加以制止。此外,资源保存理论还指出,个体可以利用已有的资源来获取更多资源。对于员工来说,安全能力本身就是一种资源,相较于低安全能力的个体,拥有高安全能力的个体会获得更多的资源,比如高安全能力的员工会得到更多的晋升机会、组织嘉奖以及他人的尊重。然而,如果其表现出不安全行为,无论是自发习得还是效仿习得,都会使得其担心如果被监察员发现就会失去晋升、嘉奖和他人尊重,从而蒙受心理上的损失。由以上分析可知,高安全能力的员工对效仿、跟随他人的不安全行为会感知到极少的收益,却会感知到极大的心理损失,进而避免产生行为跟随。

工作越是尽责的个体会将及时、仔细、高效并且成功完成任务作为个人追求的目标,并认为会给自身带来极大的满足感(一种心理资源),并在这种理念的指引下实施安全行为;同时,高工作尽责的员工会认为不安全行为会引发一系列损失,比如人身安全、财产损失,环境破坏等以及由此引起的任务的延误[80]。因此,当观察到他人的不安全行为时,高工作尽责的一线员工会认为对这种不安全行为的效仿不利于自身目标的达成,难以获得满足感,同时会因为效仿、跟随的损失过高而打消行为跟随的念头。基于以上分析可知:

H5:工作素养对行为效用感知具有显著的影响;

H5-1:工作素养负向影响感知收益;

H5-2:工作素养正向影响感知损失。

结合假设 H1、H2 和 H5 可知,个体的工作素养水平越高,其感知到的收益越少而感知损失越高,因而个体感受到了更多的负效用,进而其具有的行为跟随倾向也会随之降低。因此,本研究认为:

H6:工作素养通过行为效用感知间接作用于行为跟随：

H6-1:工作素养通过感知收益间接负向作用行为跟随；

H6-2:工作素养通过感知损失间接负向作用行为跟随。

3.3.5 行为效用感知在恢复水平与行为跟随关系中的中介作用

尽管目前鲜有研究验证恢复水平对于行为跟随倾向的影响，但是不乏一些研究为本研究提供一定的理论支撑。努力-恢复模型指出，个体为了完成工作任务，不可避免地需要付出一定的努力，这种付出会使个体产生一定的适应性生理反应，比如心率加快、血压升高以及疲劳等，但是个体在经过一段时间的休息后，个体的身心系统会逐步得到恢复并达到先前的基准线水平，在工作中产生的适应性反应也将逐步得到缓解并最终消失；反之，如果个体在工作之后没有得到有效的恢复，那么其在工作中付出的努力和产生的身心反应无法达到基准线水平，整个努力-恢复的过程遭到破坏，最终导致资源耗竭情况的发生[281]。

基于努力-恢复模型可知，个体的恢复水平越高，即睡眠质量、心理脱离水平较高，其在工作中所付出的努力，比如体力、精力等，会得到有效的恢复和补充，当这些员工所珍视的资源通过恢复活动得到了有效补充，那么个体从实施行为跟随中所获得的满足感将会显著降低，即个体的感知收益降低了；同时，员工会因为实施行为跟随而可能面临组织惩罚和一定的安全风险，此时会感受到较高的损失。反之，若个体的恢复水平较低，即睡眠质量、心理脱离水平较低，其在工作中失去的资源得不到有效恢复和补充，于是员工倾向于采取一些措施进行弥补，于是员工会从行为跟随中感受到较高的收益，由于受到较高收益的吸引，员工便会低估行为跟随可能带来的损失。基于上述分析，本研究认为：

H7:恢复水平对行为效用感知具有显著影响：

H7-1:恢复水平负向影响感知收益；

H7-2:恢复水平正向影响感知损失。

基于假设 H1、H2 和 H7 可知，当个体的恢复水平较高时，实施行为跟随带来的资源补充（比如省时、省力）对其吸引力有所下降，相比之下感受到的损失就会提高，进而实施行为跟随的可能性降低。如果个体的恢复水平较低时，则员工会认为实施行为跟随所带来的资源补充会对其产生强烈的吸引力,相比之下其感受到的损失就会变低,进而实施行为跟随的可能性会升高。基于此,本研究提出如下假设:

H8:恢复水平通过行为效用感知间接作用于行为跟随;

H8-1:恢复水平通过感知收益间接负向作用行为跟随;

H8-2:恢复水平通过感知损失间接负向作用行为跟随。

3.3.6 行为效用感知在任务与人际关系与行为跟随间的中介作用

通过前文的质性分析可知,以任务密切程度和职场排斥为代表的任务与人际关系会影响行为跟随。而基于贝克尔的理论,任务密切程度和职场排斥会首先作用于行为效用感知。具体来说,当员工之间的任务相似性越高时,若有个体产生了不安全行为,那么其他个体会更容易从他人的不安全行为中感受到收益,因为他人的不安全行为是在一定的情境下做出的对自身效用最大化的选择,当员工之间的任务密切程度越高时,个体面临的情境具有高度相似性,那么他人表现出的不安全行为同样会给当前的个体带来较高的效用感知,并且由于任务之间的高密切性使得其更容易被效仿,学习的成本较低。反之,若任务密切程度较低,那么某个员工产生的不安全行为可能并不会给其他从事不同任务的员工带来可观的效用,同时还会因为跟随效仿而被查处产生一定的损失。

员工的人际关系是其工作中的重要一部分,人际关系理论认为员工不是"经济人"而是"社会人",人的行为不仅仅只是追求物质的满足,还有精神和心理的需求,比如友谊、安全感、归属感以及受尊重的需要等。当这些需求得不到满足时,个体会采取一些措施来获取这些资源。当员工感受到较高的职场排斥时,此时个体会感受到其他成员对自己的疏远,其心理安全感、归属感等无法得到满足,为了弥补这些短缺的资源,个体会通过与其他成员保持行为上的一致来获得他人的认同与接纳,Chen 和 Li 的研究表明,感受到较高水平的职场排斥的建筑工人,为了获得归属感和成员的认同,会更倾向于表现出不安全行为[160]。在本书中,结合深度访谈的信息可知,当其他成员都产生不安全行为时,从事安全生产的个体会感受到来自他人的排斥,此时个体会认为实施行为跟随会降低这种排斥感并获得成员的接纳;反之,若职场排斥较低,则个体会认为实施行为跟随带来的收益较低,并且会因为违章而导致一定的损失。基于以上分析,本研究提出如下假设:

H9:任务与人际关系对行为效用感知具有显著影响;

H9-1:任务与人际关系正向影响感知收益;

H9-2:任务与人际关系负向影响感知损失。

此外,基于前文的假设 H1、H2 和 H9 可知,当个体的任务与人际关系水平较高时,个体更容易从实施行为跟随中感受到收益,相应地感受到的损失变低,因而其行为跟随倾向相对较高。而任务与人际关系水平较低时,由于此时个体并不缺乏相应的资源,因此从实施行为跟随中感受到的收益较低,并且会因为冒险违章而蒙受一定的损失(比如罚款),其行为跟随倾向相对较低。基于此,本研究提出如下假设:

H10:任务与人际关系通过行为效用感知间接作用于行为跟随;

H10-1:任务与人际关系通过感知收益间接正向作用于行为跟随;

H10-2:任务与人际关系通过感知损失间接正向作用于行为跟随。

3.3.7 行为效用感知在群体不安全氛围与行为跟随间的中介作用

基于人际关系理论基础之上的群体动力理论认为,当个体处于群体之中时,其行为与心理与其独处时会显著不同,群体动力理论主要揭示的是各种群体因素对于个体心理与行为的影响。由于个体的行为是其心理感受的外在表现,因此群体因素首先作用于个体的心理感受,进而改变其行为。

正如人际关系理论所描述的那样,员工是"社会人",群体提供的心理安全感和归属感是员工极其珍视的资源,同时依据资源保存理论可知,个体珍视的资源才是引起心理和行为变化的直接原因。若群体中大多数成员采取了相同的不安全行为,表现出较高的不安全行为一致性,那么会给安全生产的员工造成一定的心理压力,会惧怕受到其他员工的区别对待而引起安全感和归属感的缺失,此时就会认为跟随他人一起违章可以避免资源的损失。

当群体中已经产生了不安全行为,若群体成员针对这种不安全行为的互动越频繁,就会促使相关的信息在群体成员之间的扩散,会使原本没有接触到不安全行为的员工从他人的言行中获取不安全行为带来的益处,认为效仿他人不安全行为不仅能够获得一定生理收益,还能够加强与成员之间联系而增加归属感。

群体动力理论认为群体公约力对于其中的成员的影响是巨大的。在员工中存在的一些不安全规范已经成为一种公约,成为成员必须遵守的不成文的规则,当有成员违反这些不成文的规定时就会受到其他成员的排挤、辱骂,甚至是暴力行为,由此可知,当个体受到不安全规范的影响越大越会跟随群体中他人表现出的不安全行为,因为通过跟随不安全行为能够避免其珍视的资源的丧失。反之,个体从行为跟随中获取的资源较少,反倒会因为违章而导致一定损失。

前文的质性分析可知,关键员工的不安全行为对一线员工行为的影响是显而易见的。在群体中,关键员工会利用其本身的感染力、号召力和影响力对行为不一致的员工实施惩罚,比如责骂、排挤和打骂等,因此在群体中当关键员工产生不安全行为时,个体由于担心受到惩罚,会采取与关键员工相同或类似的不安全行为以避免相应惩罚。反之,个体受到的关键员工的不安全行为影响较小时,则认为跟随关键员工一同违章并不会带来收益的增加,却会因为违章而导致损失。基于以上分析,本研究提出如下假设:

H11:群体不安全氛围显著作用于行为效用感知;

H11-1:群体不安全氛围显著正向作用于感知收益;

H11-2:群体不安全氛围显著负向作用于感知损失。

基于假设 H1、H2 和 H11 可以得出,群体不安全氛围对员工的影响越大,员工越是认为从跟随他人的不安全行为中能够获得或者维持其珍视的资源(心理安全感、归属感等),在这种心理的驱使下最终会实施行为跟随。当员工受到群体不安全氛围的影响较小时,个体的心理安全感和归属感并不会产生显著变化,因此个体认为从跟随他人的不安全行为中会获得较少收益,但是会因为违章而造成损失,因此员工会尽可能避免产生行为跟随。基于此,本研究认为:

H12:群体不安全氛围通过行为效用感知作用于行为跟随;

H12-1:群体不安全氛围通过感知收益间接正向作用于行为跟随;

H12-2：群体不安全氛围通过感知损失间接正向作用于行为跟随。

3.3.8　行为效用感知在工作要求与行为跟随间的中介作用

工作要求—资源模型(job demand-resource model；JD-R)将个体从事的工作划分为工作要求和工作资源，其中工作要求是需要个体持续不断地付出身体或心理上的努力或掌握一定的技能，会造成一定的生理和心理资源的消耗，引起个体的压力反应。Chen等通过对工人的研究得出工作要求会消耗其身心资源，引起身体上的疲惫和心理上的焦虑，为了减少资源消耗，员工会表现出偏差行为[245]。在本研究中，当员工感受到较高的工作要求(时间压力、工作负荷、作业环境恶劣、劳动用具不适性)时，员工需要付出更多的努力来应对当前的工作要求，造成员工的体力、精力和时间等资源的持续消耗，为了保留、获取这些资源，当观察到他人的不安全行为时，个体会从跟随他人的不安全行为中获得其珍视的资源。反之，若工作要求对员工的影响较小，完成工作所付出的资源在可接受范围之内，对资源的渴求程度并不高，便会从效仿他人的不安全行为中感受到较低的收益，并且会因为产生不安全行为而导致一定的损失。基于此，本研究认为：

H13：工作要求对行为效用感知具有显著影响：

H13-1：工作要求显著正向影响感知收益；

H13-2：工作要求显著负向影响感知损失。

结合假设 H1、H2 和 H13 可知，在高工作要求的影响下，个体的资源会被大量且持续地消耗，为了弥补、减少资源的消耗，当观察到他人的不安全行为时，会认为这种行为能够降低自身资源的损耗，进而对这种不安全行为进行学习和模仿。反之，当工作要求水平较低时，个体的资源消耗处于可接受水平，因而从行为跟随中所感受到的收益较少，并且还可能遭受组织处罚，因而不太可能实施行为跟随。因此，本研究提出如下假设：

H14：工作要求通过行为效用感知间接作用于行为跟随：

H14-1：工作要求通过感知收益间接正向作用于行为跟随；

H14-2：工作要求通过感知损失间接正向作用于行为跟随。

3.3.9 行为效用感知在组织监管与行为跟随间的中介作用

在高危行业中组织监管是预防安全事故的有效途径,组织会综合运用一系列安全监管措施来维持企业的安全生产。陈红等的研究表明煤矿企业的安全监管能够显著提高员工对于不安全行为的感知成本[282]。在本研究中,当他人产生不安全行为时,若此时企业中的安全监管处于高水平时,意味着此时规章制度有效性、安全培训、管理者工作态度、监督检查力度以及处罚力度处于较高水平,如果此时员工打算实施行为跟随,那么其被组织查处的可能性大大增加,并且可能会受到相应的惩罚,比如罚款导致的金钱损失、培训引起的误工损失以及会受到管理者的区别对待等损失。若企业的安全监管比较松弛,此时员工打算实施行为跟随则会认为不会轻易受到组织的查处,并且可以获得一系列资源,比如省时省力、归属感等。基于以上分析,本研究认为:

H15:组织监管显著作用于行为效用感知:

H15-1:组织监管显著负向作用于感知收益;

H15-2:组织监管显著正向作用于感知损失。

结合前文的假设 H1、H2 和 H15,本研究认为当组织监管水平较高时,员工会从跟随他人的不安全行为中感受到较高的损失和较低的收益,进而导致其行为跟随倾向随之降低。若组织的安全监管水平较低,那么员工会认为跟随他人的不安全行为不仅能够补充和维持自身的资源,还会感受到较低的被查处而引起的损失的可能性,进而其实施行为跟随的可能性将会提高。因此,本研究提出如下假设:

H16:组织监管通过行为效用感知间接作用于行为跟随:

H16-1:组织监管通过感知收益间接负向作用于行为跟随;

H16-2:组织监管通过感知成本间接负向作用于行为跟随。

3.3.10 人口学变量对员工行为跟随的影响

结合前文的深度访谈,本书筛选出 5 个员工的人口学变量,即工作年限、收入、年龄、学历和职位层级,并依据深度访谈所得的相关信息可知,员工在不同的人口学变量上其产生行为跟随的可能性也存在着差异,由于这些人口学变量会对研究结果产生影响,但是却不是本研究中的核心变量,因此本书将人口学变量作为控制变量处理。基于此本研究作出如下假设:

H17:员工行为跟随在不同的人口学变量上具有显著的差异性;

H17-1:员工行为跟随在不同的工作年限上具有显著的差异性;

H17-2:员工行为跟随在不同的收入水平上具有显著的差异性;

H17-3:员工行为跟随在不同的年龄层次上具有显著的差异性;

H17-4:员工行为跟随在不同的学历层次上具有显著的差异性;

H17-5:员工行为跟随在不同的职位层级上具有显著的差异性。

通过对员工深度访谈资料以及前人相关研究的分析,本研究构建了如图3-5所示的工业企业一线员工行为跟随驱动机理模型。

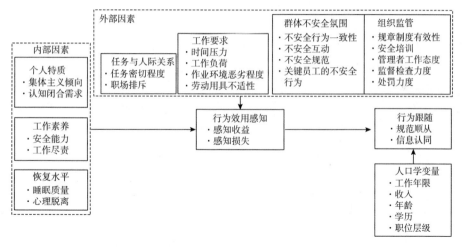

图 3-5　工业企业一线员工行为跟随驱动机理模型

3.4　本章小结

本章中运用扎根理论这一科学合理的定性研究方法对相关受访者的访谈资料进行了分析,从中挖掘出工业企业一线员工行为跟随的驱动因素,主要包括个人特质(集体主义倾向、认知闭合需求)、恢复水平(睡眠质量、心理脱离)、工作素养(安全能力、工作尽责)、任务与人际关系(任务密切程度、职场排斥)、群体不安全氛围(不安全互动、不安全规范、不安全行为一致性、关键员工的不安全行为)、工作要求(时间压力、工作负荷、作业环境恶劣程度、劳动用具不适性)、组织监管(监督检查力度、规章制度有效性、安全培训、处罚力度、管理者工作态度)以及人口学变量(工作年限、收入、学历、年龄、职位层级),并对核心变量的内涵进行了界定。在此基础上,基于相关理论和前人的研究,构建了工业企业一线员工行为跟随驱动机理模型,并提出了相应的研究假设。本章中设定的模型和提出的理论假设为接下来的工业企业一线员工行为跟随驱动机理的实证研究做好了铺垫。

4 研究所需量表的开发与数据收集

通过问卷进行统计调研是当前人文社会科学研究常采用的获取数据的手段。通常研究者会将所要研究的问题通过设问的方式来进行表述,然后分发给被调查者填写,之后将这些表格进行回收,对所获数据进行一定的分析以此来验证研究中的假设。正如在文献回顾中看到的那样,问卷调查法在当前的员工心理与行为安全研究方面是最常见的方法,这与其众多的优点是密不可分的。首先,问卷调查法针对的对象涵盖面广,可以是个体、群体、组织,甚至是社会;其次,灵活多样,研究者可以运用问卷对某个对象进行详细描述,也可以针对影响这个对象的因素间的关系进行量化分析;第三,研究结论的准确性和可扩展性,当问卷的质量符合需要时,就可以获得高质量的数据,从而保证结果的准确性,同时当调查的样本具有足够的代表性时,则可以将所得结论应用到总体中去;第四,经济高效,问卷调查的实施过程易于管理和控制,相较于其他方法(比如访谈法、观察法、实验法)更高效且经济节省;第五,通过研究的需要设定相应的定量标尺,可以实现对相应问题的量化取值,便于后续的统计分析;最后,问卷调查不需要获取被试者的可识别个人身份的信息,有效保证了数据收集过程的匿名性,有助于被试者表达个人的真实想法,从而保证数据的真实性和有效性[283-284]。

由于当前研究是为了分析行为跟随的驱动因素及作用机理,同时综合以上的分析,本书最终采用问卷调查的方式来获取相关数据。

4.1 量表开发的流程与原则

优良的问卷是获取可靠数据的前提,同时也是决定最终研究结论质量高低的关键。因此,设计和开发出一套优良的问卷对于数据的收集和后续的研究都至关重要的。

4.1.1　量表开发的流程

优质的问卷量表的诞生都是建立在一套缜密的开发流程基础之上的。为了保证测量题项与所测变量之间具有高度的一致性,确保量表的可靠性与有效性,本研究中的量表设计与开发按照如下几个步骤进行展开(如图4-1所示)。

①在明确研究问题和具体的研究目标之后,通过查阅文献、专家咨询和员工深度访谈等途径,筛选出影响员工行为跟随的主要变量。

②在基于文献查阅和专家咨询的结果之上,对筛选出的主要变量及其相互间的关系进行探讨,同时结合对员工的访谈资料的深度分析后,从中进一步发掘影响行为跟随的因素及因素之间的联系,进而建立相应的理论模型并提出假设。

③针对构建的模型中的具体变量进行量表的开发,在此过程中主要借鉴相关的成熟量表并结合研究的具体情境进行了相应的修订以使问卷的测量效果更好,若没有现成的可借鉴的量表,则需要自行编制,形成初始的研究量表。

④对形成的初始量表进行小范围的测试,对收回数据进行一定的统计分析,检验初始量表的信效度,对不达标的题项进行修改或剔除,从而获得正式测量问卷。

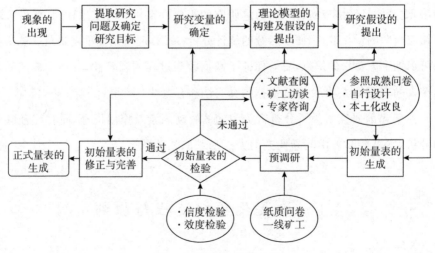

图 4-1　量表开发的过程

4.1.2　量表开发的原则

量表的开发是一个复杂的过程,研究者只有遵守其中的规则才能设计出高质量的问卷。量表开发的原则大致可以从如下几点进行阐述:

①量表的篇幅,在保证测量效果的前提下应尽量缩减问卷的篇幅,篇幅过大会引起被试者的厌倦情绪,从而影响最终问卷的回收效率,良好的问卷应该将完成时间控制在 20 min 以内。

②卷首提示语,研究者需在量表的起始部分对其进行简要地说明,表明调查的用意,以打消被试者的种种顾虑和担忧,同时还需要给出指导性的语句以指引被试者进行作答。

③题项表达,题项的表达是否得体直接决定了回收的数据的质量,因此测量题项的表达应力求通俗易懂,避免歧义。

④结构编排,量表在结构上应该清晰明了,避免出现复杂的结构而增加作答者的负担,一切以方便被试者作答为出发点。在题项编排上,尽管有的学者认为同一变量的测量题项应该聚集在一起,以便达到逻辑上的连贯,更好地进行作答,但是大多数学者认为不同变量的测量题项应该穿插排布以此来提高整个问卷的质量。

⑤题项设计,题项的设计应该体现出同质性和异质性。具体来说,同一变量的测量题项之间应该具有一定的关联性和同质性,而不同变量的测量题项之间应该具有一定的差异性;适度合理地运用反向题,适当设置反向题可以提高反馈的一致性,假如不适当运用反向题反而会适得其反,可能会引起系统误差的增大,导致问卷的有效性下降。

⑥量表的选项分级设计,Likert 分级量表是评分式量表最常用的形式,尽管对于量表的分级的选择并没有统一的标准,但是有学者指出 5 级量表在多数情况下却可以获得较高的可靠性[285],如果点数高于 5 级会导致选项之间的区分度过小,使得被试者难以区分,导致最终获得的数据效果不佳。

4.1.3　量表的评价标准

（1）信度分析

信度也就是所谓的可靠性,是专门用来衡量对同一对象实施同一种方法进行多次的测试后所得结果的稳定性与一致性。其中稳定性需要对同一对象施以多次的重复测量方能得到检验。而内部一致性在问卷的信度分析中更常见,其主要运用 Cronbach's α 系数来进行衡量。除了提到的 Cronbach's α 系数的方法外,被用来检验问卷信度的方法还有复本信度、重测信度以及折半信度等。在本书中,我们将选用 Cronbach's α 系数来衡量研究问卷题项之间的内部一致性水平。通过对 Cronbach's α 系数值的大小可以判定量表的信度是否达到可接受水平,当 Cronbach's α 系数的值不低于 0.7 就表明量表的内部一致性较好,越接近 1 说明信度水平越高,但是在预测试环节只要 Cronbach's α 系数不低于 0.5 即可以接受[286]。

(2)效度分析

量表的效度检验也是必不可少的环节,所谓效度即有效性,是用来判别所使用的测量题项能否准确衡量测量变量的程度。尽管用来检验量表效度的方法较多,但是常被学者们使用的效度检验方法包括内容效度和结构效度。其中内容效度常被用来描述量表内容的覆盖面及其与测量目标间的适配性,在多数情况下其检验可以借助于理论探讨、预先测试以及专家咨询的方法,来对量表中的题项的设计是否全面考察了所测变量的相关属性进行判定。结构效度也就是建构效度,是用来描述量表包含的题项能否抽出相关的抽象概念和划分为一定的理论维度的一个统计指标,但是想要直接测得量表的结构效度并非易事,因子分析成为学者们判定量表结构效度的常用方法。

所谓因子分析,就是从众多的测量题项中抽取具有共同特性因子的技术,这些公因子与某个变量显著相关,这些公因子即为某个变量的结构维度。因子分析包括探索性因子分析(exploratory factor analysis,EFA)和验证性因子分析(confirmatory factor analysis,CFA),在因子分析方法的选择上,不同的学者持有的观点也不尽相同,但是按照惯例,若希望对测量的题项进行缩减以及对变量的结构进行探讨时会倾向于运用探索性因子分析;若是为了检验现有变量在结构维度上是否合理和科学,则通常考虑运用验证性因子分析。基于此,本书将在预测试环节中的数据分析阶段运用探索性因子分析对初始问卷中涉及的变量的结构维度的有效性进行检验,而在正式测试环节的数据分析阶段将采用验证性因子分析对已经获得的因子结构的合理性和科学性进行进一步的检验。

在因子分析之前需要检验各个变量的因子分析适用性,即检验各个变量是否适合进行探索性因子分析。而检验变量是否适合做探索性因子分析主要参考 KMO 的值以及 Bartlett 球形检验。当 KMO 的值不低于 0.7，且 Bartlett 球形检验所得结果达到显著性，即表明相关变量是适合做因子分析的。在探索性因子分析中，当题项的因子载荷低于 0.5 时即可考虑删去。若题项出现跨因子现象时，即单个题项在不同的因子上的载荷均在 0.5 以上时也应该考虑将其删去。在验证性因子分析中则主要根据题项的因子载荷以及一些拟合指标的值来判定变量的结构维度是否合理、科学。

4.2　初始题项的提取与修正

尽管行为跟随属于一种普遍存在的社会现象，但是在安全管理领域有关员工行为跟随及其驱动因素的成熟调查量表却并不多见。此外，由于本研究涉及的变量是基于文献回顾和深度访谈而得出的结果，因此各变量的含义和结构维度都与前人研究中涉及的相关变量存在着不同。为了能够获得更贴合本研究的量表，就需要在前人的相关量表的基础上进行适当的修正和改进，对那些无成熟量表可供参考的变量则需要根据当前研究的需要自行开发。在本研究中员工行为跟随及其驱动因素的测量题项的获取主要有两个途径：第一个途径就是，对现有的有关行为跟随及其影响因素的文献进行分析，从中整理出本研究所涉及变量的成熟量表，并以此为基础融合先前在深度访谈中所获得的资料数据，依据研究变量的操作化定义，以及我国工业企业员工的行为跟随的实际情况对相应的量表题项进行调整和改进，使其更符合本研究的需要；而对于无成熟量表可供参考的变量，其测量题项通过第二种途径来获取，即自行开发，在把握变量的概念和操作化定义的基础上，借助深度访谈的文本资料以及专家咨询所获得的相关意见，对所需的量表进行设计开发。

在初步获得所需题项后，为了尽可能降低偏差、提高科学性，本研究通过与相关领域专家（3 位）、企业管理者（2 位）以及一线员工（5 位）就初始题项进行商讨。在与相关专家的探讨与咨询中能够获知量表在诸如研究变量的选取、概念界定、操作化定义和相应的测量题项设计等方面是否是有效的、合理的；与企业管理者和一线员工的沟通与讨论则是为了进一步确定变量的选择是否是企业和员工所关注和认同的,测量题项的设计是否符合企业和员工的实际情况,以及题项在语言表述方面是否符合员工的习惯,是否能被员工理解。在对初始题项进行相应改进后,本研究就量表的结构效度和内容效度再次与两位相关专家进行探讨,让其从理论意义和实践意义两方面来对初始问卷进行评价,进而获得本研究中所需的我国工业企业员工行为跟随及其驱动因素初始调查问卷,初始调查问卷的构成如表 4-1 所示,初始调查问卷的具体题项设置见附录 1。

表 4-1　初始调查问卷的构成

变量名称	维度/因素	对应题项	借鉴量表
人口学变量	工作年限	Q1	Lascu 和 Zinkhan[55];Paul 和 Maiti[62];自行编制
	收入	Q2	
	年龄	Q3	
	学历	Q4	
	工作年限	Q5	
个人特质	集体主义倾向	Q6-1～Q6-4	Oyserman 等[287];Van Hooft 等[288];Roets 和 Van Hiel[289];自行编制
	认知闭合需求	Q6-5～Q6-10	
恢复水平	心理脱离	Q7-1～Q7-4	Sonnentag 和 Fritz[243];Bravo 等[290];自行编制
	睡眠质量	Q7-5～Q7-8	
工作素养	安全能力	Q8-1～Q8-5	Mohamed[291];Jiang 等[189];李明启等[292];自行编制
	工作尽责	Q8-6～Q8-9	
任务与人际关系	任务密切程度	Q9-1～Q9-4	杨振宏等[188];闫文周等[293];自行编制
	职场排斥	Q9-5～Q9-8	
群体不安全氛围	不安全行为一致性	Q10-1～Q10-4	Lascu 和 Zinkhan[55];Ghose 和 Dou[294];Jiang 等[189];自行编制
	不安全互动	Q10-5～Q10-10	
	不安全规范	Q10-11～Q10-13	
	关键员工的不安全行为	Q10-14～Q10-17	

变量名称	维度/因素	对应题项	借鉴量表
工作要求	时间压力	Q11-1～Q11-4	Aleksi 等[262]；李乃文和王晓芳[293]；Jiang 等[189]；自行编制
	工作负荷	Q11-5～Q11-9	
	作业环境恶劣程度	Q11-10～Q11-13	
	劳动用具不适性	Q11-14～Q11-16	
组织监管	规章制度有效性	Q12-1～Q12-3	Vinodkumar 和 Bhasi[123]；田水承等[95]；Jiang 等[189]；自行编制
	安全培训	Q12-4～Q12-8	
	管理者工作态度	Q12-9～Q12-11	
	监督检查力度	Q12-11～Q12-16	
	处罚力度	Q12-17～Q12-20	
行为效用感知	感知收益	Q13-1～Q13-7	自行编制
	感知损失	Q13-8～Q13-11	
行为跟随	规范顺从	Q14-1～Q14-4	Sun[216]；Hong 等[296]；Bearden 等[231]；自行编制
	信息认同	Q14-5～Q14-11	

4.3 预调研与初始量表检验

为了检验初始量表是否符合后续的大范围问卷调研的需要,对当前的初始问卷进行小范围的预测试,通过对预测试获得的数据,以及在预调研过程中所暴露的问题和被试者所反馈的信息的分析,将干扰量表信效度的杂项予以删除,并对被试者理解有偏差的题项措辞进行改进,以便生成最终的调研问卷。

关于预调研中样本量的确定,研究者普遍认为样本量的上限越大越好,但是样本量过小则不利于对初始量表的检验。按照目前普遍接受的观点,预测试的样本量的最小值应该根据包含测量题项最多的那个变量进行确定,最小样本量应该是其所含题项数目的 3～5 倍[297-298]。本书中所涉及的变量中,所含题项最多的为组织监管量表,共计 21 个题项,因此预测试样本量应该介于 63～

105 之间都是可以接受的。

在预测试问卷发放前，按照方便和经济的原则事先联系了两家企业（汽车制造、冶金），在与相关负责人沟通后，于 2019 年 5 月份分别向两家企业发放纸质问卷共计 356 份，最终回收 291 份，回收率为 81.74%。在录入数据的过程中，若发现大面积漏填、明显呈现出规律作答的情况，则会予以剔除，最终得到可用样本数为 269 份，有效回收率为 75.56%，显然最终有效样本量远大于预测试所建议的最小样本量，因此，本次预测试所得最终样本量符合数据分析的要求。

4.3.1 初始量表的分析

由于初始量表中设定了一定数量的反向问题，为确保量表的一致性，在进行数据分析前，需要将这些反向问题进行反向转化。初始量表的检验主要是针对回收数据的可靠性与有效性进行分析，剔除部分因子载荷过低以及拉低 Cronbach's α 系数值的题项。在这个过程中可以借助修正题项与总体相关性（corrected-item total correlation；CICT）这一指标来删除不达标的题项，利用 Cronbach's α 系数来检验信度，以及运用探索性因子分析（exploratory factor analysis；EFA）来验证量表的结构效度。

4.3.1.1 初始量表信度检验

在量表的设计中，每个变量都是通过数个题项来进行衡量的，基于此，需要检验相关题项的内部一致性。本书中题项的内部一致性系数检验将采用 Likert 分级量表中常使用的 Cronbach's α 系数来检验。在检验过程中，题项删减的原则是当修正题项与总体相关性（corrected-item total correlation，CICT）系数低于 0.3[299]，以及当删除某个题项能够显著提高 Cronbach's α 系数。基于以上的原则对本书中所涉及的个人特质、恢复水平、工作素养、任务与人际关系、群体不安全氛围、工作要求、组织监管、行为效用感知和行为跟随 9 大主体部分进行信度检验。表 4-2 列出了这 9 大主体部分的 Cronbach's α 系数。

由表 4-2 可以看出，在总体上每类因素的内部一致性系数均达到可接受水平，表明每类因素的内部一致性水平较高，信度较好。由于每大类因素又包含了相应的一些具体维度，因此还需要对每大类因素进行细致分析，对其包含的具体维度进行信度分析，以此来获得更加精确的结论。

表 4-2 预测试问卷中各类因素的信度分析

因素	个人特质	恢复水平	工作素养	任务与人际关系	群体不安全氛围	工作要求	组织监管	行为效用感知	行为跟随
题项数	10	8	10	8	17	15	21	11	11
Cronbach's α	0.854	0.847	0.904	0.902	0.892	0.912	0.922	0.851	0.922

（1）个人特质各维度的信度分析

如表 4-3 所示，经过初步分析可以看出在个人特质变量中，集体主义倾向和认知闭合需求两个维度的 Cronbach's α 系数分别为 0.838 和 0.820，表明各维度的内部一致性水平相当高。此外，当具体到各个题项时可以看出，各个维度的测量题项与总体的相关性系数皆在 0.4 以上，高于最低可接受的阈值 0.3，且各题项与总体的相关性系数分布于 0.428～0.701 之间，同时在删除任何一道题项后，相应的变量的 Cronbach's α 系数都没有显著增加。基于以上分析可以认为集体主义倾向和认知闭合需求在内部一致性、可靠性和稳定性方面表现较好。

表 4-3 个人特质各维度的信度分析结果

分量表		题项	此项与总体相关性	剔除此项后的 α 系数	α 系数
个人特质（personal traits，PT）	集体主义倾向（collectivist orientation，CO）	CO1	0.697	0.783	0.838
		CO2	0.662	0.799	
		CO3	0.645	0.808	
		CO4	0.680	0.791	
	认知闭合需要（need for cognitive closure，NDCC）	NDCC1	0.616	0.784	0.820
		NDCC2	0.636	0.780	
		NDCC3	0.701	0.775	
		NDCC4	0.428	0.839	
		NDCC5	0.641	0.785	
		NDCC6	0.609	0.786	

（2）恢复水平各维度信度分析

如表 4-4 所示，经过初步分析可以看出在恢复水平变量中，睡眠质量和心理脱离两个维度的 Cronbach's α 系数分别为 0.908 和 0.867，表明各维度的内部一致性水平相当高。此外，当具体到各个题项时可以看出，各个维度的测量题项与总体的相关性系数皆在 0.6 以上，高于最低可接受的阈值 0.3，且各题项与总体的相关性系数分布于 0.617～0.856 之间，同时在删除任何一道题项后，相应变量的 Cronbach's α 系数都没有显著增加。基于以上分析可以认为睡眠质量和心理脱离在内部一致性、可靠性和稳定性方面表现较好。

表 4-4　恢复水平各维度的信度分析结果

分量表		题项	此项与总体相关性	剔除此项后的 α 系数	α 系数
恢复水平 （level of recovery，LR）	睡眠质量 （sleep quality，SQ）	SQ1	0.821	0.871	0.908
		SQ2	0.768	0.890	
		SQ3	0.856	0.858	
		SQ4	0.728	0.904	
	心理脱离 （psychological detachment，PD）	PD1	0.660	0.854	0.867
		PD2	0.788	0.801	
		PD3	0.816	0.789	
		PD4	0.617	0.869	

（3）工作素养各维度的信度分析

如表 4-5 所示，基于信度分析的结果可以看出，工作素养各维度中安全能力和工作尽责对应的 Cronbach's α 系数分别为 0.913 和 0.920，可以得出各个维度的测量题项的内部一致性水平非常高，都达到了可接受的水平。此外，当具体到各个题项时可以看出，各个维度的测量题项与总体的相关性系数皆在 0.7 以上，且分布于 0.709～0.897 之间，同时在删除任何一道题项后，相应的变量的 Cronbach's α 系数都没有显著增加。基于以上分析可以认为安全能力和工作尽责在内部一致性、可靠性和稳定性方面表现较好。

表 4-5　工作素养各维度的信度分析结果

分量表		题项	此项与总体相关性	剔除此项后的 α 系数	α 系数
工作素养（Work accomplishments，WA）	工作尽责（work conscientiousness，WC）	WC1	0.735	0.928	0.920
		WC2	0.897	0.872	
		WC3	0.837	0.889	
		WC4	0.814	0.896	
	安全能力（safety ability，SA）	SA1	0.710	0.903	0.913
		SA2	0.774	0.894	
		SA3	0.709	0.904	
		SA4	0.838	0.885	
		SA5	0.716	0.904	
		SA6	0.802	0.891	

（4）任务与人际关系各维度的信度分析

如表 4-6 所示，经过初步分析可以看出在任务与人际关系变量中，任务密切程度和职场排斥两个维度的 Cronbach's α 系数分别为 0.875 和 0.981，表明各维度的内部一致性水平相当高。此外，当具体到各个题项时可以看出，各个维度的测量题项与总体的相关性系数皆在 0.5 以上，高于最低可接受的阈值 0.3，且各题项与总体的相关性系数分布于 0.588～0.963 之间，同时在删除任何一道题项后，相应的变量的 Cronbach's α 系数都没有显著增加。基于以上分析可以认为任务相似性和职场排斥在内部一致性、可靠性和稳定性方面表现较好。

表 4-6　任务与人际关系各维度的信度分析结果

分量表		题项	此项与总体相关性	剔除此项后的 α 系数	α 系数
任务与人际关系（task and interpersonal relationships，TIR）	任务密切程度（tasks affinity，TA）	TA1	0.588	0.891	0.875
		TA2	0.796	0.816	
		TA3	0.826	0.801	
		TA4	0.734	0.841	
	职场排斥（workplace ostracism，WO）	WO1	0.946	0.977	0.981
		WO2	0.963	0.972	
		WO3	0.957	0.974	
		WO4	0.942	0.978	

（5）群体不安全氛围各维度的信度分析

从表 4-7 所显示的基于信度分析的结果可以看出，群体不安全氛围各维度中不安全行为一致性、不安全互动、不安全规范和关键员工的不安全行为的 Cronbach's α 系数分别为 0.804、0.958、0.895 和 0.917，可以得出各个变量的测量题项的内部一致性水平较高，都达到了可接受的水平。此外，当具体到各个题项时可以看出，各个变量的测量题项与总体的相关性系数皆在 0.5 以上，显著高于最低可接受的值 0.3，且各题项与总体的相关性系数分布于 0.503～0.910 之间，同时在删除任何一道题项后，相应的变量的 Cronbach's α 系数都没有显著增加。基于以上分析可以认为不安全行为一致性、不安全互动、不安全规范和关键员工的不安全行为在内部一致性、可靠性和稳定性方面表现较好。

表 4-7　群体不安全氛围各维度的信度分析结果

分量表		题项	此项与总体相关性	剔除此项后的 α 系数	α 系数
群体不安全氛围（group unsafe atmosphere，GUA）	不安全行为一致性（unsafe consistency，UC）	UC1	0.688	0.720	0.804
		UC2	0.639	0.744	
		UC3	0.650	0.740	
		UC4	0.503	0.807	
	不安全互动（unsafe interaction，UI）	UI1	0.848	0.952	0.958
		UI2	0.880	0.948	
		UI3	0.801	0.957	
		UI4	0.879	0.948	
		UI5	0.889	0.947	
		UI6	0.910	0.945	
	不安全规范（unsafe norms；UN）	UN1	0.799	0.847	0.895
		UN2	0.781	0.863	
		UN3	0.802	0.843	
	关键员工的不安全行为（unsafe behaviors of key employees，UBKE）	UBKE1	0.734	0.917	0.917
		UBKE2	0.869	0.871	
		UBKE3	0.820	0.888	
		UBKE4	0.819	0.889	

（6）工作要求各维度的信度检验

从表4-8所显示的信息,基于信度分析的结果可以看出,工作要求所包含的时间压力、工作负荷、作业环境恶劣程度以及劳动用具不适性维度的Cronbach's α系数分别为0.784、0.888、0.883和0.873,可以得出各个变量的测量题项的内部一致性水平较高,都达到了可接受水平。此外,当具体到各个题项时可以看出,各个变量的测量题项与总体的相关性系数皆在0.5以上,显著高于最低可接受的值0.3,且各题项与总体的相关性系数分布于0.505～0.792之间,同时在删除任何一道题项后,相应的变量的Cronbach's α系数都没有显著增加。基于以上分析可以认为时间压力、工作负荷、作业环境恶劣程度以及劳动用具不适性变量在内部一致性、可靠性和稳定性方面表现较好。

表4-8 工作要求各维度的信度分析结果

分量表		题项	此项与总体相关性	剔除此项后的 α 系数	α 系数
工作要求 (job demands,JD)	时间压力 (time pressure,TP)	TP1	0.549	0.752	0.784
		TP2	0.649	0.700	
		TP3	0.667	0.694	
		TP4	0.505	0.774	
	工作负荷 (workload,WL)	WL1	0.755	0.856	0.888
		WL2	0.789	0.845	
		WL3	0.696	0.878	
		WL4	0.784	0.856	
	作业环境恶劣程度 (harshness degree of work environment,HDWE)	HDWE1	0.792	0.831	0.883
		HDWE2	0.772	0.842	
		HDWE3	0.755	0.846	
		HDWE4	0.675	0.880	
	劳动用具不适性 (inappropriateness degree of work labor equipment,IDLE)	IDLE1	0.778	0.801	0.873
		IDLE2	0.739	0.836	
		IDLE3	0.752	0.825	

（7）组织监管量表的信度检验

正如表4-9展现的那样,组织监管所涵盖的维度,即规章制度有效性、安全培训、管理者工作态度、监督检查力度和处罚力度的 Cronbach's α 系数分别为

0.842、0.919、0.905、0.913 和 0.800,全部高于 0.7,表明各变量的内部一致性水平较高。此外,当具体到各个题项时可以看出,各个变量的测量题项与总体的相关性系数皆在 0.5 以上,显著高于最低可接受的值 0.3,且各题项与总体的相关性系数分布于 0.529～0.850 之间,同时在删除任何一道题项后,相应的变量的 Cronbach's α 系数都没有显著增加。基于以上分析可以认为规章制度有效性、安全培训、管理者工作态度、监督检查力度和处罚力度在内部一致性、可靠性和稳定性方面表现较好。

表 4-9 组织监管各维度的信度分析结果

分量表		题项	此项与总体相关性	剔除此项后的 α 系数	α 系数
组织监管 (organizational supervision, OS)	规章制度有效性 (effectiveness of system, ES)	ES1	0.665	0.820	0.842
		ES2	0.699	0.787	
		ES3	0.757	0.730	
	安全培训 (Safety training, ST)	ST1	0.788	0.901	0.919
		ST2	0.840	0.891	
		ST3	0.745	0.910	
		ST3	0.799	0.898	
		ST5	0.785	0.901	
	管理者工作态度 (work attitudes of managers, WAM)	WAM1	0.850	0.830	0.905
		WAM2	0.825	0.853	
		WAM3	0.764	0.902	
	监督检查力度 (degree of supervision and inspection, DSI)	DSI1	0.702	0.905	0.913
		DSI2	0.682	0.908	
		DSI3	0.781	0.895	
		DSI4	0.806	0.890	
		DSI5	0.790	0.892	
		DSI6	0.800	0.891	
	处罚力度 (degree of punishment, DP)	DP1	0.611	0.753	0.800
		DP2	0.752	0.690	
		DP3	0.529	0.811	
		DP4	0.614	0.750	

(8)行为效用感知各维度的信度分析

表 4-10 显示的为行为效用感知变量的信度分析,从表中可以看出行为效用感知相关维度的测量题项与总体相关系数皆在 0.6 之上,远远高于最低可接受的值 0.3,且题项与总体相关系数介于 0.661～0.920 之间,并且剔除这些变量中的任何一个题项都不能带来 Cronbach's α 系数的显著增加。同时,感知收益维度与感知损失维度的 Cronbach's α 系数分别为 0.967 和 0.851,都远远高于 0.7,表明各个维度的内部一致性水平较高。基于以上分析可以认为感知收益维度和感知损失维度在内部一致性、可靠性和稳定性方面表现较好。

表 4-10 行为效用感知各维度的信度分析结果

分量表		题项	此项与总体相关性	剔除此项后的 α 系数	α 系数
行为效用感知 (perception of behavioral utility,PBU)	感知收益 (perceived benefits,PB)	PB1	0.869	0.962	0.967
		PB2	0.875	0.962	
		PB3	0.920	0.958	
		PB4	0.892	0.960	
		PB5	0.899	0.960	
		PB6	0.864	0.962	
		PB7	0.840	0.964	
	感知损失 (perceived loss,PL)	PL1	0.665	0.823	0.851
		PL2	0.661	0.824	
		PL3	0.668	0.821	
		PL4	0.785	0.776	

(9)行为跟随各维度信度分析

如表 4-11 所示,基于信度分析的结果可以看出,行为跟随各维度的测量题项与总体的相关性系数介于 0.590 至 0.797 之间,远远高于可接受的最低值 0.3,并且剔除这些变量中的任何一个题项都不能带来 Cronbach's α 系数的显著增加。此外,规范顺从维度与信息认同维度的 Cronbach's α 系数分别为 0.863 和 0.887,都远远高于 0.7,表明各个维度的内部一致性水平较高。基于以上分析可以认为规范顺从维度和信息认同维度在内部一致性、可靠性和稳定性方面表现较好。

表 4-11　行为跟随各维度的信度分析结果

量表		题项	此项与总体相关性	剔除此项后的 α 系数	α 系数
行为跟随 (herd behaviors, HB)	规范顺从 (compliance with norms,CWN)	CWN1	0.693	0.834	0.863
		CWN2	0.764	0.804	
		CWN3	0.797	0.789	
		CWN4	0.610	0.872	
	信息认同 (identify with information,IWI)	IWI1	0.652	0.877	0.887
		IWI2	0.772	0.859	
		IWI3	0.601	0.880	
	信息认同 (identify with information,IWI)	IWI4	0.783	0.857	0.887
		IWI5	0.590	0.881	
		IWI6	0.670	0.871	
		IWI7	0.707	0.867	

4.3.1.2　初始量表的效度检验

量表的效度通常需要从内容效度和结构效度两个方面进行评估。在内容效度方面，本研究开发设计的量表大多是借鉴国内外相关的成熟量表，并结合深度访谈和本领域专家咨询，经过多番讨论与修订最终形成的，因此可以认为初始量表具有较好的内容效度。关于结构效度，本书将综合运用 KMO 检验、Bartlett 球形度检验以及探索性因子分析来进行评估。在本书中变量的探索性因子分析主要运用 SPSS 22.0 来完成。

（1）个人特质量表的探索性因子分析

在进行探索性因子分析之前，先对个人特质量表进行因子分析适用性检验。经过因子分析适用性检验（表 4-12），得出个人特质量表的 KMO 值为 0.863，远大于可接受的临界值 0.7。同时，Bartlett 的球形度检验所得卡方值较大，且达到了统计显著性（sig. ＝0.000＜0.05），基于此可以认为个人特质变量适合实施探索性因子分析。

表 4-12　个人特质量表的 KMO 和 Bartlett 检验

取样足够度的 Kaiser-Meyer-Olkin 度量		0.863
Bartlett 的球形度检验	近似卡方	1137.345
	df	45
	Sig.	0.000

在探索性因子分析中选用主成分分析抽取公因子,采用方差最大化正交旋转,抽取公因子依据的标准为特征值不低于 1。因子的总方差解释率和因子载荷矩阵如表 4-13 和表 4-14 所示。从表 4-13 中可以看出,通过主成分分析后,共抽取出 2 个特征值大于 1 的公因子,累计的因子方差解释率达到了 68.110%,表明前文中个人特质量表划分成两个维度是合理的。

表 4-13　个人特质变量初始量表因子解释的总方差

成分	初始特征值			提取平方和载入			旋转平方和载入		
	合计	方差解释率/%	累积/%	合计	方差解释率/%	累积/%	合计	方差解释率/%	累积/%
1	2.150	42.997	42.997	2.150	42.997	42.997	1.791	35.826	35.826
2	1.256	25.113	68.110	1.256	25.113	68.110	1.614	32.284	68.110
提取方法:主成分分析									

通过表 4-14 的因子载荷矩阵可以看出个人特质变量的测量题项归属于 2 个潜因子(集体主义倾向和认知闭合需求)。此外,各个题项的因子载荷全部高于 0.5,并且每个题项仅归属于单一因子,没有出现跨因子现象,也就是说每个题项只在某一个因子上的载荷高于 0.5,在剩余因子上的载荷全部低于 0.5。基于此可知,个人特质量表在区别效度和收敛效度方面都比较理想。

表 4-14　个人特质量表初始题项的正交旋转成分矩阵

题项	成分	
	1	2
CO1	0.135	**0.839**
CO2	0.200	**0.799**

续表

题项	成分	
	1	2
CO3	0.247	**0.743**
CO4	0.198	**0.800**
NDCC1	**0.765**	0.087
NDCC2	**0.751**	0.238
NDCC3	**0.773**	0.303
NDCC4	**0.540**	0.139
NDCC5	**0.725**	0.313
NDCC6	**0.742**	0.090

(2)恢复水平量表的探索性因子分析

在本研究中,恢复水平通过睡眠质量和心理脱离两个维度进行测量,共计8个题项。经过因子分析适用性检验(表 4-15),得出恢复水平量表的 KMO 值为 0.828,远大于可接受的临界值 0.7。同时,Bartlett 的球形度检验所得卡方值较大,且达到了统计显著性($sig. = 0.000 < 0.05$),基于此可以认为恢复水平量表适合实施探索性因子分析。

表 4-15　恢复水平初始量表 KMO 和 Bartlett 检验

取样足够度的 Kaiser-Meyer-Olkin 度量		0.828
Bartlett 的球形度检验	近似卡方	1341.869
	df	28
	Sig.	0.000

在探索性因子分析中选用主成分分析抽取公因子,采用方差最大化正交旋转,抽取公因子依据的标准为特征值不低于 1。因子的总方差解释率和因子载荷矩阵如表 4-16 和表 4-17 所示。从表 4-16 中可以看出,通过主成分分析后,共抽取出 2 个特征值大于 1 的公因子,累计的因子方差解释率达到了75.393%,表明前文中恢复水平量表划分成两个维度是合理的。

表 4-16 恢复水平初始量表因子解释的总方差

成分	初始特征值			提取平方和载入			旋转平方和载入		
	合计	方差解释率/%	累积/%	合计	方差解释率/%	累积/%	合计	方差解释率/%	累积/%
1	3.876	48.449	48.449	3.876	48.449	48.449	3.149	39.367	39.367
2	2.156	26.944	75.393	2.156	26.944	75.393	2.882	36.026	75.393
提取方法:主成分分析									

通过进一步分析表 4-17 可知,恢复水平量表的题项因子载荷在其对应的因子上的值介于 0.746~0.925 之间,皆在 0.5 以上,并且每个题项仅归属于单一因子,没有出现跨因子现象,也就是说每个题项只在某一个因子上的载荷高于 0.5,在剩余因子上的载荷全部低于 0.5,可见恢复水平的 8 个测量题项较好地分布于 2 个公因子之上(睡眠质量和心理脱离)。基于此,恢复水平量表在区别效度和收敛效度方面都比较理想。

表 4-17 恢复水平量表初始题项的正交旋转成分矩阵

题项	成分	
	1	2
SQ1	**0.898**	0.123
SQ2	**0.855**	0.154
SQ3	**0.925**	0.072
SQ4	**0.824**	0.173
PD1	0.160	**0.790**
PD2	0.110	**0.888**
PD3	0.032	**0.916**
PD4	0.195	**0.746**

(3)工作素养量表的探索性因子分析

通过因子分析的适用性检验可以看出(表 4-18),工作素养量表的 KMO 值为 0.848,远大于可接受的临界值 0.7。同时,Bartlett 的球形度检验所得卡方值较大,且达到了统计显著性(sig.＝0.000＜0.05),基于此可以认为工作素养量表适合实施探索性因子分析。

表 4-18　工作素养量表的 KMO 和 Bartlett 检验

取样足够度的 Kaiser-Meyer-Olkin 度量		0.848
Bartlett 的球形度检验	近似卡方	2080.094
	df	45
	Sig.	0.000

在探索性因子分析中选用主成分分析抽取公因子,采用方差最大化正交旋转,抽取公因子依据的标准为特征值不低于 1。因子的总方差解释率和因子载荷矩阵如表 4-19 和表 4-20 所示。从表 4-19 中可以看出,通过主成分分析后,共抽取出 2 个特征值大于 1 的公因子,累计的因子方差解释率达到了74.932%,表明前文中工作素养量表划分成两个维度是合理的。

表 4-19　工作素养量表初始题项的因子解释的总方差

成分	初始特征值			提取平方和载入			旋转平方和载入		
	合计	方差解释率/%	累积/%	合计	方差解释率/%	累积/%	合计	方差解释率/%	累积/%
1	5.419	54.189	54.189	5.419	54.189	54.189	4.154	41.541	41.541
2	2.074	20.743	74.932	2.074	20.743	74.932	3.339	33.391	74.932
提取方法:主成分分析									

通过进一步分析表 4-20 可知,工作素养量表的题项因子载荷在其对应的因子上的值介于 0.744～0.918 之间,皆在 0.5 以上,并且每个题项仅归属于单一因子,没有出现跨因子现象,也就是说每个题项只在某一个因子上的载荷高于 0.5,在剩余因子上的载荷全部低于 0.5,可见恢复水平的 10 个测量题项较好地分布于 2 个公因子之上(安全能力和工作尽责)。基于此,工作素养量表在区别效度和收敛效度方面都比较理想。

表 4-20　工作素养量表初始题项的正交旋转成分矩阵

题项	成分	
	1	2
SA1	**0.763**	0.235
SA2	**0.852**	0.115

续表

题项	成分	
	1	2
SA3	**0.744**	0.296
SA4	**0.890**	0.139
SA5	**0.793**	0.154
SA6	**0.843**	0.209
WC1	0.148	**0.832**
WC2	0.221	**0.918**
WC3	0.208	**0.892**
WC4	0.218	**0.874**

（4）任务与人际关系量表的探索性因子分析

通过因子分析的适用性检验可以看出（表 4-21），任务与人际关系量表的 KMO 值为 0.856，远大于可接受的临界值 0.7。同时，Bartlett 的球形度检验所得卡方值较大，且达到了统计显著性（sig.＝0.000＜0.05），基于此可以认为任务与人际关系量表适合实施探索性因子分析。

表 4-21　任务与人际关系量表的 KMO 和 Bartlett 检验

取样足够度的 Kaiser-Meyer-Olkin 度量		0.856
Bartlett 的球形度检验	近似卡方	2493.697
	df	28
	Sig.	0.000

在探索性因子分析中选用主成分分析抽取公因子，采用方差最大化正交旋转，抽取公因子依据的标准为特征值不低于 1。因子的总方差解释率和因子载荷矩阵如表 4-22 和表 4-23 所示。从表 4-22 中可以看出，通过主成分分析后，共抽取出 2 个特征值大于 1 的公因子，累计的因子方差解释率达到了 84.192％，表明前文中任务与人际关系量表划分成两个维度是合理的。

表 4-22　任务与人际关系量表初始题项的因子解释的总方差

成分	初始特征值			提取平方和载入			旋转平方和载入		
	合计	方差解释率/%	累积/%	合计	方差解释率/%	累积/%	合计	方差解释率/%	累积/%
1	4.763	59.534	59.534	4.763	59.534	59.534	3.807	47.590	47.590
2	1.973	24.657	84.192	1.973	24.657	84.192	2.928	36.602	84.192
提取方法:主成分分析									

通过进一步分析表 4-23 可知任务与人际关系量表的题项因子载荷在其对应的因子上的值介于 0.764～0.959 之间,皆在 0.5 以上,并且每个题项仅归属于单一因子,没有出现跨因子现象,也就是说每个题项只在某一个因子上的载荷高于 0.5,在剩余因子上的载荷全部低于 0.5,可见任务与人际关系的 8 个测量题项较好地分布于 2 个公因子之上(任务密切程度和职场排斥)。基于此,任务与人际关系量表在区别效度和收敛效度方面都比较理想。

表 4-23　任务与人际关系量表初始题项的正交旋转成分矩阵

题项	成分	
	1	2
TA1	0.067	**0.764**
TA2	0.105	**0.898**
TA3	0.275	**0.865**
TA4	0.276	**0.804**
WO1	**0.945**	0.212
WO2	**0.959**	0.197
WO3	**0.959**	0.180
WO4	**0.953**	0.164

(5)群体不安全氛围量表的探索性因子分析

通过因子分析的适用性检验可以看出(表 4-24),群体不安全氛围量表的 KMO 值为 0.884,远大于可接受的临界值 0.7。同时,Bartlett 的球形度检验所得卡方值较大,且达到了统计显著性(sig.＝ 0.000＜0.05),基于此可以认为群

表 4-26　群体不安全氛围量表初始题项的正交旋转成分矩阵

题项	成分			
	1	2	3	4
UC1	0.153	0.076	**0.815**	0.144
UC2	0.139	−0.017	**0.798**	0.128
UC3	0.149	0.057	**0.802**	0.087
UC4	0.100	0.200	**0.656**	0.106
UI1	**0.869**	0.068	0.182	0.107
UI2	**0.898**	0.103	0.168	0.009
UI3	**0.841**	0.069	0.141	0.087
UI4	**0.910**	0.085	0.097	0.038
UI5	**0.921**	0.111	0.061	0.042
UI6	**0.925**	0.122	0.116	0.046
UN1	0.128	0.292	0.220	**0.829**
UN2	0.031	0.313	0.185	**0.826**
UN3	0.066	0.330	0.125	**0.842**
UBKE1	0.180	**0.781**	0.071	0.261
UBKE2	0.074	**0.916**	0.073	0.175
UBKE3	0.120	**0.853**	0.110	0.234
UBKE4	0.086	**0.846**	0.100	0.268

（6）工作要求量表的探索性因子分析

在本书中,工作要求量表包含 4 个具体的维度,即时间压力、工作负荷、作业环境恶劣程度和劳动用具不适性,共计 15 个题项。经过因子分析适用性检验(表 4-27),得出工作要求量表的 KMO 值为 0.907,远大于可接受的临界值 0.7。同时,Bartlett 的球形度检验所得卡方值较大,且达到了统计显著性(sig.＝0.000＜0.05),基于此可以认为工作要求量表适合实施探索性因子分析。

表 4-27　工作要求量表的 KMO 和 Bartlett 的检验

取样足够度的 Kaiser-Meyer-Olkin 度量		0.907
Bartlett 的球形度检验	近似卡方	2 385.447
	df	105
	Sig.	0.000

　　在探索性因子分析中选用主成分分析抽取公因子,采用方差最大化正交旋转,抽取公因子依据的标准为特征值不低于 1。因子的总方差解释率和因子载荷矩阵如表 4-28 和表 4-29 所示。从表 4-28 中可以看出,通过主成分分析后,共抽取出 4 个特征值大于 1 的公因子,累计的因子方差解释率达到了69.797%,表明前文中工作要求量表划分成 4 个维度是合理的。

表 4-28　工作要求初始量表因子解释的总方差

成分	初始特征值			提取平方和载入			旋转平方和载入		
	合计	方差解释率/%	累积/%	合计	方差解释率/%	累积/%	合计	方差解释率/%	累积/%
1	7.228	38.045	38.045	7.228	38.045	38.045	4.149	21.838	21.838
2	3.058	16.093	54.138	3.058	16.093	54.138	3.309	17.414	39.252
3	1.798	9.461	63.599	1.798	9.461	63.599	3.263	17.175	56.427
4	1.178	6.198	69.797	1.178	6.198	69.797	2.540	13.369	69.797
提取方法:主成分分析									

　　通过进一步分析表 4-29 可知,工作要求量表的题项因子载荷在其对应的因子上的值介于 0.552～0.822 之间,皆在 0.5 以上,并且每个题项仅归属于单一因子,没有出现跨因子现象,也就是说每个题项只在某一个因子上的载荷高于 0.5,在剩余因子上的载荷全部低于 0.5,可见工作要求量表的 15 个题项较好地分布于 4 个公因子之上(时间压力、工作负荷、作业环境恶劣程度和劳动用具不适性)。基于此可知,工作要求量表在区别效度和收敛效度方面都比较理想。

表 4-29　工作要求量表初始题项的正交旋转成分矩阵

题项	成分			
	1	2	3	4
WL1	**0.779**	0.061	0.171	0.251
WL2	**0.818**	0.092	0.181	0.198
WL3	**0.739**	0.052	0.212	0.206
WL4	**0.746**	0.096	0.280	0.182
HDWE1	0.448	0.089	**0.722**	0.162
HDWE2	0.290	0.062	**0.794**	0.174
HDWE3	0.207	0.148	**0.818**	0.129
HDWE4	0.315	0.026	**0.735**	0.136
IDLE1	0.061	**0.636**	0.448	0.094
IDLE2	0.067	**0.552**	0.415	0.076
IDLE3	0.089	**0.672**	0.369	−0.008
TP1	0.055	−0.026	0.239	**0.737**
TP2	0.202	0.118	0.122	**0.777**
TP3	0.105	0.103	0.144	**0.822**
TP4	0.331	0.035	−0.027	**0.644**

(7)组织监管量表的探索性因子分析

在本书中,组织监管包括规章制度有效性、安全培训、管理者工作态度、监督检查力度和处罚力度五个维度,通过对量表的因子分析适用性检验(表4-30),得出组织监管量表的 KMO 值为 0.878,显然高于 0.7。同时,Bartlett 的球形度检验所得卡方值较大,且达到了统计显著性(sig.＝ 0.000＜0.05),基于此可以认为组织监管量表是适合实施探索性因子分析的。

表 4-30　组织监管量表的 KMO 和 Bartlett 的检验

取样足够度的 Kaiser-Meyer-Olkin 度量		0.878
Bartlett 的球形度检验	近似卡方	4448.648
	df	210
	Sig.	0.000

在探索性因子分析中选用主成分分析抽取公因子,采用方差最大化正交旋

转,抽取公因子依据的标准为特征值不低于1。因子的总方差解释率和因子载荷矩阵如表 4-31 和表 4-32 所示。从表 4-31 中可以看出,通过主成分分析后,共抽取出 5 个特征值大于 1 的公因子,累计的因子方差解释率达到了75.046%,表明组织监管量表划分为 5 个维度是合理的。

表 4-31　组织监管初始量表因子解释的总方差

成分	初始特征值			提取平方和载入			旋转平方和载入		
	合计	方差解释率/%	累积/%	合计	方差解释率/%	累积/%	合计	方差解释率/%	累积/%
1	9.439	44.950	44.950	9.439	44.950	44.950	4.097	19.508	19.508
2	2.393	11.395	56.344	2.393	11.395	56.344	3.948	18.801	38.310
3	1.379	6.565	62.909	1.379	6.565	62.909	2.702	12.869	51.178
4	1.327	6.318	69.228	1.327	6.318	69.228	2.625	12.500	63.678
5	1.222	5.818	75.046	1.222	5.818	75.046	2.387	11.367	75.046
提取方法:主成分分析									

通过进一步分析表 4-32 可知,组织监管量表的题项因子载荷在其对应的因子上的值介于 0.544~0.880 之间,皆在 0.5 以上,并且在其他因子上的因子载荷的绝对值都在 0.5 之下,没有出现跨因子现象,可见组织监管量表的 21 个题项较好地归属于 5 个公因子之上(规章制度有效性、管理者工作态度、安全培训、监督检查力度和处罚力度)。基于此,组织监管量表在区别效度和收敛效度方面都比较理想。

表 4-32　组织监管量表初始题项的正交旋转成分矩阵

题项	成分				
	1	2	3	4	5
ES1	0.050	0.142	0.134	0.062	**0.842**
ES2	0.159	0.107	−0.084	0.235	**0.815**
ES3	0.153	0.002	0.009	0.184	**0.868**
WAM1	0.169	0.186	0.087	**0.879**	0.184

续表

题项	成分				
	1	2	3	4	5
WAM2	0.263	0.126	0.043	**0.864**	0.200
WAM3	0.180	0.258	0.269	**0.777**	0.180
ST1	0.190	**0.837**	0.243	0.112	0.054
ST2	0.193	**0.880**	0.179	0.124	0.075
ST3	0.486	**0.626**	0.117	0.185	0.129
ST3	0.450	**0.723**	0.078	0.168	0.113
ST5	0.254	**0.726**	0.257	0.233	0.115
DSI1	**0.594**	0.334	0.266	0.240	0.129
DSI2	**0.544**	0.375	0.296	0.235	−0.013
DSI3	**0.652**	0.496	0.230	0.121	0.042
DSI4	**0.791**	0.223	0.197	0.246	0.172
DSI5	**0.807**	0.220	0.156	0.181	0.116
DSI6	**0.852**	0.175	0.220	0.065	0.159
DP1	0.172	0.302	**0.713**	0.120	−0.024
DP2	0.420	0.261	**0.724**	0.079	0.074
DP3	0.136	−0.010	**0.772**	0.065	−0.014
DP4	0.194	0.311	**0.684**	0.118	0.089

(8)行为效用感知量表探索性因子分析

行为效用感知量表包括感知收益和感知损失两个维度,经过因子分析适用性检验(表 4-33),得出行为效用感知量表的 KMO 值为 0.900,远大于可接受的临界值 0.7。同时,Bartlett 的球形度检验所得卡方值较大,且达到了统计显著性(sig.=0.000<0.05),基于此可以认为行为效用感知变量适合实施探索性因子分析。

表 4-33　行为效用感知变量 KMO 和 Bartlett 的检验

取样足够度的 Kaiser-Meyer-Olkin 度量		0.900
Bartlett 的球形度检验	近似卡方	2 887.130
	df	55
	Sig.	0.000

在探索性因子分析中选用主成分分析抽取公因子,采用方差最大化正交旋转,抽取公因子依据的标准为特征值不低于 1。因子的总方差解释率和因子载荷矩阵如表 4-34 和表 4-35 所示。从表 4-34 中可以看出,通过主成分分析后,共抽取出 2 个特征值大于 1 的公因子,累计的因子方差解释率达到了 78.472%,解释效果较好,表明前文中的行为效用感知划分为两个维度(感知收益和感知损失)是合理的。

表 4-34　行为效用感知量表初始量表因子解释的总方差

成分	初始特征值			提取平方和载入			旋转平方和载入		
	合计	方差翻译率/%	累积/%	合计	方差翻译率/%	累积/%	合计	方差翻译率/%	累积/%
1	6.205	56.410	56.410	6.205	56.410	56.410	5.776	52.509	52.509
2	2.427	22.062	78.472	2.427	22.062	78.472	2.856	25.962	78.472
提取方法:主成分分析									

通过进一步分析表 4-35 可知,行为效用感知量表的题项因子载荷在其对应的因子上的值介于 0.797~0.933 之间,皆在 0.5 以上,并且在其他因子上的因子载荷的绝对值都在 0.5 之下,没有出现跨因子现象,可见行为效用感知变量的 11 个题项较好地归属于 2 个公因子(感知收益和感知损失)。基于此,行为效用感知量表在区别效度和收敛效度方面都比较理想。

表 4-35　行为效用感知量表初始题项的正交旋转成分矩阵

题项	成分	
	1	2
PL1	−0.166	**0.797**
PL2	−0.088	**0.805**

续表

题项	成分	
	1	2
PL3	-0.095	**0.816**
PL4	-0.118	**0.885**
PB1	**0.894**	-0.137
PB2	**0.903**	-0.104
PB3	**0.933**	-0.136
PB4	**0.907**	-0.170
PB5	**0.916**	-0.144
PB6	**0.889**	-0.147
PB7	**0.884**	-0.060

（9）行为跟随量表的探索性因子分析

行为跟随量表经过因子分析适用性检验后（表 4-36），得出行为跟随量表的 KMO 值为 0.882，远大于可接受的临界值 0.7。同时，Bartlett 的球形度检验达到了统计显著性（sig.＝0.000＜0.05），基于此可以认为行为跟随变量适合实施探索性因子分析。

表 4-36　行为跟随量表的 KMO 和 Bartlett 的检验

取样足够度的 Kaiser-Meyer-Olkin 度量		0.882
Bartlett 的球形度检验	近似卡方	1 969.393
	df	55
	Sig.	0.000

在探索性因子分析中选用主成分分析抽取公因子，采用方差最大化正交旋转，抽取公因子依据的标准为特征值不低于 1。因子的总方差解释率和因子载荷矩阵如表 4-37 和表 4-38 所示。从表 4-37 中可以看出，通过主成分分析后，共抽取出 2 个特征值大于 1 的公因子，累计的因子方差解释率达到了 67.621％，验证了前文中的行为跟随两维度的划分。

体不安全氛围量表适合实施探索性因子分析。

表 4-24 群体不安全氛围量表的 KMO 和 Bartlett 检验

取样足够度的 Kaiser-Meyer-Olkin 度量		0.884
Bartlett 的球形度检验	近似卡方	3724.305
	df	136
	Sig.	0.000

在探索性因子分析中选用主成分分析抽取公因子,采用方差最大化正交旋转,抽取公因子依据的标准为特征值不低于 1。因子的总方差解释率和因子载荷矩阵如表 4-25 和表 4-26 所示。从表 4-25 中可以看出,通过主成分分析后,共抽取出 4 个特征值大于 1 的公因子,累计的因子方差解释率达到了77.900%,表明前文中群体不安全氛围量表划分成四个维度是合理的。

表 4-25 群体不安全氛围量表初始题项的因子解释的总方差

成分	初始特征值			提取平方和载入			旋转平方和载入		
	合计	方差解释率/%	累积/%	合计	方差解释率/%	累积/%	合计	方差解释率/%	累积/%
1	6.628	38.989	38.989	6.628	38.989	38.989	4.956	29.153	29.153
2	3.551	20.890	59.879	3.551	20.890	59.879	3.290	19.353	48.506
3	2.011	11.831	71.710	2.011	11.831	71.710	2.614	15.375	63.881
4	1.052	6.190	77.900	1.052	6.190	77.900	2.383	14.018	77.900

通过进一步分析表 4-26 可知,群体不安全氛围量表的题项因子载荷在其对应的因子上的值介于 0.656~0.925 之间,皆在 0.5 以上,并且每个题项仅归属于单一因子,没有出现跨因子现象,也就是说每个题项只在某一个因子上的载荷高于 0.5,在剩余因子上的载荷全部低于 0.5,可见群体不安全氛围的 17 个测量题项较好地分布于 4 个公因子之上(不安全行为一致性、不安全互动、不安全规范和关键员工的不安全行为)。基于此,群体不安全氛围量表在区别效度和收敛效度方面都比较理想。

表 4-37 行为跟随初始量表因子解释的总方差

成分	初始特征值			提取平方和载入			旋转平方和载入		
	合计	方差解释率/%	累积/%	合计	方差解释率/%	累积/%	合计	方差解释率/%	累积/%
1	6.226	56.602	56.602	6.226	56.602	56.602	3.826	34.786	34.786
2	1.212	11.019	67.621	1.212	11.019	67.621	3.612	32.835	67.621
提取方法:主成分分析									

进一步分析发现,在因子载荷矩阵中(表 4-38),题项 CWN4、IWI1、IWI2、IWI6 和 IWI7 的因子载荷虽然高于 0.5,但是其出现了跨因子现象,应该将其删去。剩余题项因子载荷在其对应的因子上的值介于 0.664～0.871 之间,皆在 0.5 以上,并且在其他因子上的因子载荷的绝对值都在 0.5 之下,没有出现跨因子的情况,可见剩余的 6 个题项分别较好地归属于 2 个公因子之上(规范顺从和信息认同)。基于此,在删除部分不符的题项后,行为跟随量表在区别效度和收敛效度方面都比较理想。

表 4-38 行为跟随量表初始题项的正交旋转成分矩阵

题项	成分	
	1	2
CWN1	0.096	**0.871**
CWN2	0.211	**0.866**
CWN3	0.375	**0.794**
CWN4	0.589	0.550
IWI1	0.642	0.523
IWI2	0.644	0.551
IWI3	**0.664**	0.268
IWI4	**0.848**	0.219
IWI5	**0.799**	0.020

续表

题项	成分	
	1	2
IWI6	0.553	0.536
IWI7	0.595	0.530

4.3.2 初始量表的完善与正式量表的生成

针对上文中对预测试问卷数据的信度和效度分析,同时结合相关领域的专家以及企业管理者的意见和建议对初始量表进行了适当的修订与完善,具体的修订内容如下所述。

首先,在信度分析阶段所有变量所对应的题项都满足"项目与总体相关系数"应大于0.3的条件,因而所有题项都得到了保留。但是,通过探索性因子分析发现在正交旋转成分矩阵中部分题项在其对应的因子上的载荷虽然是高于0.5,但是在其他因子上也出现了因子载荷高于0.5的情况,即部分题项出现了跨因子的情况,因而对这些题项予以剔除,这些题项主要包括行为跟随量表中的5个题项,即CWN4"有的员工会效仿和跟随别人的违章行为,因为他为了迎合别人的要求",IWI1"有的员工效仿和跟随别人的违章行为,是因为他认可别人的做事方式",IWI 2"有的员工想要违章时会先观察一下别人有没有那么做的",IWI6"有的员工想要违章时往往会参照资历深、经验丰富的员工的做法"以及IWI7"有的员工没有基于自身的实际情况就表现出了违章行为"。

不仅如此,通过收集被测试者的反馈意见,针对一些主要问题咨询了本领域的专家学者和相关的企业管理者,对存在问题的题项进行进一步修改和完善。修改和完善的内容主要包括个别题项的描述不够清晰和通俗,主要包括监督检查力度中的DSI1、DSI2和DSI3,劳动用具不适性中的IDLE1,以及任务密切程度中的TA2和TA3。此外,设置的部分反向计分的题目造成被试者难以理解和区分,主要包括睡眠质量中的SQ4、职场排斥中的WO3以及作业环境恶劣程度中的HDWE4,对此我们将反向测量的题项改为了正向测量。通过以上手段,初始测量问卷得到较好的修订与完善,至此本研究得到了正式调研所需问卷。最终形成的问卷中包含测量题项116项(含人口学变量)。

4.4 正式施测与样本情况

4.4.1 数据收集过程

在确定正式调研问卷后就需要针对一定的对象开始实施正式调研。正式调研从开始至结束一共持续了一个月左右的时间,于 2019 年 7 月至 2019 年 8 月采用纸质问卷和网络电子问卷相结合的方式进行数据的收集。网络电子问卷主要借助专业的问卷调查网站,将设计好的问卷题项输入网站中,进而生成设计好的问卷链接,通过对问卷链接的转发达到收集数据的目的;采用纸质问卷则主要由研究团队人员赴相应企业进行现场收集问卷,以保证问卷填答的有效性。

由于本研究需要收集的数据是有关员工对不安全行为的效仿和跟随现象及其驱动因素,并且不安全行为主要存在于从事一线生产的工人之中,据此本书将研究对象限定为从事一线生产活动的工人。在正式调研开始时,研究人员与目标企业的相关负责人取得联系,邀请其参与本次的问卷调查。在进行相关沟通后最终有来自山西、内蒙古、安徽以及贵州的五家企业对此次的调查比较感兴趣,并承诺对本次研究给予相应的协助与配合。在这五家企业中我们选取两家较近的进行实地调研。然后研究团队分成两组分别奔赴不同的企业,在相应的企业负责人的协助下,我们在这两家企业分别发放纸质问卷 300 份,每份问卷都附上本次调查研究的相关介绍,强调本问卷是匿名进行填写的,并且明确指出本次研究完全是本着自愿的原则,所有参与问卷调查的员工的私人信息将得到严格的保护,不会用作企业平时的相关考勤和处罚依据,消除了员工的后顾之忧。此外,还会对问卷的填写给出相应的指导用语,以便指引员工顺利作答。为了不占用员工正常的休息和工作时间,问卷填写主要安排在每次开工前的班前会时间。研究人员在班前会时分发问卷,员工在大约 20min 的时间内完成问卷并将其直接提交给研究人员,如果在填答过程中遇到任何问题,研究者都会给予一定的解释和指导。为了表示我们的感激之情,对于完成问卷的员工都会获得我们赠送的礼品一份。

由于研究团队人员有限,不可能全部进行现场调查,对于那些较远或者不方便采用现场调查的 3 家企业,我们通过网络问卷的形式进行数据收集。研究人员将相同问卷的网络电子版链接转发给企业中负责对接的人员,并对相关注意事项进行了说明,然后企业中的负责人再将链接转发给其所属的一线员工进行作答。

本次调研共计现场发放纸质问卷 600 份,现场回收问卷 587 份,回收率为 97.83%。网络问卷 551 份,回收 551 份,回收率为 100%。为了保证调研数据的准确性和有效性,对部分存在漏选、多选和有规律作答的问卷进行剔除。最终得到纸质有效问卷 517 份,纸质问卷的有效回收率为 86.17%;网络有效问卷 494 份,有效回收率为 89.66%;纸质问卷与网络问卷合计发放 1 151 份,回收 1 138 份,回收率为 98.87%,经过筛选最终获得有效样本量为 1 011 份,有效回收率为 87.84%,具体的统计结果如表 4-39 所示。

表 4-39　问卷发放与回收情况统计

问卷类型	发出问卷	收回问卷	回收率/%	有效问卷	有效回收率/%
纸质问卷	600	587	97.83	517	86.17
网络问卷	551	551	100	494	89.66
总计	1 151	1 138	98.87	1 011	87.84

4.4.2　样本特征分析

对最终的有效问卷中的样本的人口统计学特征进行分析,具体情况如表 4-40所示。本研究中并没有对被试者的性别进行描述性统计,企业的特殊性,使得从事一线生产的员工全部为男性,因此对性别的描述性统计也就显得没有必要了。从表中可以看出,在工作年限方面,调查样本中大多数在本单位工作年限超过了 10 年(70.6%),且工作年限在 5 年及 5 年以下的员工数较少,仅占被试群体总数的 8.1%,由此说明了企业员工的流动率比较低。被试者的年龄主要集中于 26~46 岁,占到被试样本总数的 83.4%,而 25 岁及以下和 47 岁及以上的员工所占比例较小,总体来看是以青壮年为主,这符合企业对于一线员工身体素质的要求。对于学历,被试员工的学历主要以高中(中专)为主,占到整个样本数量的47.3％,但是也应该看到初中及以下学历的人数的占比不足一成(9.7％),而大专和本科及以上学历的员工已经占到员工群体的四成以上(43.1％),从整个样本分布来看是比较合理的,同时也符合员工的实际,员工学历低、素质差的现象正在扭转。在收入水平方面,有超过半数(54.5％)的被试样本的收入区间主要集中于3 000~5 000元档,收入极低和极高水平的员工人数相对较少,但是收入在5 000元及5 000元以下的员工占总体的72.6％,也就是说有超过七成的员工月薪不超过5 000元,说明一线员工的收入总体上还是处于比较低的水平。至于职位层级,前文指出本研究的对象为从事一线生产的员工,因此本研究中仅保留一般员工和基层管理者,以突出当前的研究主要是以从事一线生产的员工为对象的,从表中可以看出被试群体以一般员工为主,即在企业中不担任任何职位,占比高达85.1％,基层管理者的占比为14.9％。

表 4-40　样本的人口统计学特征的描述性统计(N＝1 011)

变量	类别	人数	比例/%	变量	类别	人数	比例/%
工作年限	1 年及以下	5	0.5	学历	小学及以下	8	0.8
	1~3 年(含 3 年)	11	1.1		初中	90	8.9
	3~5 年(含 5 年)	66	6.5		高中(中专)	478	47.3
	5~10 年(含 10 年)	215	21.3		大专	299	29.6
	10 年以上	714	70.6		本科及以上	136	13.5
年龄	25 岁及以下	12	1.2	收入水平	3 000 及以下	183	18.1
	26~32 岁	288	28.5		3 000~5 000(含 5 000)	551	54.5
	33~39 岁	324	32.0		5 000~7 000(含 7 000)	225	22.3
	40~46 岁	232	22.9		7 000~9 000(含 9 000)	43	4.3
	47 岁及以上	155	15.3		9 000 以上	9	0.9
职位层级	一般员工	860	85.1				
	基层管理人员	151	14.9				

4.5 正式量表的检验

4.5.1 数据正态性检验

对收集的数据进行进一步深入分析的前提条件是其需要符合正态分布,因此在本研究中需要检验正式调研数据是否服从正态分布。常用来判定数据是否通过正态性检验的指标为峰度和偏度,相关学者认为当样本数据的偏度系数绝对值不超过3,峰度系数绝对值低于10时,则可以认为数据大体上是服从正态分布的[300-301]。借助于 SPSS 22.0 对研究中涉及变量的测量题项实施正态性检验,检验结果如表 4-41 所示。从表中可以看出各个变量所对应的题项的相关偏度系数绝对值全部在标准值 3 以下,峰度系数的绝对值也远远小于标准值 10。由此表明,正式调研所得数据大体上是服从正态分布的。

表 4-41 正式量表的正态性检验

题项	偏度		峰度		题项	偏度		峰度	
	统计量	标准误	统计量	标准误		统计量	标准误	统计量	标准误
UC1	−1.261	0.077	1.027	0.154	TP1	−0.554	0.077	−0.888	0.154
UC2	−0.839	0.077	−0.179	0.154	TP2	−0.618	0.077	−0.872	0.154
UC3	−1.135	0.077	0.669	0.154	TP3	−0.801	0.077	−0.398	0.154
UC4	−0.778	0.077	−0.126	0.154	TP4	−0.398	0.077	−1.192	0.154
UI1	−1.343	0.077	2.859	0.154	DW1	−0.458	0.077	−0.867	0.154
UI2	−1.453	0.077	3.155	0.154	DW2	−0.704	0.077	−0.356	0.154
UI3	−1.496	0.077	3.662	0.154	DW3	−0.578	0.077	−0.777	0.154
UI4	−1.430	0.077	3.357	0.154	DW4	−0.506	0.077	−0.739	0.154
UI5	−1.475	0.077	3.665	0.154	HDWE1	−0.570	0.077	−0.834	0.154
UI6	−1.536	0.077	3.792	0.154	HDWE2	−0.994	0.077	0.044	0.154
TA1	−1.131	0.077	1.164	0.154	HDWE3	−0.909	0.077	−0.195	0.154

题项	偏度		峰度		题项	偏度		峰度	
	统计量	标准误	统计量	标准误		统计量	标准误	统计量	标准误
TA2	−1.055	0.077	0.870	0.154	HDWE4	−0.305	0.077	−1.084	0.154
TA3	−0.795	0.077	0.087	0.154	IDLE1	−0.043	0.077	−1.244	0.154
TA4	−0.764	0.077	0.025	0.154	IDLE2	−0.115	0.077	−1.240	0.154
WO1	0.538	0.077	−0.941	0.154	IDLE3	−0.340	0.077	−1.134	0.154
WO2	0.503	0.077	−1.015	0.154	ES1	−0.648	0.077	−0.532	0.154
WO3	0.582	0.077	−0.913	0.154	ES2	−0.889	0.077	−0.076	0.154
WO4	0.692	0.077	−0.786	0.154	ES3	−0.768	0.077	−0.384	0.154
UN1	−0.229	0.077	−0.018	0.154	ST1	−1.856	0.077	4.867	0.154
UN2	−0.288	0.077	−0.407	0.154	ST2	−1.761	0.077	4.757	0.154
UN3	−0.207	0.077	−0.602	0.154	ST3	−1.725	0.077	4.180	0.154
UBKE1	−0.751	0.077	−0.404	0.154	ST4	−1.668	0.077	4.151	0.154
UBKE2	−0.683	0.077	−0.782	0.154	ST5	−1.755	0.077	4.547	0.154
UBKE3	−0.588	0.077	−0.888	0.154	WAM1	−1.670	0.077	4.011	0.154
UBKE4	−0.661	0.077	−0.825	0.154	WAM2	−1.551	0.077	2.992	0.154
WC1	−0.557	0.077	−0.181	0.154	WAM3	−1.901	0.077	5.247	0.154
WC2	−0.730	0.077	−0.469	0.154	DSI1	−1.757	0.077	4.299	0.154
WC3	−0.612	0.077	−0.181	0.154	DSI2	−1.660	0.077	4.235	0.154
WC4	−0.579	0.077	−0.469	0.154	DSI3	−1.717	0.077	4.697	0.154
CO1	−1.270	0.077	1.958	0.154	DSI4	−1.603	0.077	2.982	0.154
CO2	−1.299	0.077	2.552	0.154	DSI5	−1.521	0.077	2.591	0.154
CO3	−1.207	0.077	1.402	0.154	DSI6	−1.359	0.077	2.224	0.154
CO4	−1.371	0.077	2.651	0.154	DP1	−1.630	0.077	3.534	0.154
NDCC1	−1.173	0.077	1.135	0.154	DP2	−1.652	0.077	4.291	0.154
NDCC2	−1.267	0.077	1.935	0.154	DP3	−1.410	0.077	1.632	0.154
NDCC3	−1.279	0.077	3.355	0.154	DP4	−1.527	0.077	2.665	0.154

续表

题项	偏度		峰度		题项	偏度		峰度	
	统计量	标准误	统计量	标准误		统计量	标准误	统计量	标准误
NDCC4	−0.705	0.077	−0.376	0.154	PB1	−0.200	0.077	−1.307	0.154
NDCC5	−1.267	0.077	3.443	0.154	PB2	−0.158	0.077	−1.311	0.154
NDCC6	−1.263	0.077	1.755	0.154	PB3	0.005	0.077	−1.319	0.154
SQ1	−0.756	0.077	−0.407	0.154	PB4	−0.029	0.077	−1.278	0.154
SQ2	−0.918	0.077	−0.032	0.154	PB5	−0.053	0.077	−1.254	0.154
SQ3	−0.695	0.077	−0.646	0.154	PB6	−0.006	0.077	−1.253	0.154
SQ4	−0.587	0.077	−0.749	0.154	PB7	0.031	0.077	−1.282	0.154
PD1	−0.138	0.077	−1.044	0.154	PC1	−1.512	0.077	2.420	0.154
PD2	0.082	0.077	−1.049	0.154	PC2	−1.537	0.077	2.620	0.154
PD3	0.051	0.077	−1.054	0.154	PC3	−1.416	0.077	2.105	0.154
PD4	−0.502	0.077	−0.652	0.154	PC4	−1.714	0.077	3.790	0.154
PS1	−0.370	0.077	−0.594	0.154	CWN1	−1.102	0.077	0.275	0.154
PS2	−0.180	0.077	−0.810	0.154	CWN2	−0.719	0.077	−0.678	0.154
PS3	−0.302	0.077	−0.794	0.154	CWN3	−0.481	0.077	−1.046	0.154
PS4	−0.105	0.077	−0.972	0.154	SA1	−1.723	0.077	4.714	0.154
PS5	−0.187	0.077	−0.766	0.154	SA2	−1.418	0.077	3.370	0.154
IWI3	−0.923	0.077	0.058	0.154	SA3	−1.406	0.077	3.178	0.154
IWI4	−0.250	0.077	−1.108	0.154	SA4	−1.431	0.077	3.673	0.154
IWI5	−0.844	0.077	−0.041	0.154	SA5	−1.294	0.077	2.478	0.154
				0.154	SA6	−1.531	0.077	3.880	0.154

4.5.2 正式量表的信效度检验

在预测试阶段,通过对初始量表的信度和效度分析,并依据分析的结果对初始量表进行了修正与完善,初步确定了行为跟随及其驱动因素的内容和构成,为了保证研究结果的有效性,在对数据进行深入分析前,需要对正式量表的信度和效度进行检验。

4.5.2.1 正式量表的信度检验

借助于 SPSS 22.0 对正式量表的信度进行分析，分析结果如表 4-42 所示。由分析的结果可以看出，正式量表中包含的各变量所对应的分量表的 Cronbach's α 系数皆在 0.7 以上，并且大多数都高于 0.8，表明本研究所涉及的变量的测量表的内部一致性程度较高，由此可以得出正式量表在内部一致性、可靠性和稳定性方面表现较好。

表 4-42 正式量表的信度检验结果

变量	题项数	α 系数	变量	题项数	α 系数
个人特质	10	0.854	任务与人际关系	8	0.854
集体主义倾向	4	0.824	任务密切程度	4	0.866
认知闭合需求	6	0.819	职场排斥	4	0.953
恢复水平	8	0.806	工作要求	15	0.886
睡眠质量	4	0.869	时间压力	4	0.700
心理脱离	4	0.844	工作负荷	4	0.869
工作素养	10	0.916	作业环境恶劣程度	4	0.864
安全能力	6	0.929	劳动用具不适性	3	0.840
工作尽责	4	0.883	组织监管	21	0.943
群体不安全氛围	17	0.859	规章制度有效性	3	0.856
不安全行为一致性	4	0.765	安全培训	5	0.950
不安全互动	6	0.943	管理者工作态度	3	0.873
不安全规范	3	0.821	监督检查力度	6	0.913
关键员工的不安全行为	4	0.897	处罚力度	4	0.856
行为效用感知	11	0.837	行为跟随	6	0.756
感知收益	7	0.958	规范顺从	3	0.766
感知损失	4	0.838	信息认同	3	0.743

4.5.2.2 正式量表的效度检验

在效度检验方面，依旧是从正式量表的内容效度和结构效度两方面展开。由于当前所使用的量表是以一定的文献和部分成熟量表为基础的，在此过程中结合工人的深度访谈资料以及相关领域的专家、学者和经验丰富的企业管理者的意见和建议对其进行了修订。不仅如此，经过预测试对量表进行了检验和对测量题项的净化，并且再一次通过专家咨询对量表进行了完善，基于此可知，当前所使用的量表具有较好的内容效度。在对量表的结构效度进行检验时，首先需要考虑的依然是量表的 KMO 值和 Bartlett 球形度检验是否达到能够实施因子分析的条件，当达到条件时，则可以对量表进行进一步的因子分析。

通过分析可以看出（表 4-43），相关量表的 KMO 值介于 0.772～0.919 之间，皆高于可接受的水平，并且 Bartlett 球形度检验的结果也均达到了显著性，由此可知，当前的量表均适合做因子分析。

表 4-43　行为跟随及其驱动因素正式量表 KMO 和 Bartlett 的检验结果

量表	取样足够度的 Kaiser-Meyer-Olkin 度量	Bartlett 的球形度检验		
		近似卡方	df	Sig.
个人特质	0.865	4 400.25	45	0.000
恢复水平	0.809	4 137.559	28	0.000
工作素养	0.896	7 624.74	45	0.000
任务与人际关系	0.840	6 521.767	28	0.000
群体不安全氛围	0.859	11 134.78	136	0.000
工作要求	0.886	7 597.531	105	0.000
组织监管	0.919	18 933.883	210	0.000
行为效用感知	0.907	9 369.304	55	0.000
行为跟随	0.772	1 571.22	15	0.000

4.5.2.3　正式量表的验证性因子分析

验证性因子分析是检验变量效度的一种重要的方法。与探索性因子分析不同的是，探索性因子分析的目的是挖掘出量表中潜在的变量的结构维度，也就是说，研究者先前并不确定变量的结构维度；而验证性因子则是研究者已经设定好了相关变量的维度结构，通过验证性因子分析来检验调研中所得数据是否能够与前期设定好的变量的维度结构达到较好的拟合，在这过程中将对事先设定的变量结构模型进行收敛效度和区分效度的检验，以此来验证变量的结构维度是否正确、合理。在本研究中,我们通过结构方程模型(structural equation modeling,SEM)来实施验证性因子分析,以此来检验在探索性因子分析阶段所提炼出的变量的结构维度是否是合理、可靠的。

在运用 SEM 来进行验证性因子分析时需要通过一定的拟合指标来判断数据对构建模型的拟合效果是否达到要求,常被用来作为判断依据的拟合指标如表 4-44 所示。其中,CFI、TLI、NFI、IFI 和 GFI 不得低于 0.9,越接近 1 越好;χ^2/df 的值应该介于 1~5 之间;而 RMSEA 则应该不超过 0.08[302-304]。同时,相关题项的因子载荷也应该不低于 0.45,否则可以考虑删除此项[305]。本书运用 SEM 的方法,借助于 AMOS 22.0 并依据表 4-44 中提到的拟合优度指标对本书中所涉及的变量进行验证性因子分析。

表 4-44 拟合优度指数及判断标准

序号	拟合指标	可接受的取值区间
1	卡方与自由度之比(χ^2/df)	介于 1~5 之间
2	比较拟合指数(CFI)	介于 0.9~1 之间,越接近 1 越好
3	Tucker-Lewis 指数(TLI)	介于 0.9~1 之间,越接近 1 越好
4	规范拟合指数(NFI)	介于 0.9~1 之间,越接近 1 越好
5	递增拟合指数(IFI)	介于 0.9~1 之间,越接近 1 越好
6	模型整体拟合指数(GFI)	介于 0.9~1 之间,越接近 1 越好
7	近似误差均方根(RMSEA)	不超过 0.08

(1)个人特质量表的验证性因子分析

在预测试阶段,个人特质量表的探索性因子分析结果表明,相关测量题项较好地分布于 2 个潜因子上,即集体主义倾向和认知闭合需求。首先对个人特质量表的收敛效度进行检验,依据前文的理论基础和探索性因子分析的结果,构建出个人特质变量的结构,通过导入正式调研所得数据进行检验,检验结果如表 4-45 所示。从检验结果可以看出,2 因子模型的拟合优度指标值都比较理想,模型拟合较好。此外,从表 4-46 中可以看出个人特质量表的 2 因子模型所对应的题项的因子载荷值全部达到了显著性水平,并且取值也都不低于 0.45。由此,可以看出个人特质量表具有较好的收敛效度。

表 4-45　个人特质量表的验证性因子分析

模型指标	χ^2/df	CFI	TLI	NFI	IFI	GFI	RMSEA
单因子（M1）	33.125	0.743	0.669	0.738	0.743	0.776	0.178
2 因子（M2）	3.959	0.987	0.970	0.983	0.987	0.986	0.054

尽管个人特质量表的收敛性较好，但并不意味着 2 因子模型就是最优的，会存在一些备选模型的拟合度要优于 2 因子模型，此时就会导致各因子间的区分效度不佳，表明在探索性因子分析阶段所得变量的结构维度欠妥。

为了检验因子间的区分效度，本书构建了单因子备选模型，即将个人特质量表的所有题项负于一个因子之上，与 2 因子模型进行比较，若通过比较后得出 2 因子要优于所有的备选模型，则此时就可以确认探索性因子分析阶段所得变量的结构维度是合理的、理想的。从表 4-45 中可以看出，2 因子模型的拟合优度显著优于单因子模型。基于上述分析可知本书构建的个人特质量表的结构维度具有较好的收敛效度和区分效度，也即结构效度良好。

表 4-46　个人特质量表题项的因子载荷分析

题项	未标准化因子载荷	S.E.	C.R.	P	标准化因子载荷
CO1← CO	1.000				0.788
CO2← CO	0.869	0.038	23.016	***	0.741
CO3← CO	0.985	0.046	21.257	***	0.683
CO4← CO	0.926	0.041	22.831	***	0.746
NDCC1← NDCC	1.000				0.562
NDCC2← NDCC	1.134	0.073	15.461	***	0.786
NDCC3← NDCC	0.976	0.053	18.430	***	0.835
NDCC4← NDCC	0.842	0.069	12.265	***	0.457
NDCC5← NDCC	0.985	0.055	17.883	***	0.832
NDCC6← NDCC	0.971	0.058	16.795	***	0.708

（2）恢复水平量表的验证性因子分析

在预测试中，恢复水平量表的探索性因子分析结果表明，相关测量题项较好地分布于 2 个潜因子上，即睡眠质量和心理脱离。首先对恢复水平量表的收敛效度进行检验,依据前文的理论基础和探索性因子分析的结果,构建出恢复水平变量的结构,通过导入正式调研所得数据进行检验,检验结果如表 4-47 所示。从检验结果可以看出,2 因子模型的拟合优度指标值都比较理想,模型拟合较好。此外,从表 4-48 中可以看出恢复水平量表的 2 因子模型所对应的题项的因子载荷值全部达到了显著性水平,并且取值也都不低于 0.45。由此,可以看出恢复水平量表具有较好的收敛效度。

表 4-47　恢复水平量表的验证性因子分析

模型指标	χ^2/df	CFI	TLI	NFI	IFI	GFI	RMSEA
单因子(M1)	93.415	0.552	0.373	0.550	0.553	0.651	0.302
2 因子(M2)	2.145	0.997	0.992	0.995	0.997	0.995	0.034

尽管恢复水平量表的收敛性较好,但并不意味着 2 因子模型就是最优的,会存在一些备选模型的拟合度要优于 2 因子模型,此时就会导致各因子间的区分效度不佳,表明在探索性因子分析阶段所得变量的结构维度欠妥。

为了检验因子间的区分效度,本书构建了单因子备选模型,即将恢复水平量表的所有题项负于一个因子之上,与 2 因子模型进行比较,若通过比较后得出 2 因子要优于单因子备选模型,则此时就可以确认探索性因子分析阶段所产生的得变量的结构维度是合理的、理想的。从表 4-47 中可以看出,2 因子模型的拟合优度显著优于单因子模型。基于上述分析可知,本书构建的恢复水平量表的结构维度具有较好的收敛效度和区分效度,也即结构效度良好。

表 4-48　恢复水平量表题项的因子载荷分析

题项	未标准化因子载荷	S.E.	C.R.	P	标准化因子载荷
SQ1← SQ	1.000				0.846
SQ2← SQ	1.011	0.032	31.803	***	0.859
SQ3← SQ	1.068	0.034	31.834	***	0.853
SQ4← SQ	0.819	0.039	21.234	***	0.625
PD1← PD	1.000				0.752
PD2← PD	1.170	0.042	27.566	***	0.883
PD3← PD	1.112	0.042	26.296	***	0.854
PD4← PD	0.676	0.040	16.791	***	0.550

（3）工作素养量表的验证性因子分析

在预测试中，工作素养量表的探索性因子分析结果表明，相关测量题项较好地分布于 2 个潜因子上，即安全能力和工作尽责。首先对工作素养量表的收敛效度进行检验，依据前文的理论基础和探索性因子分析的结果，构建出工作素养变量的结构，通过导入正式调研所得数据进行检验，检验结果如表 4-49 所示。从检验结果可以看出，2 因子模型的拟合优度指标值都比较理想，模型拟合较好。此外，从表 4-50 中可以看出工作素养量表的 2 因子模型所对应的题项的因子载荷值全部达到了显著性水平，并且取值也都不低于 0.45。由此，可以看出工作素养量表具有较好的收敛效度。

表 4-49　工作素养量表的验证性因子分析

模型指标	χ^2/df	CFI	TLI	NFI	IFI	GFI	RMSEA
单因子（M1）	59.196	0.732	0.656	0.729	0.733	0.663	0.240
2 因子（M2）	2.597	0.996	0.991	0.993	0.996	0.989	0.040

尽管工作素养量表的收敛性较好，但并不意味着 2 因子模型就是最优的，会存在一些备选模型的拟合度要优于 2 因子模型，此时就会导致各因子间的区分效度不佳，表明在探索性因子分析阶段所得变量的结构维度欠妥。

为了检验因子间的区分效度，本书构建了单因子备选模型，即将工作素养量表的所有题项负于一个因子之上，与 2 因子模型进行比较，若通过比较后得出 2 因子模型要优于单因子备选模型，则此时就可以确认探索性因子分析阶段所变量的结构维度是合理的、理想的。从表 4-49 中可以看出，2 因子模型的拟合优度显著优于单因子模型。基于上述分析可知本书构建的工作素养量表的结构维度具有较好的收敛效度和区分效度，也即结构效度良好。

表 4-50　工作素养量表题项的因子载荷分析

题项	未标准化因子载荷	S.E.	C.R.	P	标准化因子载荷
SA1← SA	1.000				0.777
SA2← SA	1.198	0.038	31.511	***	0.883
SA3← SA	1.079	0.036	29.940	***	0.849
SA4← SA	1.164	0.038	30.943	***	0.883
SA5← SA	1.137	0.041	27.684	***	0.813

续表

题项	未标准化因子载荷	S.E.	C.R.	P	标准化因子载荷
SA6← SA	1.053	0.040	26.436	***	0.771
WC1← WC	1.000				0.709
WC2← WC	0.903	0.036	24.936	***	0.842
WC3← WC	1.001	0.038	26.064	***	0.880
WC4← WC	1.133	0.045	25.178	***	0.842

（4）任务与人际关系量表的验证性因子分析

在预测试中，任务与人际关系量表的探索性因子分析结果表明，相关测量题项较好地分布于 2 个潜因子上，即任务密切程度和职场排斥。首先对任务与人际关系量表的收敛效度进行检验，依据前文的理论基础和探索性因子分析的结果，构建出任务与人际关系变量的结构，通过导入正式调研所得数据进行检验，检验结果如表 4-51 所示。从检验结果可以看出，2 因子模型的拟合优度指标值都比较理想，模型拟合较好。此外，从表 4-52 中可以看出任务与人际关系量表的 2 因子模型所对应的题项的因子载荷值全部达到了显著性水平，并且取值也都不低于 0.45。由此，可以看出任务与人际关系量表具有较好的收敛效度。

表 4-51　任务与人际关系量表的验证性因子分析

模型指标	χ^2/df	CFI	TLI	NFI	IFI	GFI	RMSEA
单因子（M1）	104.769	0.682	0.554	0.680	0.682	0.619	0.321
2 因子（M2）	2.563	0.997	0.993	0.996	0.997	0.993	0.039

尽管任务与人际关系量表的收敛性较好，但并不意味着 2 因子模型就是最优的，会存在一些备选模型的拟合度要优于 2 因子模型，此时就会导致各因子间的区分效度不佳，表明在探索性因子分析阶段所得变量的结构维度欠妥。

为了检验因子间的区分效度，本书构建了单因子备选模型，即将任务与人际关系量表的所有题项负于一个因子之上，与 2 因子模型进行比较，若通过比较后得出 2 因子模型要优于单因子备选模型，则此时就可以确认探索性因子分析阶段所得变量的结构维度是合理的、理想的。从表 4-51 中可以看出，2 因子模型的拟合优度显著优于单因子模型。基于上述分析可知，本书构建的任务与人际关系量表的结构维度具有较好的收敛效度和区分效度，也即结构效度良好。

表 4-52　任务与人际关系量表题项的因子载荷分析

题项	未标准化因子载荷	S.E.	C.R.	P	标准化因子载荷
TA1← TA	1.000				0.769
TA2← TA	1.105	0.038	28.780	***	0.873
TA3← TA	1.047	0.045	23.476	***	0.783
TA4← TA	1.018	0.047	21.838	***	0.730
WO1← WO	1.000				0.901
WO2← WO	1.047	0.021	48.746	***	0.926
WO3← WO	1.046	0.022	47.491	***	0.927
WO4← WO	1.050	0.024	44.594	***	0.906

（5）群体不安全氛围量表验证性因子分析

在预测试阶段，群体不安全氛围量表的探索性因子分析结果表明其测量题项较好地分布于 4 个潜因子上，即不安全行为一致性、不安全互动、不安全规范和关键员工的不安全行为。首先对群体不安全氛围量表的收敛效度进行检验，依据前文的理论基础和探索性因子分析的结果，构建出群体不安全氛围量表的结构，通过导入正式调研所得数据进行检验，检验结果如表 4-53 所示。从检验结果可以看出，4 因子模型的拟合优度指标值都比较理想，模型拟合较好。此外，表 4-54 表明群体不安全氛围量表的 4 因子模型所对应的题项的因子载荷值全部达到了显著性水平，并且取值也都不低于 0.45。由此可以看出，群体不安全氛围量表具有较好的收敛效度。

表 4-53　群体不安全氛围量表的验证性因子分析

模型指标	χ^2/df	CFI	TLI	NFI	IFI	GFI	RMSEA
单因子（M1）	37.802	0.614	0.548	0.609	0.615	0.619	0.191
2 因子（M2）	6.564	0.949	0.932	0.940	0.949	0.930	0.074
3 因子（M3）	4.567	0.969	0.956	0.960	0.969	0.953	0.059
4 因子（M4）	3.794	0.975	0.966	0.966	0.975	0.959	0.053

尽管群体不安全氛围量表的收敛性较好，但并不意味着 4 因子模型就是最

优的,会存在一些备选模型的拟合度要优于 4 因子模型,此时就会导致各因子间的区分效度不佳,表明在探索性因子分析阶段所得变量的结构维度欠妥。

为了检验因子间的区分效度,本书构建了数个备选模型与 4 因子模型进行比较,若通过比较后得出 4 因子要优于所有的备选模型,则此时就可以确认探索性因子分析阶段所产生的变量的结构维度是合理的、理想的。在本研究中,分别构建了单因子模型(M1)、2 因子模型(M2)、3 因子模型(M3)作为备选模型与 4 因子模型(M4)进行比较。由于在构建备选模型的过程中存在一种模型的多种构建方法,比如有 3 个因子 A、B 和 C,显然构建单因子模型只有一种情况即 A+B+C,3 因子模型也只有一种情况即 A、B、C,但是 2 因子模型则存在三种情况即 A+B,C 和 A+C,B 以及 A、B+C,为了避免文字的冗繁,若一类因子模型具有多种构建方法,本书只选择其中最优的一种情况进行展示。其中M1 是通过将群体不安全氛围量表的所有题项赋于一个群体不安全氛围因素上;M2 则是将不安全行为一致性与不安全互动合为一个因素,剩下的因子合成一个因素;M3 是在 M2 的基础上把关键人物的不安全行为作为一个单独因素列出。从表 4-53 中可以看出,M3 和 M4 的拟合指标都达到了可接受水平,通过对比 M3 和 M4 的 χ^2 值,得出 $\Delta\chi^2$ 已经达到显著性水平($\Delta\chi^2(3)=137.221, P<0.05$),因此 M4 的拟合度要优于 M3。基于上述分析可知,本书构建的群体不安全氛围量表的结构维度具有较好的收敛效度和区分效度,也即结构效度良好。

表 4-54　群体不安全氛围量表题项的因子载荷分析

题项	未标准化因子载荷	S.E.	C.R.	P	标准化因子载荷
UC1← UC	1.000				0.779
UC2← UC	1.077	0.051	21.084	***	0.753
UC3← UC	0.889	0.047	18.826	***	0.689
UC4← UC	0.658	0.048	13.680	***	0.482
UI1← UI	1.000				0.862
UI2← UI	1.013	0.029	35.292	***	0.837
UI3← UI	0.895	0.028	32.352	***	0.806
UI4← UI	0.959	0.028	34.073	***	0.833

续表

题项	未标准化因子载荷	S.E.	C.R.	P	标准化因子载荷
UI5← UI	0.988	0.024	40.362	***	0.914
UI6← UI	0.961	0.025	39.173	***	0.889
UN1← UN	1.000				0.820
UN2← UN	1.038	0.043	23.945	***	0.775
UN3← UN	0.960	0.043	22.371	***	0.742
UBKE1← UBKE	1.000				0.756
UBKE2← UBKE	1.161	0.042	27.804	***	0.834
UBKE3← UBKE	1.239	0.046	26.875	***	0.872
UBKE4← UBKE	1.163	0.044	26.467	***	0.849

（6）工作要求量表的验证性因子分析

在预测试阶段,工作要求量表的探索性因子分析结果表明,其测量题项较好地分布于 4 个潜因子上,即时间压力、工作负荷、作业环境恶劣程度和劳动用具不适性。首先对工作要求量表的收敛效度进行检验,依据前文的理论基础和探索性因子分析的结果,构建出工作要求量表的结构,通过导入正式调研所得数据进行检验,检验结果如表 4-55 所示。从检验结果可以看出,4 因子模型的拟合优度指标值都比较理想,模型拟合较好。此外,表 4-56 表明工作要求量表的 4 因子模型所对应的题项的因子载荷值全部达到了显著性水平,并且所有取值都在 0.45 之上。由此,可以看出工作要求量表具有较好的收敛效度。

表 4-55　工作要求量表的验证性因子分析

模型指标	χ^2/df	CFI	TLI	NFI	IFI	GFI	RMSEA
单因子(M1)	28.887	0.667	0.611	0.660	0.668	0.697	0.166
2 因子(M2)	19.492	0.782	0.742	0.773	0.782	0.787	0.135
3 因子(M3)	5.536	0.952	0.937	0.942	0.952	0.947	0.067
4 因子(M4)	4.724	0.961	0.948	0.952	0.962	0.955	0.061

尽管工作要求量表的收敛性较好,但并不意味着 4 因子模型(M4)就是最优的,会存在一些备选模型的拟合度要优于 4 因子模型(M4),此时就会导致各因子间的区分效度不佳,表明在探索性因子分析阶段所得变量的结构维度

欠妥。

为了检验因子间的区分效度,本书构建了数个备选模型与 4 因子模型(M4)进行比较,若通过比较后得出 4 因子模型要优于所有的备选模型,则此时就可以确认探索性因子分析阶段所得变量的结构维度是合理的、理想的。在本研究中,分别构建了单因子模型(M1)、2 因子模型(M2)、3 因子模型(M3)作为备选模型与 4 因子模型(M4)进行比较。依照上文的处理方式,其中 M1 是通过将工作要求量表的所有题项负载于一个因素之上;M2 则是将时间压力和工作负荷的测量题项合为一个因素,剩下的因子的测量题项合为一个因素;M3是将时间压力和工作负荷的测量题项负载于一个因素上,作业环境恶劣程度和劳动用具不适性对应的测量题项各自单独作为一个因素。从表 4-55 中可以看出,M4 的拟合优度指标全部达到可接受水平,并且所有值都高于备选模型的拟合优度值,由此可以看出 M4 的拟合效果是最优的。基于上述分析可知,本书构建的工作要求量表的结构维度具有较好的收敛效度和区分效度,也即结构效度良好。

表 4-56　工作要求量表题项的因子载荷分析

题项	未标准化因子载荷	S.E.	C.R.	P	标准化因子载荷
TP1← TP	1.000				0.538
TP2← TP	1.453	0.106	13.751	***	0.750
TP3← TP	1.266	0.089	14.235	***	0.716
TP4← TP	0.971	0.091	10.679	***	0.482
WL1← WL	1.000				0.797
WL2← WL	0.975	0.034	28.610	***	0.833
WL3← WL	0.925	0.038	24.557	***	0.748
WL4← WL	0.940	0.036	25.902	***	0.787
HDWE1←HDWE	1.000				0.833
HDWE2←HDWE	1.054	0.031	33.776	***	0.890
HDWE3←HDWE	0.978	0.032	30.595	***	0.833

续表

题项	未标准化因子载荷	S.E.	C.R.	P	标准化因子载荷
HDWE4←HDWE	0.706	0.036	19.769	***	0.595
IDLE1← IDLE	1.000				0.788
IDLE2← IDLE	0.933	0.039	23.765	***	0.745
IDLE3← IDLE	1.080	0.040	26.736	***	0.849

(7)组织监管量表的验证性因子分析

在预测试阶段,组织监管量表的探索性因子分析结果表明,其测量题项较好地分布于 5 个潜因子上,即规章制度有效性、安全培训、管理者工作态度、监督检查力度和处罚力度。首先对组织监管量表的收敛效度进行检验,依据前文的理论基础和探索性因子分析的结果,构建出组织监管量表的结构,通过导入正式调研所得数据进行检验,检验结果如表 4-57 所示。从检验结果可以看出,5 因子模型的拟合优度指标值都比较理想,模型拟合较好。此外,表 4-58 表明组织监管量表的 5 因子模型所对应的题项的因子载荷值全部达到了显著性水平,并且取值也都不低于 0.45。由此,可以看出组织监管量表具有较好的收敛效度。

表 4-57　组织监管量表的验证性因子分析

模型指标	χ^2/df	CFI	TLI	NFI	IFI	GFI	RMSEA
单因子(M1)	38.168	0.628	0.586	0.622	0.628	0.555	0.192
2 因子(M2)	32.405	0.687	0.651	0.681	0.688	0.604	0.176
3 因子(M3)	23.564	0.790	0.749	0.783	0.790	0.699	0.149
4 因子(M4)	19.389	0.831	0.795	0.824	0.832	0.749	0.135
5 因子(M5)	4.389	0.933	0.907	0.926	0.933	0.903	0.080

尽管组织监管量表的收敛性较好,但并不意味着 5 因子模型(M5)就是最优的,会存在一些备选模型的拟合度要优于 5 因子模型(M5),此时就会导致各因子间的区分效度不佳,表明在探索性因子分析阶段所得变量的结构维度欠妥。

为了检验因子间的区分效度,本书构建了数个备选模型与 5 因子模型(M5)进行比较,若通过比较后得出 5 因子模型要优于所有的备选模型,则此时就可以确认探索性因子分析阶段所得变量的结构维度是合理的、理想的。在本研究中,分别构建了单因子模型(M1)、2因子模型(M2)、3因子模型(M3)和4因子模型作为备选模型与5因子模型(M5)进行比较。依照上文的处理方式,其中,M1是通过将组织监管量表的所有题项负载于一个因素之上;M2则是将规章制度有效性和安全培训合为一个因素,剩下维度合为一个因子;M3则是在M2的基础上将管理者工作态度单独作为一个因素;M4则是将规章制度有效性和安全培训合为一个因素,剩下的维度各自作为单独的因素处理。从表4-57中可以看出,M5的拟合优度指标全部达到可接受水平,并且所有值都高于备选模型的拟合优度值,由此可以看出M5的拟合效果是最优的。基于上述分析可知本书构建的组织监管量表的结构维度具有较好的收敛效度和区分效度,也即结构效度良好。

表 4-58　组织监管量表题项的因子载荷分析

题项	未标准化因子载荷	S.E.	C.R.	*P*	标准化因子载荷
ES1← ES	1.000				0.735
ES2← ES	1.096	0.043	25.671	***	0.858
ES3← ES	1.152	0.046	24.797	***	0.856
ST1← ST	1.000				0.845
ST2← ST	1.064	0.027	39.910	***	0.908
ST3← ST	1.063	0.028	37.348	***	0.897
ST4← ST	1.077	0.028	39.104	***	0.911
ST5← ST	0.993	0.027	36.853	***	0.887
WAM1← WAM	1.000				0.883
WAM2← WAM	1.106	0.030	36.334	***	0.868
WAM3← WAM	0.861	0.030	29.062	***	0.773
DSI1← DSI	1.000				0.699
DSI2← DSI	1.011	0.051	20.007	***	0.646
DSI3← DSI	0.921	0.044	21.035	***	0.679
DSI4← DSI	1.505	0.057	26.569	***	0.921
DSI5← DSI	1.536	0.058	26.486	***	0.923

续表

题项	未标准化因子载荷	S.E.	C.R.	P	标准化因子载荷
DSI6← DSI	1.350	0.054	25.168	***	0.841
DP1← DP	1.000				0.822
DP2← DP	0.907	0.040	22.867	***	0.674
DP3← DP	0.947	0.030	31.071	***	0.876
DP4← DP	0.892	0.035	25.746	***	0.755

(8)行为效用感知量表的验证性因子分析

在预测试中,行为效用感知量表的探索性因子分析结果表明,相关测量题项较好地分布于 2 个潜因子上,即感知收益和感知损失。首先对行为效用感知量表的收敛效度进行检验,依据前文的理论基础和探索性因子分析的结果,构建出行为效用感知变量的结构,通过导入正式调研所得数据进行检验,检验结果如表 4-59 和表 4-60 所示。从检验结果可以看出,2 因子模型的拟合优度指标值都比较理想,模型拟合较好。此外,从表 4-60 中可以看出行为效用感知量表的 2 因子模型所对应的题项的因子载荷值全部达到了显著性水平,并且取值也都不低于 0.45。由此,可以看出行为效用感知量表具有较好的收敛效度。

表 4-59　行为效用感知量表的验证性因子分析

模型指标	χ^2/df	CFI	TLI	NFI	IFI	GFI	RMSEA
单因子(M1)	46.450	0.786	0.733	0.783	0.787	0.699	0.212
2 因子(M2)	3.978	0.940	0.924	0.936	0.940	0.907	0.073

尽管行为效用感知量表的收敛性较好,但并不意味着 2 因子模型就是最优的,会存在一些备选模型的拟合度要优于 2 因子模型,此时就会导致各因子间的区分效度不佳,表明在探索性因子分析阶段所得变量的结构维度欠妥。

为了检验因子间的区分效度,本书构建了单因子备选模型,即将行为效用感知量表的所有题项负载于一个因子之上,与 2 因子模型进行比较,若通过比较后得出 2 因子要优于单因子备选模型,则此时就可以确认探索性因子分析阶段所得变量的结构维度是合理的、理想的。从表 4-59 中可以看出,2 因子模型的拟合优度显著优于单因子模型。基于上述分析可知,本书构建的行为效用感知量表的结构维度具有较好的收敛效度和区分效度,也即结构效度良好。

表 4-60 行为效用感知量表题项的因子载荷分析

题项	未标准化因子载荷	S.E.	C.R.	P	标准化因子载荷
PB1← PB	1.000				0.842
PB2← PB	1.001	0.029	35.081	***	0.849
PB3← PB	1.098	0.028	38.748	***	0.901
PB4← PB	1.108	0.027	41.152	***	0.934
PB5← PB	1.049	0.029	36.283	***	0.875
PB6← PB	1.019	0.029	35.455	***	0.863
PB7← PB	1.003	0.029	34.608	***	0.850
PL1← PL	1.000				0.661
PL2← PL	1.111	0.058	19.086	***	0.751
PL3← PL	1.162	0.059	19.566	***	0.805
PL4← PL	1.075	0.051	21.113	***	0.800

（9）行为跟随量表的验证性因子分析

在预测试中，行为跟随量表的探索性因子分析结果表明，相关测量题项较好地分布于 2 个潜因子上，即规范顺从和信息认同。首先对行为跟随量表的收敛效度进行检验，依据前文的理论基础和探索性因子分析的结果，构建出行为跟随变量的结构，通过导入正式调研所得数据进行检验，检验结果如表 4-61 和表 4-62 所示。从检验结果可以看出，2 因子模型的拟合优度指标值都比较理想，模型拟合较好。此外，从表 4-62 中可以看出行为跟随量表的 2 因子模型所对应的题项的因子载荷值全部达到了显著性水平，并且所得结果都在 0.45 之上。由此，可以看出行为跟随量表具有较好的收敛效度。

表 4-61 行为跟随量表的验证性因子分析

模型指标	χ^2/df	CFI	TLI	NFI	IFI	GFI	RMSEA
单因子（M1）	29.434	0.836	0.727	0.832	0.837	0.914	0.168
2 因子（M2）	4.418	0.989	0.967	0.986	0.989	0.993	0.058

尽管行为跟随量表的收敛性较好，但并不意味着 2 因子模型就是最优的，会存在一些备选模型的拟合度要优于 2 因子模型，此时就会导致各因子间的区分效度不佳，表明在探索性因子分析阶段所得变量的结构维度欠妥。

为了检验因子间的区分效度,本书构建了单因子备选模型,即将行为跟随量表的所有题项负载于一个因子之上,与 2 因子模型进行比较,若通过比较后得出 2 因子要优于单因子备选模型,则此时就可以确认探索性因子分析阶段所变量的结构维度是合理的、理想的。从表 4-61 中可以看出,2 因子模型的拟合优度显著优于单因子模型。基于上述分析可知,本书构建的行为跟随量表的结构维度具有较好的收敛效度和区分效度,也即结构效度良好。

表 4-62　行为跟随量表题项的因子载荷分析

题项	未标准化因子载荷	S.E.	C.R.	P	标准化因子载荷
CWN1← CWN	1.000				0.750
CWN2← CWN	1.167	0.063	18.395	***	0.759
CWN3← CWN	1.120	0.064	17.631	***	0.674
IWI3← IWI	1.000				0.709
IWI4← IWI	0.710	0.088	8.101	***	0.498
IWI5← IWI	0.899	0.077	11.708	***	0.640

4.5.3　共同方法偏差检验

共同方法偏差(common method bias,CMB)是存在于心理测量中的一种系统误差,是因为数据收集过程中由于受到相同的测量情境、相同的评分者、相同的测量语境等因素的干扰而造成的预测变量与效标变量间的人为共变。导致共同方法偏差的原因很多,一方面是由于被试者作答时的个人情绪的干扰、社会称许性等的影响;另一方面则是由于测量题项本身所造成的误差,比如题项的社会称许性、题项的复杂性、模糊性和诱导性的语境以及消极的用词。此外,施测的时间、地点以及相同的测量方式等都会引起共同方法偏差。在研究中彻底消除共同方法偏差是不现实的,只能通过一定的手段将其影响程度削弱,这些手段主要包括程序控制和统计控制。程序控制旨在问卷的设计和施测的过程中对共同方法偏差进行控制,而统计控制则强调通过一定的统计方法检验共同方法偏差的影响是否显著,进而达到识别和控制共同方法偏差的目的[306]。

在本研究中,尽管各变量的测量题项都是基于深度访谈、借鉴国内外成熟量表以及结合专家咨询的基础上发展而来的,并且在测量的过程中也对问卷题项进行了随机排布,但是由于是自陈式问卷,因此可能存在共同方法偏差对结果的干扰。在本研究中将采用 Harman 单因子检验法和共同方法偏差潜因子法对研究中可能存在的共同方法偏差进行检验和控制。首先运用 Harman 单因子检验法,将所有测量题项置于 SPSS 22.0 中进行因子分析,最终析出的因子中最大解释方差为 25.38%,远低于共同方法偏差达到显著性的临界值(即 50%)[286]。由于 Harman 单因子检验法只能粗略地对共同方法偏差进行检测而不能加以控制[307],因此本研究将进一步采用共同方法偏差潜因子法进行分析,这种方法是将共同方法偏差作为一个潜在变量,分别分析在不包含共同方法偏差潜因子(M1)和包含共同方法偏差潜因子(M2)两种情况下的模型的拟合优度,若不包含共同方法偏差潜因子的情况下模型的拟合效果优于包含情况下的模型拟合效果,则可以说明数据收集过程中受到的共同方法偏差影响较小,反之则较大,结果见表 4-63 所示。

表 4-63　共同方法偏差检验结果

模型指标	χ^2/df	CFI	TLI	NFI	IFI	GFI	RMSEA
不包含(M1)	4.901	0.936	0.910	0.925	0.937	0.914	0.077
包含(M2)	4.780	0.944	0.899	0.892	0.971	0.950	0.074

从表中可以看出,在不包含和包含共同方法偏差两种情况下,模型的拟合效果都比较好,但是由于两个模型的拟合优度指标值互有大小,不方便直接进行比较,因此只能通过 $\Delta\chi^2$ 进行比较。通过对比 M1 和 M2 的 χ^2 值,得出 $\Delta\chi^2$ 并没有达到显著性水平($\Delta\chi^2(25)=35.152, P>0.05$),因此 M2 的拟合度并没有显著优于 M1,由此可知共同方法偏差的影响在本研究中可以忽略。

4.6　本章小结

本章主要对研究中所需量表的设计、开发、修订以及检验进行研究。具体来说,首先通过对量表的设计、开发原则和步骤的描述,明确了量表设计、开发中需要注意的问题。其次,在构建的理论模型和相关假设的基础上,通过借鉴国内外有关的成熟量表，并结合相关专家咨询和员工深度访谈资料形成初步的量表，依据所得初始量表进行小范围的预测试。通过预测试所得数据，检验初始量表的信度和效度，同时再结合行业专家的建议对初始量表进行适当的调整、修订和完善，最终形成正式施测量表并在我国部分工业企业进行正式调研。在正式调研所获取的1011份有效问卷基础之上，对正式量表分别进行了正态性检验、信度检验、验证性因子分析以及共同方法偏差检验，从而为进一步的数据分析奠定了坚实的基础。

5   行为跟随驱动机理实证分析

5.1   行为跟随的描述性统计及差异性分析

5.1.1   行为跟随现状

在测量一线员工的行为跟随倾向时,采用的是 5 点 Likert 量表来衡量,点数越大,表明员工越是倾向于发生这种行为。员工将自身的实际情况与行为跟随量表中的题项描述进行比对,"5"代表很符合、"4"代表符合、"3"代表不确定、"2"代表不符合以及"1"代表很不符合,显然"3"是临界值,超过"3"则表明被试员工具有明显的行为跟随倾向。

通过对行为跟随及其各维度的描述性统计分析可知,总体上行为跟随的均值达到了 3.77,处于一个较高的水平,其中行为跟随的得分高于 3 的比例为 83.7%,说明在被试者中有超过八成(83.7%)的员工在实施不安全行为时倾向于效仿和跟随他人已经表现出的不安全行为,这在一定程度上表明了效仿和跟随他人的不安全行为是员工表现出不安全行为的主要途径,分析结果如表 5-1 所示。

表 5-1   行为跟随的描述性统计结果

变量	均值	标准差	得分高于 3	
			频数/人	比例/%
行为跟随	3.77	0.659	846	83.7
规范顺从	3.85	0.817	786	77.7
信息认同	3.69	0.746	736	72.8

从单个维度来看，规范顺从在行为跟随的各维度中均值最高，为 3.85，且得分大于 3 的比例为 77.7％，说明了来自他人的压力，为了迎合他人的预期、获得他人的嘉奖或者避免来自他人的可能的处罚是促使员工表现出行为跟随的重要原因。其次为信息认同，其均值为 3.69，得分高于 3 的比例为 72.8％，表明在被试群体中，大部分员工在与已经产生不安全行为的员工的交互中能够"自发"地意识到他人所表现出的不安全行为能够给自身带来一定的好处，进而采纳他人意见，表现出与他人相同或者相似的不安全行为。对比可以看出，规范顺从在被试样本中产生的概率要高于信息认同，这可能是由于工业企业一线员工多采用班组化管理，工作的完成需要集体成员的协作，因此员工会比较注重群体成员间的关系，当群体中有很多人已经产生不安全行为，迫于群体的压力，员工更容易跟随他人产生不安全行为。

5.1.2 行为跟随的个体间差异分析

为了探讨行为跟随在一线员工的人口学变量上是否存在着显著的差异，在当前研究中将采用单因素方差分析（one-way ANOVA）以及均值分析来进行检验。

（1）行为跟随在工作年限上的差异检验

将行为跟随及其各维度作为待分析的内容，同时将工作年限作为分组变量，对员工的行为跟随及其各维度在不同的工作年限上是否会表现出显著的不同进行检验，检验的结果如表 5-2 所示。从表 5-2 分析的结果可以得出工作年限对于员工的行为跟随具有显著的影响，即行为跟随在员工的工作年限上呈现出显著的差异。当具体到各维度时则可以发现，规范顺从在工作年限方面并不存在显著差异，但是信息认同在工作年限上存在显著差异。

表 5-2 行为跟随在工作年限上的单因素方差分析结果

工龄		平方和	df	均方	F	显著性
规范顺从	组间	2.453	4	0.613	0.918	0.453
	组内	672.180	1 006	0.668		
	总数	674.634	1 010			

工龄		平方和	df	均方	F	显著性
信息认同	组间	7.634	4	1.909	3.465	0.008
	组内	554.081	1 006	0.551		
	总数	561.715	1 010			
行为跟随	组间	4.121	4	1.030	2.385	0.050
	组内	434.599	1 006	0.432		
	总数	438.720	1 010			

通过进一步对行为跟随和信息认同采取均值分析,可以明显看出在不同的工作年限组别上行为跟随和信息认同的均值存在差异。从表 5-3 和图 5-1 可以看出,不同工作年限组别上信息认同的均值趋势与行为跟随的均值趋势几乎一样。具体来看,工作年限处于 3～5 年的员工的信息认同和行为跟随的均值较低,分别为 3.53 和 3.68;而工作年限不超过 1 年的员工的信息认同和行为跟随倾向均值最高,分别为 4.22 和 4.22,这与前文中访谈所获得的信息基本一致,因为工作年限在 3～5 年的员工本身具有一定的工作经验,加之年富力强,因而其信息认同和行为跟随产生的可能性较低,而工作年限不足 1 年的员工则主要是因为工作经验不足,分辨不出什么是安全什么是不安全,因而看到别人做什么就会自发跟着去做。基于此可知,假设 H17-1 得到验证。

表 5-3　不同工作年限员工行为跟随的均值比较

工龄	均值	
	信息认同	行为跟随
1 年及以下	4.22	4.22
1～3 年(含 3 年)	4.11	4.33
3～5 年(含 5 年)	3.53	3.68
5～10 年(含 10 年)	3.59	3.70
10 年以上	3.74	3.80

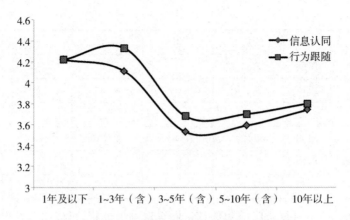

图 5-1　不同工作年限员工行为跟随的均值比较

（2）行为跟随在收入上的差异检验

在前文的访谈中总结出收入可能是影响员工行为跟随的一个重要因素，因此将员工的行为跟随及其各维度依然作为待分析的内容，将员工的收入作为分组变量，检验在不同收入水平之下员工的行为跟随及其各维度是否存在显著性差异，检验结果如表 5-4 所示。从表 5-4 分析的结果可以得出，收入对于一线员工的行为跟随及其各维度具有显著影响，即在不同收入水平上，行为跟随及其各维度均存在着显著差异。

表 5-4　行为跟随在收入水平上的单因素方差分析结果

收入水平		平方和	df	均方	F	显著性
规范顺从	组间	14.529	4	3.632	5.536	0.000
	组内	660.105	1 006	0.656		
	总数	674.634	1 010			
信息认同	组间	21.662	4	5.416	10.088	0.000
	组内	540.053	1 006	0.537		
	总数	561.715	1 010			
行为跟随	组间	14.699	4	3.675	8.719	0.000
	组内	424.020	1 006	0.421		
	总数	438.720	1 010			

在进一步的均值分析中（表 5-5 和图 5-2），通过比较不同收入水平上的行为跟随及其各维度的均值可以发现收入低于 3 000 元的员工的行为跟随、规范

顺从以及信息认同的均值分别为 3.59、3.65 和 3.52；收入在 3 000～5 000 元的员工的行为跟随、规范顺从以及信息认同的均值分别为 3.84、3.89 和 3.79；收入在 5 000～7 000 元的员工的行为跟随、规范顺从以及信息认同的均值分别为 3.76、3.89 和 3.63；收入在 7 000～9 000 元的员工的行为跟随、规范顺从以及信息认同的均值最高，分别为 3.96、4.13 和 3.79；而当员工的收入不低于 9 000 元时，其行为跟随、规范顺从和信息认同的均值将处于较低的水平，分别为 3.23、3.73 和 2.73。由此可以看出，当收入不高于 7 000 元时，行为跟随、规范顺从和信息认同的均值在 3.50～4.00 之间波动，起伏变化不大，而收入高于 7 000 元时，则变化起伏较大。综上分析，假设 H17-2 得到验证。

表 5-5　不同收入水平员工行为跟随的均值比较

你的收入水平	均值		
	规范顺从	信息认同	行为跟随
3 000 元及以下	3.65	3.52	3.59
3 000～5 000 元(含 5 000)	3.89	3.79	3.84
5 000～7 000 元(含 7 000)	3.89	3.63	3.76
7 000～9 000 元(含 9 000)	4.13	3.79	3.96
9 000 元以上	3.73	2.73	3.23

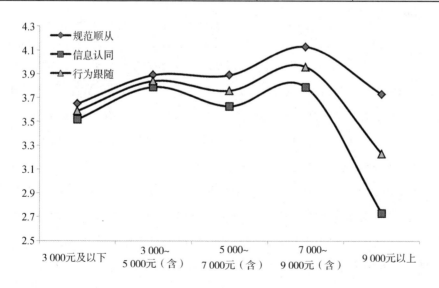

图 5-2　不同收入水平员工行为跟随的均值比较

(3)行为跟随在年龄上的差异检验

基于对员工的深度访谈可知,不同年龄的员工所表现出的行为跟随倾向是存在差异的,因此将通过对正式调研数据的分析来检验这种差异是否存在。将员工的行为跟随及其各维度依然作为待分析的内容,将员工的年龄作为分组变量,检验在不同年龄段中员工的行为跟随及其各维度是否存在显著的差异,检验结果如表 5-6 所示。从表中可以看出,单因素方差检验结果表明,年龄对一线员工行为跟随及其各维度存在显著影响,即在不同年龄区间上,行为跟随及其各维度均存在着显著差异。

表 5-6　行为跟随在年龄上的单因素方差分析结果

年龄		平方和	df	均方	F	显著性
规范顺从	组间	9.604	4	2.401	3.632	0.006
	组内	665.030	1 006	0.661		
	总数	674.634	1 010			
信息认同	组间	8.996	4	2.249	4.094	0.003
	组内	552.719	1 006	0.549		
	总数	561.715	1 010			
行为跟随	组间	5.795	4	1.449	3.367	0.010
	组内	432.924	1 006	0.430		
	总数	438.720	1 010			

在进一步的均值分析中(表 5-7 和图 5-3),通过比较不同年龄区间的行为跟随及其各维度的均值可以发现,在不包括 26～32 岁的员工群体后,随着年纪的增长,员工的行为跟随及其各维度的值越来越小,这与前文访谈所得结果基本一致,当年龄高于 40 岁时,员工行为跟随及其各维度的均值起伏趋于稳定,基本维持在 3.79 的水平,依然处于较高的水平。而 26～32 岁的员工行为跟随及其各维度的得分均值明显低于其他各年龄段的得分均值,这可能是受到其他因素的干扰,比如这个年龄段的员工可能刚成家不久,孩子可能还非常幼小,出于对家人的负责,其在工作中往往都会比较谨慎,以免发生意外。综上分析,假设 H17-3 得到验证。

表 5-7　不同年龄段员工行为跟随的均值比较

年龄	均值		
	规范顺从	信息认同	行为跟随
25 岁及以下	4.15	3.89	4.02
26～32 岁	3.78	3.56	3.67
33～39 岁	3.99	3.71	3.85
40～46 岁	3.79	3.79	3.79
47 岁及以上	3.79	3.78	3.79

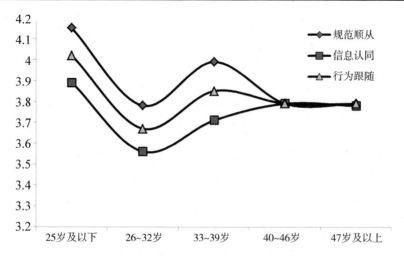

图 5-3　不同年龄段员工行为跟随的均值比较

（4）行为跟随在学历上的差异检验

在前文的访谈中通过对访谈资料的分析，识别出学历层次的不同会导致员工个体的羊群行为倾向也不同，基于此本研究将利用正式调研所得数据来验证前文中的假设。将行为跟随及其各维度作为待分析的内容，将员工的学历作为分组变量，检验不同学历层次的员工所表现出的行为跟随及其各维度是否存在显著性差异，检验结果如表 5-8 所示。从表 5-8 中可以看出，单因素方差检验结果显示学历对员工行为跟随及其各维度存在显著的影响，即行为跟随及其各维度在不同学历层次上表现出显著的不同。

表 5-8　行为跟随在学历上的单因素方差分析结果

学历		平方和	df	均方	F	显著性
规范顺从	组间	10.745	4	2.686	4.070	0.003
	组内	663.889	1 006	0.660		
	总数	674.634	1 010			
信息认同	组间	6.217	4	1.554	2.815	0.024
	组内	555.498	1 006	0.552		
	总数	561.715	1 010			
行为跟随	组间	6.015	4	1.504	3.496	0.008
	组内	432.705	1 006	0.430		
	总数	438.720	1 010			

通过进一步的均值分析(表 5-9 和图 5-4),将行为跟随及其各维度在不同学历层次上的得分均值进行比较可以发现,当员工的学历在高中以下时,行为跟随及其各维度的得分均值大致是随着学历的提高,相应的均值也会提高,当学历达到高中(中专)层次时,均值水平达到峰值,其后随着学历的提高,得分值几乎无变化,行为跟随、规范顺从和信息认同的得分均值分别稳定在 3.8、3.9 和 3.7 左右,皆处于较高水平。从总体上看,学历越高,其行为跟随倾向也较高,这可能是因为学历较高,员工处理问题和变通的能力较强,容易在工作中钻空,当发现已经存在的不安全行为能够带来好处时,便会倾向于跟随。此外,学历为初中的员工,其信息认同发生的可能性较高,而规范顺从的可能性较低,这与其他学历层次上的分布明显不同,表明初中学历的员工倾向于自发效仿他人的不安全行为。基于上述分析,假设 H17-4 成立。

表 5-9　不同学历上的行为跟随的均值比较

学历	均值		
	规范顺从	信息认同	行为跟随
小学及以下	3.55	3.12	3.33
初中	3.57	3.67	3.62
高中(中专)	3.90	3.75	3.83
大专	3.86	3.65	3.76
本科及以上	3.90	3.64	3.77

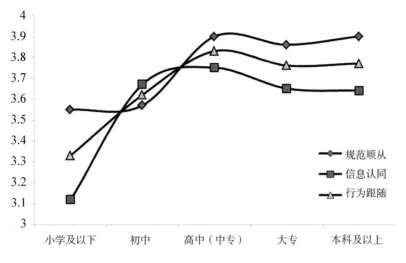

图 5-4 不同学历上的行为跟随的均值比较

(5)行为跟随在职位层级上的差异检验

在前文的针对员工深度访谈以及通过扎根理论得出职位层级可能是影响员工行为跟随的一个重要因素,基于此,当前研究将检验员工的行为跟随及其各维度在不同的职位层级上是否会表现出显著的不同,以验证文中提出的假设。本研究中将只分析基层管理者和一般员工在行为跟随倾向及其各维度方面是否存在区别,因为其他职位层级的员工并不会直接投入到一线生产活动中,其并不包含于本书所探讨的一线员工的范畴。将员工的行为跟随及其各维度依然作为待分析的内容,将员工的职位层级作为分组变量,检验在不同职位层级之下员工的行为跟随及其各维度是否存在显著性差异,检验结果如表 5-10 所示。从表 5-10 中可以看出,单因素方差检验结果显示行为跟随及其各维度在不同职位层级上并没有表现出显著的差异。

表 5-10 行为跟随在职位层级上的单因素方差分析结果

职位层级		平方和	df	均方	F	显著性
规范顺从	组间	1.248	1	1.248	1.870	0.172
	组内	673.386	1 009	0.667		
	总数	674.634	1 010			

续表

职位层级		平方和	df	均方	F	显著性
信息认同	组间	1.615	1	1.615	2.910	0.088
	组内	560.100	1 009	0.555		
	总数	561.715	1 010			
行为跟随	组间	0.006	1	0.006	0.014	0.907
	组内	438.714	1 009	0.435		
	总数	438.720	1 010			

此外,通过进一步的均值分析也可以看出(表5-11),行为跟随及其各维度的均值在不同职位层级上的差异并不明显。因此可以认为不同职位层级员工所表现出的行为跟随倾向及其各维度并不存在显著差异,也就是说职位层级对行为跟随没有产生显著影响,因此 H17-5 不成立。

表 5-11　不同职位层级员工行为跟随的均值比较

职位层次	均值		
	规范顺从	信息认同	羊群行为
一般员工	3.84	3.71	3.78
基层管理者	3.93	3.61	3.77

5.2　行为跟随各驱动因素的描述性分析

5.2.1　内部因素的描述性分析

在本书中内部因素主要包括个人特质、恢复水平以及工作素养三大因素。其中个人特质包括集体主义倾向和认知闭合需求两个维度;恢复水平包括睡眠质量和心理脱离两个维度;而工作素养则包含安全能力和工作尽责两个维度。依据调研所得数据对内部因素进行描述性统计分析,各变量的均值、标准差、得分分布情况以及具体题项的均值、标准差如表5-12和5-13所示。

表 5-12　内部因素题项描述性统计分析

变量		均值		标准差		题项	均值	标准差
个人特质	集体主义倾向	4.08	4.00	0.65	0.55	CO1	4.06	0.80
						CO2	4.12	0.74
						CO3	4.00	0.90
						CO4	4.12	0.78
	认知闭合需求	3.92		0.63		NDCC1	3.76	1.04
						NDCC2	3.97	0.85
						NDCC3	4.15	0.69
						NDCC4	3.56	1.08
						NDCC5	4.15	0.70
						NDCC6	3.99	0.81
恢复状况	睡眠质量	3.55	3.38	0.96	0.73	SQ1	3.57	1.09
						SQ2	3.66	1.09
						SQ3	3.54	1.16
						SQ4	3.42	1.21
	心理脱离	3.20		0.92		PD1	3.25	1.14
						PD2	3.03	1.14
						PD3	3.11	1.12
						PD4	3.42	1.06
工作素养	工作尽责	4.61	4.40	0.54	0.50	WC1	4.55	0.71
						WC2	4.67	0.54
						WC3	4.65	0.57
						WC4	4.57	0.68
	安全能力	4.20		0.61		SA1	4.32	0.69
						SA2	4.23	0.73
						SA3	4.18	0.68
						SA4	4.17	0.71
						SA5	4.12	0.75
						SA6	4.16	0.73

表 5-13　内部因素得分分布情况

变量	得分低于 3 的比例	得分等于 3 的比例	得分高于 3 的比例
个人特质	0.4％	3.4％	96.2％
集体主义倾向	1.2％	10.0％	89.8％
认知闭合需求	1.6％	10.5％	87.9％
恢复水平	22.7％	14.6％	62.7％
睡眠质量	19.5％	13.3％	67.2％
心理脱离	31.2％	24.0％	44.8％
工作素养	0.2％	0.8％	99.0％
工作尽责	0.2％	2.2％	97.6％
安全能力	0.6％	7.2％	92.2％

（1）个人特质的描述性统计分析

从表 5-12、表 5-13 以及图 5-5 中可以看出个人特质的均值为 4.00 处于较高的水平，并且在其得分分布中，分值低于 3 的比例仅为 0.4％，分值等于 3 的比例为 3.4％，而均值高于 3 的比例高达 96.2％，表明被试者整体在个人特质方面得分比较集中，且水平较高。

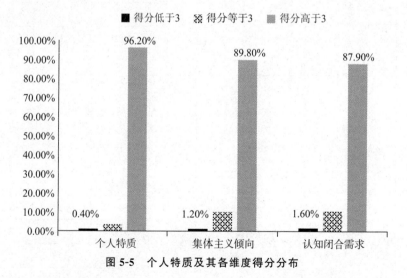

图 5-5　个人特质及其各维度得分分布

从具体的维度来看，个人特质所包含的两个维度，集体主义倾向和认知闭合需求的均值分别为 4.08 和 3.92，接近甚至超过 4，处于一个很高的水平。此外,从表 5-13 和图 5-5 中可以看出个人特质维度得分分布统计中,集体主义倾向分值超过 3 的比例高达 89.8％,得分等于 3 的比例为 10.0％,得分低于 3 的比例仅为 1.2％,表明有接近九成的员工具有比较高的集体主义倾向,表明大部分员工在日常工作中会更注重人际关系,其行为态度比较容易受到其他人员的影响。认知闭合需求的得分超过 3 的比例为 87.9％,得分等于 3 的比例为 10.5％,得分低于 3 的比例仅为 1.6％,表明仅有 1.6％左右的一线员工具有的认知闭合需求水平较低,而有八成以上的一线员工具有显著的认知闭合需求特质,说明大多数员工是厌恶模糊的情境,更渴望明确、清晰的情境。

具体到测量题项时可以看出(表 5-12 和图 5-6),集体主义倾向的测量题项的均值分布于 4.00～4.12 之间,均不低于 4,且各题项均值差异不大,并且选择"符合"与"很符合"的比例超过或者接近 80％,表明集体主义倾向特质在一线员工中表现得非常明显。对于认知闭合需求的具体测量题项而言,其均值分布于 3.56～4.15 之间,处于相对较高水平,其中被试者选择"符合"与"很符合"的比例之和在 31.1％～75.6％之间,但是可以明显看出 NDCC3"当我遇到问题时,我总是渴望快点找到解决的办法"和 NDCC5"我喜欢清晰而有条理的生活方式"两题选择"符合"和"很符合"的比例之和仅为 31.1％和 32.3％远远低于其他题项的比例,表明员工在出现问题时并不是着急找出解决问题的方法,这可能是因为员工在日常工作中较少出现突发问题需要解决,每天都是按部就班地进行工作,此外由于一线员工日复一日重复相同的工作内容、相同的作息时间,久而久之会使员工产生厌倦,厌恶当前清晰而有条理但很枯燥的生活。

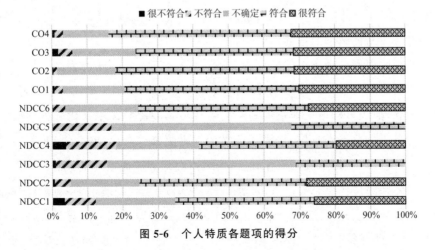

图 5-6 个人特质各题项的得分

（2）恢复水平的描述性统计

结合表 5-12 和表 5-13 和图 5-7，从表中可以看出恢复水平的均值为 3.38，总体上处于中等偏上的水平，并且恢复水平的得分高于 3 的比例为 62.7％，表明有超过半数的受访者对自身的恢复水平持积极评价态度。

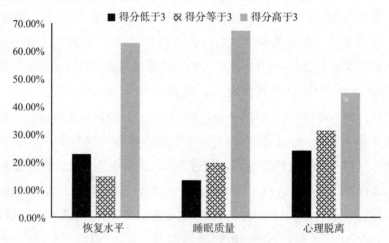

图 5-7　恢复水平及其各维度得分分布

从具体的维度来看，恢复水平所包含的两个维度，睡眠质量和心理脱离的均值分别为 3.55 和 3.20，相比之下员工的睡眠质量相对较好，处于中等偏上水平，而心理脱离水平则相对较低。此外，从表 5-13 和图 5-7 中可以看出恢复水平维度得分分布统计中，睡眠质量分值超过 3 的比例高达 67.2％，得分等于 3 的比例为 13.3％，得分低于 3 的比例仅为 19.5％，说明在受访的员工中约有七成左右的员工认为其日常睡眠质量差强人意，剩下的接近两成左右（19.5％）的员工则对自身的睡眠质量并不看好。

心理脱离得分超过 3 的比例为 44.8％，得分等于 3 的比例为 24.0％，得分低于 3 的比例为 31.2％，可以看出只有不超过半数的员工明确认为其心理脱离水平较高，而大多数员工则是不确定或者认为其心理脱离水平比较低，这主要是因为员工虽然下班，但是其往往还要参加班前班后会议、安全培训等一系列事务，从而导致身体虽离开工作场所，但是内心却依然被工作事务所占据。

具体到测量题项时可以看出（表 5-12 和图 5-8），睡眠质量的测量题项的均值分布于 3.42～3.66 之间，均在 3.5 上下浮动，且各题项均值差异不大，并且选择"符合"与"很符合"的比例之和介于 53.7％～65.0％之间，均超过半数，并且起伏不大。其中 SQ2"我经常在睡一觉后感到精力旺盛,充满了力量"选择"符合"与"很符合"的比例最高,为 65.0%,表明大多数员工在经过睡眠后,状态都得到了较好恢复,睡眠的效果较好;而 SQ4"我很少会遇到晚上睡不着,白天起不来的情况"选择"符合"与"很符合"的比例最低,为 53.7%,也就是说,只有五成左右的被试者能够按时入睡,按时起床。对于心理脱离的具体测量题项而言,其均值分布于 3.03～3.42 之间,处于中等水平,其中被试者选择"符合"与"很符合"的比例之和在 32.4%～51.3%之间,但是可以明显看出 PD2"非工作时间,我根本不考虑工作的事情"选择"符合"和"很符合"的比例之和仅为三成左右(32.4%),表明员工心理脱离水平较低的原因是因为在非工作时间需要继续处理与工作相关的事务,沉浸在与工作相关的思考中;PD4"在非工作时间,我可以从工作要求中解脱出来得到休息"选择"符合"和"很符合"的比例之和也仅有五成左右(53.7%),表明仅有半数左右的被试者能够不受工作干扰获得较好休息。

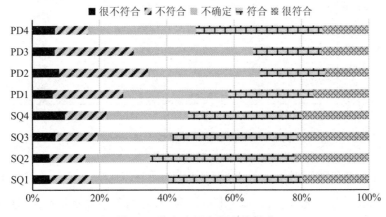

图 5-8 恢复水平各题项的得分

(3)工作素养的描述性统计

结合表 5-12 和表 5-13 和图 5-9,从表中可以看出工作素养的均值为 4.40,总体上处于较高的水平,并且工作素养的得分高于 3 的比例为 99.0%,表明几乎所有被试者都对自身的工作素养给予较高的评价。

从具体的维度来看,工作素养所包含的两个维度,工作尽责和安全能力的均值分别为 4.61 和 4.20,相比之下员工的工作尽责水平相对较高,而安全能力水平则相对较低。此外,从表 5-13 和图 5-9 中可以看出工作素养维度得分分布统计中,工作尽责分值超过 3 的比例高达 97.6%,得分等于 3 的比例为 2.2%,得分低于 3 的比例仅为 0.2%,表明几乎所有的一线员工都认为自身在工作中能够做到尽心尽责。安全能力得分超过 3 的比例为 92.2%,得分等于 3 的比例为 7.2%,得分低于 3 的比例为 0.6%,可以看出有超过九成的一线员工对自身的安全能力评价较高,仅有极少数员工对自身的安全能力评价较低,这可能是由于一线员工中新员工所占比例极小,由于接触当前工作时间较短,对工作不熟悉,对于其自身的安全能力并不自信,而大多数员工的工作年限较长,经验丰富,对于当前工作能够轻松驾驭,因而对自身的安全能力评价较高。

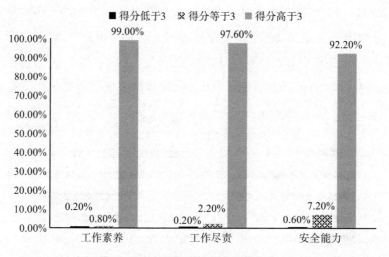

图 5-9　工作素养及其各维度得分分布

具体到测量题项时可以看出(表 5-12 和图 5-10),工作尽责的测量的均值分布于 4.55～4.67 之间,均在 4.5 上下浮动,且各题项均值差异不大,并且选择"符合"与"很符合"的比例之和分布于 94.0%～98.0% 之间,均超过九成,并且起伏不大。其中 WC2"即使在无人监管的情况下,我依然会遵守单位的规章制度"选择"符合"与"很符合"的比例最高为 98.0%,表明几乎所有的被调查员工都能够自觉遵守组织的规章制度,并不会因为无监管而放松对自己的要求。对安全能力的具体测量题项而言,其均值分布于 4.12～4.32 之间,处于较高水平,并且各题项均值得分差异不大,其中被试者选择"符合"与"很符合"的比例之和在 84.4%～89.6% 之间,但是可以明显看出 SA1"我能够正确使用安全帽、劳保鞋、防尘口罩等劳保用品。"选择"符合"和"很符合"的比例之和为 89.6%,

表明绝大多数一线员工对于基本的安全防护措施都能做得比较到位,这可能是因为这些保护用具使用并不复杂,还有就是企业基本的安全培训做得比较到位;而 SA5"我能够避免危险场所可能给我带来的伤害",选择"符合"和"很符合"的比例相对较低,表明一线员工在危险时的自我保护能力、应急能力相对较差,危险防范能力较弱;其余题项在得分上差异并不明显,说明在这些方面员工的表现比较均衡。

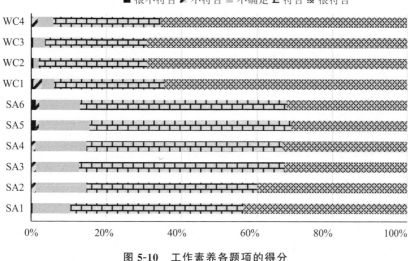

图 5-10 工作素养各题项的得分

5.2.2 外部因素的描述性分析

在本书中外部因素主要包括任务与人际关系、群体不安全氛围、工作要求以及组织监管四大因素。其中任务与人际关系包括任务密切程度和职场排斥两个维度;群体不安全氛围包括不安全行为一致性、不安全互动、不安全规范和关键员工的不安全行为四个维度;工作要求则包含时间压力、工作负荷、作业环境恶劣程度以及劳动用具不适性四个维度;组织监管则包括规章制度有效性、安全培训、管理者工作态度、监督检查力度以及处罚力度五个维度。依据调研所得数据对外部因素进行描述性统计分析,各变量的均值、标准差、得分分布情况以及具体题项的均值、标准差如表 5-14 和表 5-15 所示。

表 5-14 外部因素题项描述性统计分析

变量		均值		标准差		题项	均值	标准差
任务与人际关系	任务密切程度	3.80	3.19	0.81	0.80	TA1	3.94	0.941
						TA2	3.89	0.916
						TA3	3.72	0.967
						TA4	3.64	1.009
	职场排斥	2.57		1.20		WO1	2.56	1.254
						WO2	2.65	1.277
						WO3	2.56	1.275
						WO4	2.51	1.310
群体不安全氛围	不安全行为一致性	3.99	3.78	0.78	0.53	UC1	4.14	0.976
						UC2	3.91	1.087
						UC3	4.07	0.980
						UC4	3.85	1.036
	安全互动	4.20		0.64		UI1	4.15	0.748
						UI2	4.19	0.781
						UI3	4.19	0.717
						UI4	4.22	0.743
						UI5	4.23	0.697
						UI6	4.20	0.698
	不安全规范	3.30		0.89		UN1	3.32	0.985
						UN2	3.28	1.081
						UN3	3.27	1.045
	关键员工的不安全行为	3.65		0.85		UBKE1	3.69	0.930
						UBKE2	3.64	0.980
						UBKE3	3.62	1.000
						UBKE4	3.68	0.963

续表

变量		均值		标准差		题项	均值	标准差
工作要求	时间压力	3.61	3.49	0.89	0.74	TP1	3.60	1.209
						TP2	3.65	1.259
						TP3	3.78	1.149
						TP4	3.41	1.310
	工作负荷	3.50		0.95		WL1	3.46	1.154
						WL2	3.63	1.077
						WL3	3.47	1.138
						WL4	3.45	1.098
	作业环境恶劣程度	3.62		0.98		HDWE1	3.52	1.175
						HDWE2	3.80	1.160
						HDWE3	3.76	1.149
						HDWE4	3.39	1.158
	劳动用具不适性	3.21		1.03		IDLE1	3.10	1.201
						IDLE2	3.24	1.173
						IDLE3	3.29	1.191
组织监管	规章制度有效性	3.67	4.10	1.00	0.59	ES1	3.55	1.158
						ES2	3.76	1.087
						ES3	3.69	1.146
	安全培训	4.33		0.69		ST1	4.35	0.770
						ST2	4.33	0.763
						ST3	4.31	0.772
						ST3	4.30	0.770
						ST5	4.35	0.729
	管理者工作态度	4.21		0.68		WAM1	4.22	0.738
						WAM2	4.15	0.831
						WAM3	4.28	0.726

续表

变量		均值		标准差		题项	均值	标准差
组织监管	监督检查力度	4.18	4.10	0.67	0.59	DSI1	4.25	0.741
						DSI2	4.23	0.812
						DSI3	4.32	0.703
						DSI4	4.13	0.847
						DSI5	4.09	0.862
						DSI6	4.07	0.832
	处罚力度	4.10		0.75		DP1	4.13	0.872
						DP2	4.22	0.799
						DP3	3.96	0.994
						DP4	4.08	0.899

表 5-15　外部因素得分分布情况

变量	得分低于 3 的比例	得分等于 3 的比例	得分高于 3 的比例
任务与人际关系	38.8%	19.5%	41.7%
任务密切程度	7.5%	17.5%	75.0%
职场排斥	57.7%	14.3%	28.0%
群体不安全氛围	2.7%	1.3%	96.0%
不安全行为一致性	4.4%	12.8%	82.8%
不安全互动	1.6%	4.9%	93.5%
不安全规范	25.3%	26.2%	48.5%
关键员工的不安全行为	11.7%	21.2%	67.1%
工作要求	24.8%	1.6%	73.6%
时间压力	20.0%	9.1%	70.9%
工作负荷	20.3%	16.1%	63.6%
作业环境恶劣程度	19.1%	11.5%	69.4%
劳动用具不适性	35.6%	16.2%	48.2%
组织监管	2.6%	1.8%	95.6%
规章制度有效性	17.2%	18.9%	63.9%
安全培训	1.3%	8.4%	90.3%
管理者工作态度	2.1%	4.6%	93.3%
监督检查力度	2.6%	7.5%	89.9%
处罚力度	3.8%	8.1%	88.1%

(1)任务与人际关系的描述性统计分析

结合表 5-14 和表 5-15 和图 5-11,从表中可以看出任务与人际关系的均值为 3.19,总体上处于中等水平,并且任务与人际关系的得分高于 3 的比例为 41.7%,表明只有不足一半的受访者比较清晰地感受到了任务与人际关系的影响。

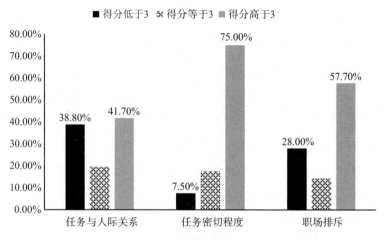

图 5-11　任务与人际关系及其各维度得分分布

从具体的维度来看,任务与人际关系所包含的两个维度,任务密切程度和职场排斥的均值分别为 3.80 和 2.57,这说明员工认为彼此的工作具有较高的密切性,这符合企业的实际,同时感受到的职场排斥水平较低。此外,从表 5-15 和图 5-11 中可以看出任务与人际关系维度得分分布统计中,任务密切程度分值超过 3 的比例高达 75.0%,得分等于 3 的比例为 17.5%,得分低于 3 的比例仅为 7.5%,表明大多数一线员工认为彼此之间所从事的工作具有很高的密切性,这主要是由于工业企业采取的班组化管理和专业化分工导致的。职场排斥得分超过 3 的比例为 28.0%,表明有接近三成的员工感受到了来自他人的排斥,得分等于 3 的比例为 14.3%,这部分被试者不能确定自身是否受到了排斥,得分低于 3 的比例为 57.7%,可以看出有超过半数的一线员工对认为同事间的关系比较友好,这可能是因为员工比较淳朴,人际关系比较单纯,加之任务的完成需要成员之间的相互配合,因此大多数员工会感受到比较低的职场排斥,而感受到排斥的员工可能是其本身比较敏感,将他人的一些无心之举看作是排斥的行为。

从具体的测量题项来看（表 5-14 和图 5-12），任务密切程度的测量题项的均值分布于 3.64～3.94 之间，均高于 3.5，得分起伏不大，并且选择"符合"与"很符合"的比例之和分布于 57.5％～71.9％之间，均超过五成。其中 TA2"我和工友完成任务经过的流程步骤差不多，区别不大"选择"符合"与"很符合"的比例最高为 71.9％，表明超七成的被调查员工都认为其从事的工作与其他成员的流程相似，这还是因为班组化管理与专业化分工而导致的结果；TA4"我和工友的工作任务很相似、没什么大的差别"选择"符合"与"很符合"的比例相对较低，为 57.5％，依然超过半数，这可能是有的岗位需要人员较少，从而出现每个员工的工作内容区别较大。对职场排斥的具体测量题项而言，其均值分布于 2.51～2.65 之间，处于较低水平，并且各题项均值得分差异不大，其中被试者选择"符合"与"很符合"的比例之和在 24.3％～26.1％之间，但是可以明显看出 WO2"在工作中，别人在谈论话题，看到我去了就都散了，或者岔开话题"选择"符合"和"很符合"的比例之和最高，为 26.1％，导致这种情况的原因可能是由于工作上需要协调配合，加之同处一个班组，员工并不会采取一些明显和过激的排斥行为，因此这种背后议论、岔开话题成了比较常用的方式。

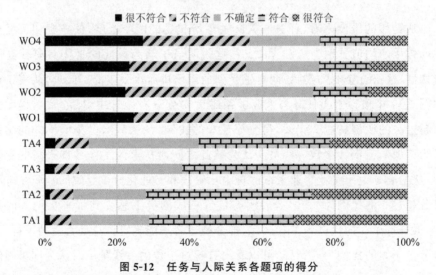

图 5-12 任务与人际关系各题项的得分

（2）群体不安全氛围的描述性分析

结合表 5-14 和表 5-15 和图 5-13，从表中可以看出群体不安全氛围的均值为 3.78，总体上处于中等偏上水平，并且群体不安全氛围的得分高于 3 的比例为 96%,表明超九成的员工会感受到较高水平的群体不安全氛围。

从具体的维度来看,群体不安全氛围所包含的四个维度,不安全行为一致性、不安全互动、不安全规范和关键员工的不安全行为的均值分别为 3.99、4.20、3.30 和 3.65,表明不安全行为一致性和不安全互动在被试员工中表现得尤其突出。此外,从表 5-15 和图 5-13 中可以看出群体不安全氛围维度得分分布统计中,不安全行为一致性分值超过 3 的比例高达 82.8%,得分等于 3 的比例为 12.8%,得分低于 3 的比例仅为 4.4%,表明大多数一线员工感受到群体中具有较高的不安全行为一致性,这主要是由于员工在日常工作中互动比较频繁,而且任务之间需要配合,为了不拖班组的后腿,员工会受到其他成员一致性行为的影响。不安全互动分值超过 3 的比例高达 93.5%,得分等于 3 的比例为4.9%,得分低于 3 的比例仅为 1.6%,表明在受访的员工群体中,有超过九成的人员能够清晰地感受到群体中存在着不安全互动,这主要是因为班组成员之间的协作比较密切,一旦出现不安全行为,成员就会针对不安全行为进行交流互动。不安全规范得分超过 3 的比例为 48.5%,得分等于 3 的比例为 26.2%,得分低于 3 的比例为 25.3%,可以看出有接近半数的被调查者感受到较高水平的不安全规范,有四分之一的员工感受到的不安全规范水平较低,这可能是因为大多数员工仅为普通员工,只有少数员工的影响力较大或者职位较高,其不会轻易受到他人影响。关键员工的不安全行为分值超过 3 的比例高达 67.1%,得分等于 3 的比例为 21.2%,得分低于 3 的比例仅为 11.7%,大多数员工易受到关键员工的不安全行为的影响,这可能是关键员工能够对不服从者实施惩罚,或者关键员工本身具有很强感染力,能够带动员工产生不安全行为。

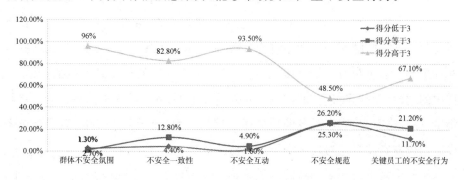

图 5-13　群体不安全氛围及其各维度得分分布

从具体的测量题项来看(表 5-14 和图 5-14),不安全行为一致性的测量的均值分布于 3.85~4.14 之间,接近甚至超过 4,得分起伏不大,并且选择"符合"与"很符合"的比例之和分布于 61.8%~77.2%之间,均超过六成。其中,UC1"我和周围多数人觉得可以违章,但有少数人认为不可以,我会听从多数人的意见"选择"符合"与"很符合"的比例最高,为 77.2%;UC4"我和周围多数人觉得不能违章,少数人想要去做,我认为这群少数人是不对的"选择"符合"与"很符合"的比例最低为 61.8%。从总体上看,员工对于题项的评价的差异并不大。

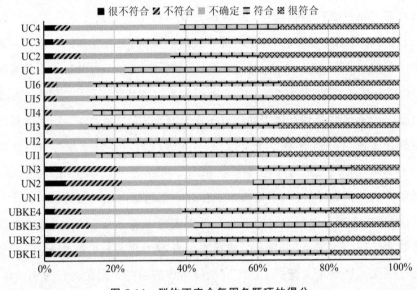

图 5-14　群体不安全氛围各题项的得分

不安全互动的测量题项的均值分布于 4.15~4.23 之间,均处于较高水平,并且题项均值差异不大,并且选择"符合"与"很符合"的比例之和分布于 84.3%~88.7%之间。其中,UI5"我经常会请教同事,希望他们传授一些违章经验和方法"选择"符合"与"很符合"的比例最高,为 88.7%,表明员工的不安全互动主要是通过帮、传、带等途径,这与访谈中所获得的信息是一致的;其余题项中的"符合"与"很符合"的比例之和差异并不大,各个题项中的得分分布比较集中,综合来看,被试者对各题项的回应比较一致,差异并不显著,表明被试者中有六成左右的员工对题项中描述的情况持赞成的态度。

不安全规范的测量题项的均值分布于 3.27~3.32 之间,均处于中等水平,并且题项均值差异不大,并且选择"符合"与"很符合"的比例之和分布于 40.0%

至 41.3％ 之间,基本在 40.0％ 附近波动,表明员工对于各测量题项的感知比较一致,大约有四成左右的员工对题项中的描述持赞成态度。

关键员工的不安全行为的测量题项的均值分布于 3.62～3.69 之间,均处于中等偏上水平,题项均值差异极小,并且选择"符合"与"很符合"的比例之和分布于 58.0％～61.2％ 之间,基本在 60％ 附近波动,各个题项中的得分分布比较集中,综合来看,被试者对各题项的回应比较一致,差异并不显著,表明被试者中有六成左右的员工对题项中描述的情况持赞成的态度。

(3)工作要求的描述性统计

结合表 5-14 和表 5-15 和图 5-15,从表中可以看出工作要求的均值为3.49,总体上处于中等偏上水平,并且工作要求的得分高于 3 的比例为 73.6％,表明有超过七成的员工会感受到较高水平的工作要求。

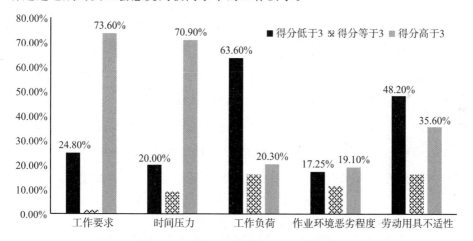

图 5-15　工作要求及其各维度得分分布

从具体的维度来看,工作要求所包含的四个维度,时间压力、工作负荷、作业环境恶劣程度以及劳动用具不适性的均值分别为 3.61、3.50、3.62 和 3.21。通过进一步分析发现(图 5-15),在被调查者中时间压力的得分高于 3 的比例为70.9％,有超过七成的被试者认为其在工作中明显感受到了时间压力,有一成左右(9.10％)的被试者对工作中的时间压力并没有明确的感知,还有 20.0％ 的被试者并没有显著感受到时间压力的存在,这可能是因为这部分人已经习惯了当前的工作节奏,抑或是熟能生巧,总是能够按时完成任务。

工作负荷的得分高于 3 的比例为 63.6％,有超过六成,不足七成的被试者认为其在工作中明显感受到了较高的工作负荷；有16.10%的被试者对工作负荷并没有确切的感受，也就是说这些员工可能会感受到工作负荷，但是可能是在自己能接受的范围内；还有约两成（20.3%）的被试者则认为工作负荷并不繁重，这可能是其已经适应了当前的工作，身心素质较好，能够应对工作负荷。

作业环境恶劣程度的得分高于3的比例为69.4%，有接近七成的被试者认为其在工作中明显感受到作业环境比较恶劣；有一成左右（11.5%）的被试者对作业环境恶劣程度并没有确切的感受，也就是说这些员工可能会感受到作业环境的恶劣，但是可能是在自己能接受的范围内；还有约两成（19.10%）的被试者则认为作业环境恶劣并不恶劣，这可能是其已经适应了当前的工作，身心素质较好，能够应对比较恶劣的工作环境。

劳动用具不适性的得分高于3的比例为48.2%，有接近半数的被试者认为其在工作中使用的劳动用具效果并不理想；有16.2%的员工则对劳动用具是否适用并不确定；而有接近四成（35.6%）的被试者认为劳动用具与其所从事的任务比较匹配。

从具体的题项来看（表5-14和图5-16），时间压力的4个测量题项的得分均值分布于3.41～3.78之间，各个题项的得分均值差异并不大，并且被试者选择"符合"与"非常符合"的比例之和介于51.4%～67.0%之间，都超过了50%，各个题项中的得分分布比较集中，综合来看，被试者对各题项的回应比较一致，差异并不显著，有五成以上的人对于题项中描述的情况持赞同的态度。

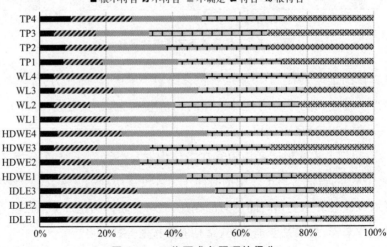

图 5-16　工作要求各题项的得分

工作负荷的 4 个测量题项的得分均值分布于 3.45～3.63 之间,各个题项的得分均值差异并不大,并且被试者选择"符合"与"非常符合"的比例之和介于 50.3％～59.2％之间,都超过了 50％,各个题项中的得分分布比较集中,综合来看,被试者对各题项的回应比较一致,差异并不显著,有五成以上的人对于题项中描述的情况持赞同的态度。其中 WL2"我的工作任务多,劳动强度大"的均值及"符合"与"非常符合"的比例之和都是最高的,表明员工的工作任务多且强度大;其余题项的差异并不明显。

作业环境恶劣程度的 4 个测量题项的得分均值分布于 3.39～3.80 之间,各个题项的得分均值差异比较大。并且被试者选择"符合"与"非常符合"的比例之和介于 49.8％～69.9％之间,各个题项中的得分分布比较集中。其中 HDWE2"工作面粉尘大、潮湿、噪音大,让人受不了"均值最高,为 3.80,并且选择"符合"与"很符合"的比例之和为 69.9％,说明有接近七成的被试者认为井下环境最恶劣的是粉尘、潮湿以及噪音大;其余题项中选择"符合"与"很符合"的人数比例都比较接近且差异不大。

劳动用具不适性的 3 个测量题项的得分均值分布于 3.10～3.29 之间,各个题项的均值得分差异比较小,并且被试者选择"符合"与"很符合"的比例之和介于 38.6％～47.3％之间。其中 IDLE1"我使用的劳保用具使我干活不利索,很不舒服"均值最低,为 3.10,并且选择"符合"与"很符合"的比例之和为 38.6％,说明有接近四成的被试者能够明显感受到劳动用具使其干活不利索,影响其干活。IDLE3"我使用的劳保用具比较沉重,戴在身上真的很耗体力"的均值最高,为 3.29,并且选择"符合"与"很符合"的比例之和也最高,为 47.3％,表明有接近半数的受访者能够明显感受到劳动用具增加了其体力消耗,因此劳动装备的轻量化是以后企业努力的方向。

(4)组织监管变量的描述性统计分析

结合表 5-14 和表 5-15 和图 5-17,从表中可以看出组织监管的均值为 4.10,总体上处于较高水平,并且组织监管的得分高于 3 的比例为 95.6％,表明超九成的员工会感受到比较严格的组织监管。

从具体的维度来看,组织监管所包含的五个维度,规章制度有效性、安全培训、管理者工作态度、监督检查力度以及处罚力度的均值分别为 3.67、4.33、

4.21、4.18 和 4.10。通过进一步分析发现（图 5-17），在所有的被调查者中规章制度有效性的得分高于 3 的比例为 63.9％，有六成左右的被试者认为企业中的规章制度是比较有效的，有 18.9％的被试者对企业中的规章制度的有效性持不确定的态度，还有接近两成（17.2％）的被试者则明显倾向于认为规章制度的有效性并不理想。

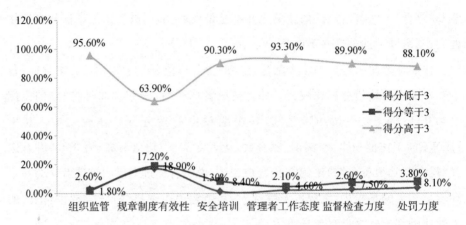

图 5-17　组织监管及其各维度的得分分布

安全培训的得分高于 3 的比例为 90.3％，有九成以上的被试者明显倾向于认为企业中的安全培训做得是比较到位的，有 8.4％的被试者对企业中的安全培训是否到位并不确定，还有极少数的被试者（1.3％）则明显倾向于认为安全培训并不是很到位。

管理者工作态度的得分高于 3 的比例为 93.3％，有九成以上的被试者明显倾向于认为管理者对待其工作是积极、端正和负责的，有 4.6％的被试者对管理者的工作态度是否认真、负责并不确定，还有极少数的被试者（2.1％）则明显倾向于认为管理者的工作态度不够认真、负责。

监督检查力度的得分高于 3 的比例为 89.9％，有接近九成的被试者明显倾向于认为监督检查力度较大、比较严格，有 7.5％的被试者对监督检查是否严格并不确定，还有极少数的被试者（2.6％）则明显倾向于认为组织的监督检查不力、不够严格，可以看出对于监督检查力度的认识，员工基本上呈现"一边倒"的态势，倾向于认为监督检查比较严格的被试者人数占据了压倒性的优势。

处罚力度的得分高于 3 的比例为 88.1％，表明员工对于处罚力度的认知比较一致,有接近九成的被试者明显倾向于认为企业的处罚力度较大、比较严格,有 8.1% 的被试者对处罚力度持不确定的态度,还有极少数的被试者(3.8%)则明显倾向于认为组织的处罚力度不够大、不够严格。

从具体的题项来看(表 5-14 和图 5-18),规章制度有效性的 3 个测量题项的得分均值分布于 3.55~3.76 之间,各个题项的得分均值差异并不大,并且被试者选择"符合"与"非常符合"的比例之和介于 52.3%~62.4% 之间,都超过了 50%,表明有五成以上的被调查者比较认可题项中的描述,倾向于认为规章制度是有效的。

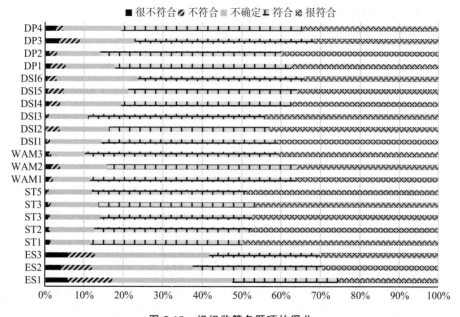

图 5-18　组织监管各题项的得分

安全培训的 5 个测量题项的得分均值分布于 4.30~4.35 之间,各个题项的得分均值几乎没有区别,并且被试者选择"符合"与"很符合"的比例之和介于 86.0%~88.4% 之间,都超过了 80%,表明有八成以上的被调查者比较认可题项中的描述,倾向于认为企业的安全培训是比较到位的。

管理者工作态度 3 个测量题项的得分均值分布于 4.15~4.28 之间,各个题项的得分均值差别不大,并且被试者选择"符合"与"很符合"的比例之和介于 84.3%~89.9% 之间,选项比较集中且各个题项的选项分布差别也不大,表明大部分被调查者比较赞同题项中的描述,倾向于认为管理者工作态度是认真、负责的。

监督检查力度的 6 个测量题项的得分均值分布于 4.07～4.32 之间,都处于比较高的水平。此外,图 5-18 可以看出被试者选择"符合"与"很符合"的比例之和介于 76.4%～89.0% 之间,并且可以看出各个题项中选择"符合"与"很符合"的比例非常高,而选择其他选项的比例很低,呈现出明显的两极分化,表明大部分被调查者比较赞同题项中的描述,倾向于认为监督检查力度大、比较严格。

处罚力度的 4 个测量题项的得分均值分布于 3.96～4.22 之间,各个题项的得分均值都比较高。此外,图 5-18 可以看出被试者选择"符合"与"很符合"的比例之和介于 80.2%～86.1% 之间,并且可以看出明显的两极分化,即选择"符合"与"很符合"的比例非常高,而选择其他选项的比例很低,选项比较集中且各个题项之间的选项分布差别也不大,表明大部分被调查者比较赞同题项中的描述,倾向于认为处罚力度大、比较严格。

5.2.3　行为效用感知的描述性分析

本书中行为效用感知变量包括以下两个具体的维度,分别为感知收益和感知损失。依据调研所得数据对行为效用感知变量进行描述性统计分析,各维度总均值、标准差以及具体题项的均值、标准差如表 5-16 所示。

表 5-16　行为效用感知变量题项得分统计分析

变量	均值	标准差	题项	均值	标准差
感知收益	3.19	1.09	PB1	3.28	1.223
			PB2	3.31	1.214
			PB3	3.15	1.256
			PB4	3.20	1.221
			PB5	3.18	1.234
			PB6	3.12	1.216
			PB7	3.10	1.215

变量	均值	标准差	题项	均值	标准差
感知成本	4.19	0.67	PL1	4.16	0.852
			PL2	4.19	0.832
			PL3	4.14	0.812
			PL4	4.28	0.757

(1)感知收益的描述性统计

从表 5-16 中可知,总体上感知收益均值为 3.19,处于一个中等的水平。通过进一步分析发现(图 5-19(a)),在所有的被调查者中感知收益的得分高于 3 的比例为 50.1%,表明在被调查者中有 50.1%的员工倾向于认为实施行为跟随是"有利可图"的,有 13.8%的被试者对感知收益持不确定的态度,还有 36.1% 的被试者则明显倾向于认为实施行为跟随不能带来收益,可以看出对于感知收益的认识,员工的分歧较大,且倾向于认为实施行为跟随能够带来收益和不能带来收益的人数比例存在着一定的差距。

由表 5-16 可知,从具体的测量题项来看,感知收益的 7 个测量题项的得分均值分布于 3.10～3.31 之间,都比较接近于 3。此外,从图 5-20 中可以看出被试者选择"符合"与"很符合"的比例之和介于 39.9%～48.0%之间,并且可以看出各个题项在"非常不符合""不符合""不确定""符合"和"很符合"上的人员比例分布比较均衡。其中 PB1"有的员工会认为效仿和跟随别人的违章行为会让他更快完成工作"和 PB2"有的员工会认为效仿和跟随别人的违章行为会让他更轻松完成任务"中选择"符合"和"很符合"的比例相对较高,分别为 47.2%和 48.9%,说明员工在实施行为跟随时主要是为了省时和省力;其余题项中选择"符合"和"很符合"的比例基本稳定在 40.0%左右。

(2)感知损失的描述性统计

从表 5-16 中可知,总体上感知损失的均值为 4.19,处于一个较高的水平,说明被调查者对于感知损失有比较清晰的认识。通过进一步分析发现(图 5-19 (b)),在所有的被调查者中感知损失的得分高于 3 的比例为 91.8%,表明在被调查者中有 91.8%的员工倾向于认为实施行为跟随是需要付出一定的代价,有 6.1%的被试者对感知损失持不确定的态度,还有 2.1%的被试者则明显倾向于认为实施行为跟随并不会造成损失,可以看出对于感知损失的认识,员工基本上呈现"一边倒"的态势,倾向于认为实施行为跟随会造成损失的被试者人数占据了压倒性的优势。

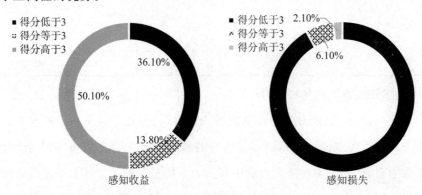

图 5-19 感知收益和感知损失的得分分布

如表 5-16 所示,从具体的题项来看,感知损失的 4 个测量题项的得分均值分布在 4.14～4.28 之间,都处于比较高的水平。与此同时,图 5-20 可以看出在各个题项中被试者选择"符合"与"很符合"的比例之和介于 80.8％～88.3％之间,各个题项中选择"符合"与"很符合"的比例都非常高,而选择其他选项的比例很低,表明有大约八成至九成的被试者比较赞同相关题项的描述,能够意识到实施行为跟随带来的相关损失,进一步表明了倾向于认为实施行为跟随会造成损失的人员占据了被调查者的大多数。

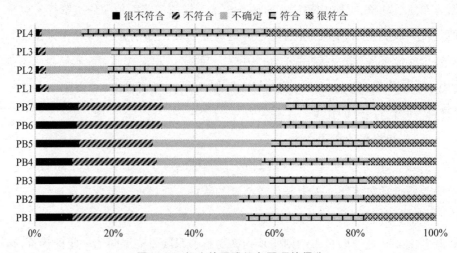

图 5-20 行为效用感知各题项的得分

5.3 行为跟随与其各驱动因素的相关性分析

在本研究中依据前文质性研究分析所得出的理论模型可知,自变量包括内部因素和外部因素,中介变量为行为效用感知,结果变量为行为跟随。其中内部因素包括个人特质、恢复水平以及工作素养;外部因素包括任务与人际关系、群体不安全氛围、工作要求以及组织监管;行为效用感知分为感知收益和感知损失;行为跟随可分为规范顺从和信息认同两个维度。本书通过相关性分析来检验变量之间的相关性,以此为后续的进一步分析提供基础,若相关性检验都无法通过则后续的研究就显得没有必要了。

5.3.1 内部因素与行为效用感知、行为跟随的相关性分析

本书首先分析内部因素与行为效用感知、行为跟随间的相关性。具体来说,就是运用 Person 相关分析来分析个人特质、恢复水平、工作素养与行为效用感知各维度(感知收益与感知损失)及行为跟随间的相关性,分析结果如表 5-17 所示。从表中可以看出个人特质与感知损失显著负相关($r=-0.416$, $p<0.001$)、与感知收益显著正相关($r=0.358$, $p<0.001$),与行为跟随显著正相关($r=0.489$, $p<0.001$);恢复水平与感知损失显著正相关($r=0.225$, $p<0.001$)、与行为跟随显著负相关($r=-0.154$, $p<0.001$);工作素养与感知损失显著正相关($r=0.317$, $p<0.001$)、与感知收益显著负相关($r=-0.401$, $p<0.001$),与行为跟随显著负相关($r=-0.380$, $p<0.001$);感知损失和感知收益分别与行为跟随显著负相关($r=-0.563$, $p<0.001$)和正相关($r=0.491$, $p<0.001$),初步验证了在前文中的理论假设 H1。

表 5-17　内部因素与行为效用感知、行为跟随的相关分析

变量	1	2	3	4	5	6
1.个人特质	1					
2.恢复水平	−0.296***	1				
3.工作素养	−0.346***	0.322***	1			

续表

变量	1	2	3	4	5	6
4.感知损失	-0.416^{***}	0.225^{***}	0.317^{***}	1		
5.感知收益	0.358^{***}	-0.006	-0.401^{***}	-0.264^{***}	1	
6.行为跟随	0.489^{***}	-0.154^{***}	-0.380^{***}	-0.563^{***}	0.491^{***}	1

注：*** 表示 $p < 0.001$

5.3.2 外部因素与行为效用感知、行为跟随的相关性分析

本书还将分析外部因素，即任务与人际关系、群体不安全氛围、工作要求以及组织监管，与行为效用感知（感知收益和感知损失）、行为跟随的相关关系。从相关性分析的结果中可以看出（表 5-18），任务与人际关系、工作要求以及群体不安全氛围分别与感知损失显著负相关（$r = -0.184, p < 0.001; r = -0.313, p < 0.001; r = -0.535, p < 0.001$），而组织监管与感知损失显著正相关（$r = 0.562, p < 0.001$）；任务与人际关系、工作要求以及群体不安全氛围分别与感知收益（$r = 0.604, p < 0.001; r = 0.572, p < 0.001; r = 0.220, p < 0.001$）和行为跟随（$r = 0.422, p < 0.001; r = 0.447, p < 0.001; r = 0.561, p < 0.001$）显著正相关，而组织监管与感知损失、行为跟随分别显著负相关（$r = -0.131, p < 0.001; r = -0.406, p < 0.001$）。这些结果初步验证了前文中的理论假设 H1。

表 5-18 外部因素与行为效用感知、行为跟随的相关分析

变量	1	2	3	4	5	6	7
1.任务与人际关系	1						
2.工作要求	0.448^{***}	1					
3.群体不安全氛围	0.239^{***}	0.347^{***}	1				
4.组织监管	-0.248^{***}	-0.251^{***}	-0.558^{***}	1			
5.感知损失	-0.184^{***}	-0.313^{***}	-0.535^{***}	0.562^{***}	1		
6.感知收益	0.604^{***}	0.572^{***}	0.220^{***}	-0.131^{***}	-0.264^{***}	1	
7.行为跟随	0.422^{***}	0.447^{***}	0.561^{***}	-0.406^{***}	-0.563^{***}	0.491^{***}	1

注：*** 表示 $p < 0.001$

5.4　行为效用感知的中介效应检验

为了检验行为效用感知的中介效应,本研究将遵循 Spencer 等提出的检验步骤,首先检验自变量对中介变量的直接效应是否显著,其次再检验中介变量对因变量的直接效应是否显著,若两次检验都显著,则中介效应成立,若两次检验中的任何一次出现不显著的情况,则中介效应不成立[308]。由前文的理论模型和理论假设可知,内部因素以及外部因素被视为自变量,行为跟随被设定为结果变量,并提出内部因素及外部因素会通过行为效用感知(感知收益与感知损失)的中介作用进而对行为跟随产生影响。本研究将采用结构方程模型(structural equation modeling,SEM),借助 Mplus7.0 分析工具对相关假设进行分析和验证。

尽管已经有越来越多的研究采用 SEM 来分析中介效应,但是其检验方法却依然沿用传统的因果逐步回归法和 Sobel 检验法。研究表明,因果逐步回归法和 Sobel 检验法的统计功效相对来说比较低,而且需要样本服从正态分布[309],因此 Bootstrap 法越来越受到学术界的认可,其优点在于对于样本量的要求比前两种方法更低,并且其并不要求样本遵从正态分布,通过对样本进行一定次数(一般不低于 1 000 次)的有放回重复抽样,进而计算出置信区间,如果置信区间不包含 0,则说明中介效应是成立的。有研究者将现有的多种中介效应检验方法进行了对比,发现偏差校正的 Bootstrap 法(bias-corrected boot-strap,BC Bootstrap)法能够得到最精确的置信区间估计,统计功效也最高[310],因此本研究将在基于 SEM 分析的基础上运用偏差校正的 Bootstrap 法进行中介效应检验。

为了能够精确得出内部因素、外部因素与行为效用感知(感知收益和感知损失)、不安全羊群行间的关系,本研究在构建结构方程模型的过程中运用了题项打包法。题项打包法,顾名思义,就是将量表中的两个或两个以上的题项进行合并构成一个新的指标,并将形成的新的指标作为变量的一个维度。题项打包法非常适用于单维变量,因为通过将单维变量中的测量题项进行合并能够提高共同度、提高模型的信度、降低随机误差[311]。尽管题项打包法适用于单维变量，但并不意味着只要是单维变量就能够使用，还需要视具体情况而定，当在SEM中重点关注的是潜变量之间的关系时，则非常适合使用；当关注的焦点是具体测量题项时（比如探索性因子分析）则不宜使用[311]。在本研究中，预测变量和结果变量均为多维变量（至少存在两个维度），而感知收益和感知损失仅为单维变量，并且当前研究重点关注的是潜变量之间的关系而非具体的测量题项，基于此，当前研究是适宜采用题项打包法的。

题项打包的操作方法较多，本研究将采用 Rogers 和 Schmitt 提出的方法，具体的操作方法是，首先计算出单维变量所有测量题项的因子载荷，然后将这些测量题项按照因子载荷的大小进行排序，进而按照因子载荷的排序对题项进行分配[312]。为了方便理解，假设某个单维变量由 9 个题项进行测量，现在需要构造 3 个维度（指标），首先计算出这 9 个题项的因子载荷并对其进行排序（升序或者降序），然后对题项进行分配，其中维度 1 由因子载荷排序为 1、6 和 7 的题项构成，维度 2 由因子载荷排序为 2、5 和 8 的题项构成，维度 3 由因子载荷排序为 3、4 和 9 的题项构成，最后将每个维度分配到的题项加总求均值作为相关维度的得分[125]。通过题项打包法，本研究分别为感知收益和感知损失构造两个维度（指标），进而进行进一步的结构方程模型分析。

在运用结构方程模型进行模型分析时，通常会运用一系列拟合指标来判定模型的拟合是否达到要求。本研究将通过卡方拟合指数（χ^2）、卡方与自由度的比值（χ^2/df）、比较拟合指数（CFI）、Tucker-Lewis 指数（TLI）、SRMR（标准化残差均方根）和 RMSEA（近似误差均方根）来衡量模型的拟合优度。当卡方与自由度的比值（χ^2/df）在 1 和 5 之间，卡方值达到显著性（$p < 0.05$），SRMR 的值不超过 0.05，RMSEA 的值不超过 0.08，以及 CFI 和 TLI 越接近 1 越好（一般大于 0.80 即可接受，不低于 0.90 为佳），说明此时的模型拟合较好。

本研究通过构建以内部因素和外部情境因素为预测变量，行为效用感知（感知收益、和感知损失）为中介变量，以及行为跟随为结果变量的结构方程模型（见图 5-21），为了剔除人口学变量对研究结果的干扰，将行为跟随呈现出显著差异的人口学变量当作控制变量也纳入到了模型中，运用偏差校正的 Bootstrap 检验方法对模型中的直接效应和间接效应进行检验，以验证在前文中所提出的假设,模型的拟合优度结果如表 5-19 所示,从中可以看出模型的拟合度大体上达到了可接受水平。接下来将对相关结果进行详细的解读。

表 5-19 结构方程模型拟合优度分析

拟合指标	χ^2	df	χ^2/df	CFI	TLI	SRMR	RMSEA
指标值	2 047.001***	418	4.897	0.886	0.867	0.037	0.070
注:*** 表示 $p < 0.001$							

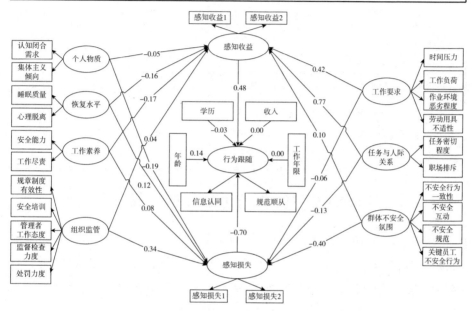

图 5-21 行为跟随驱动机理的结构方程模型分析

5.4.1 内部因素对行为效用感知的直接效应分析

由表 5-20 和图 5-21 可知,在内部因素中,恢复水平和工作素养作用于感知收益的路径系数均达到统计显著性,表明恢复水平和工作素养对感知收益具有显著的负向影响,也就是说恢复水平和工作素养水平越高的员工更不容易感受到行为跟随带来的好处;而个人特质对感知收益的路径系数并不显著,由此可以判定感知收益不受个人特质的影响。

此外,个人特质和恢复水平对感知损失的路径系数都达到了显著性水平,表明个人特质对感知损失具有直接的负向影响,而恢复水平具有直接的正向影响,换句话说,个人特质水平越高、恢复水平越低,员工感知到的损失越低。工作素养对感知损失的路径系数并不显著,表明感知损失并不受工作素养的影响。

表 5-20 模型中的直接效应计算结果

路径	标准化路径系数	S.E.	Two-Tailed		95%CI	
			P-Value		下限	上限
个人特质→感知收益	−0.052	0.040	0.074		−0.108	0.127
恢复水平→感知收益	−0.157	0.037	0.000		−0.238	−0.040
工作素养→感知收益	−0.169	0.034	0.000		−0.247	−0.087
个人特质→感知损失	−0.194	0.064	0.017		−0.327	−0.050
恢复水平→感知损失	0.116	0.031	0.017		0.061	0.200
工作素养→感知损失	0.076	0.024	0.053		−0.009	0.163
感知收益→行为跟随	0.479	0.017	0.000		0.404	0.559
感知损失→行为跟随	−0.702	0.026	0.000		−0.792	−0.627

5.4.2 外部因素对行为效用感知的直接效应分析

如表 5-21 和图 5-21 所示,在诸多外部驱动因素中,对感知收益产生显著直接影响的变量包括:任务与人际关系、群体不安全氛围以及工作要求,并且这些变量的水平越高,员工感知收益也越高。组织监管对感知收益的直接效应并不显著,因此可以认为感知收益不受组织监管的影响。

同样,在外部因素中也只有部分因素对感知损失具有显著的直接效应,这些变量包括:任务与人际关系、群体不安全氛围以及组织监管。其中任务与人际关系、群体不安全氛围对感知损失的直接效应显著,当任务与人际关系、群体不安全氛围的水平越高,员工感知到的损失反而越低;组织监管则显著正向直接作用于感知损失,即员工感知到组织的监管越严格,其感知损失会越高。工作要求作用于感知损失的路径系数并不显著,表明工作要求对感知损失的影响可以忽略。

表 5-21　模型中的直接效应计算结果

路径	标准化路径系数	S.E.	Two-Tailed P-Value	95%CI 下限	95%CI 上限
任务与人际关系→感知收益	0.772	0.166	0.000	0.594	0.992
群体不安全氛围→感知收益	0.096	0.124	0.008	0.001	0.184
工作要求→感知收益	0.418	0.102	0.000	0.320	0.520
组织监管→感知收益	0.036	0.038	0.287	−0.050	0.104
任务与人际关系→感知损失	−0.131	0.033	0.001	−0.226	−0.019
群体不安全氛围→感知损失	−0.402	0.106	0.000	−0.495	−0.296
工作要求→感知损失	−0.052	0.054	0.237	−0.148	0.045
组织监管→感知损失	0.336	0.026	0.000	0.251	0.431

5.4.3　行为效用感知对行为跟随的直接效应分析

利用调研所得数据绘制行为效用感知与行为跟随及其各维度的三维曲面图,如图 5-22 所示。从图 5-22(a)中可以明显看出,随着感知损失得分的降低、感知收益得分的增加,规范顺从的得分趋势越来越高;从图 5-22(b)中可以明显看出,随着感知损失得分的降低、感知收益得分的增加,信息认同的得分趋势越来越高;从图 5-22(c)中可以明显看出,随着感知损失得分的降低、感知收益得分的增加,行为跟随的得分趋势越来越高。这些都体现了感知损失会负向作用于行为跟随及其各维度,而感知收益则会正向作用于行为跟随及其各维度。

此外,从表 5-20 和图 5-21 中可以看出,感知收益和感知损失对行为跟随倾向的标准化路径系数分别为 0.479(p<0.001)和−0.702(p<0.001),达到了

统计显著性水平,表明感知收益和感知损失对行为跟随倾向分别具有显著的正向直接效应和显著的负向直接效应。

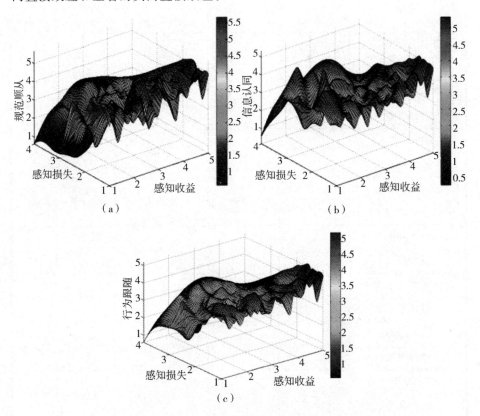

图 5-22　行为效用感知与行为跟随及其各维度的关系

5.4.4　行为效用感知在内部因素与行为跟随间的中介效应检验

在构建的结构方程模型中,自变量同时包含了内部因素和外部因素,为了使分析具有条理,这部分将只呈现行为效用感知(感知收益和感知损失)在内部因素与行为跟随间的中介作用的检验结果。

依据上文 Spencer 等提出的中介效应检验法,由于个人特质对感知收益的直接效应并不显著($\beta = -0.052, p > 0.05$),由此可以直接得出感知收益在个人特质与行为跟随关系中的中介作用并不显著。此外,工作素养对感知损失的直接效应同样不显著($\beta = 0.076, p > 0.05$),因此感知损失在工作素养与行为跟随间的中介作用同样不显著。

从表 5-22 中可以看出,在内部因素中,恢复水平($\beta = -0.075$, 95％CI = $[-0.097, -0.052]$)和工作素养($\beta = -0.081$, 95％CI = $[-0.083, -0.077]$)通过感知收益对行为跟随的间接效应的 95％置信区间不包括 0,表明其通过感知收益作用于行为跟随的中介效应显著。个人特质($\beta = 0.136$, 95％CI = $[0.105, 0.167]$)和恢复水平($\beta = -0.081$, 95％CI = $[-0.129, -0.032]$)通过感知损失对行为跟随的间接效用的 95％置信区间也不包括 0,表明其通过感知损失作用于行为跟随的中介效应显著。

表 5-22　行为效用感知的间接效应检验结果

路径	间接效应	95％CI	
		下限	上限
恢复水平→感知收益→行为跟随	−0.075	−0.097	−0.052
工作素养→感知收益→行为跟随	−0.081	−0.083	−0.077
个人特质→感知损失→行为跟随	0.136	0.105	0.167
恢复水平→感知损失→行为跟随	−0.081	−0.129	−0.032

5.4.5　行为效用感知在外部因素与行为跟随间的中介效应检验

在构建的结构方程模型中,自变量同时包含了内部因素和外部因素,为了使分析具有条理,这部分将只呈现行为效用感知(感知收益和感知损失)在外部因素与行为跟随间的中介作用的检验结果,如表 5-23 所示。

表 5-23　行为效用感知的间接效应检验结果

路径	间接效应	95％CI	
		下限	上限
任务与人际关系→感知收益→行为跟随	0.370	0.333	0.410
群体不安全氛围→感知收益→行为跟随	0.046	0.022	0.072
工作要求→感知收益→行为跟随	0.200	0.167	0.232
任务与人际关系→感知损失→行为跟随	0.092	0.066	0.118
群体不安全氛围→感知损失→行为跟随	0.282	0.130	0.431
组织监管→感知损失→行为跟随	−0.236	−0.400	−0.078

与上文结果类似,由于组织监管对感知收益的直接效应并不显著,不满足中介效用成立的必要条件,因此感知收益在组织监管与行为跟随倾向关系中的中介作用并不显著。此外,工作要求对感知损失的直接效应同样不显著,也不满足中介效应成立的必要条件,因此感知损失在工作要求与行为跟随关系中的中介作用并不显著。

由表5-23可知,在外部因素中,任务与人际关系($\beta = 0.370, 95\% CI = [0.333, 0.410]$)、群体不安全氛围($\beta = 0.046, 95\% CI = [0.022, 0.072]$)和工作要求($\beta = 0.200, 95\% CI = [0.167, 0.232]$)通过感知收益对行为跟随的间接效应的95%置信区间不包括0,表明其通过感知收益作用于行为跟随的中介效应显著。除此以外,任务与人际关系($\beta = 0.092, 95\% CI = [0.066, 0.118]$)、群体不安全氛围($\beta = 0.282, 95\% CI = [0.130, 0.431]$)和组织监管($\beta = -0.236$, $95\% CI = [-0.040, -0.078]$)通过感知损失对行为跟随的间接效应的95%置信区间不包括0,表明其通过感知损失作用于行为跟随的中介效应显著。

5.4.6 研究变量间关系的假设检验

在上文的基于工业企业一线员工调研的数据基础之上已经得出了各个变量之间的关系,在本部分将依据上文所得的结果对第三章中提出的假设进行检验,并依据检验的结果对前文构建的理论模型进行修正。

(1)内、外部因素与行为跟随的关系假设检验

H1-1:个人特质显著正向作用于行为跟随。依据上文中的相关性分析($r = 0.489$, $p < 0.001$)和 H4 的检验结果,可知假设 H1-1 成立。

H1-2:工作素养显著负向作用于行为跟随。依据上文中的相关性分析($r = -0.380$, $p < 0.001$)和 H6 的检验结果,可知假设 H1-2 成立。

H1-3:恢复水平显著负向作用于行为跟随。依据上文中的相关性分析($r = -0.154$, $p < 0.001$)和 H8 的检验结果,可知假设 H1-3 成立。

H1-4:任务与人际关系显著正向作用于行为跟随。依据上文中的相关性分析($r = 0.422$, $p < 0.001$)和 H10 的检验结果,可知假设 H1-4 成立。

H1-5:群体不安全氛围显著正向作用于行为跟随。依据上文中的相关性分析($r = 0.561$, $p < 0.001$)和 H12 的检验结果,可知假设 H1-5 成立。

H1-6：工作要求显著正向作用于行为跟随。依据上文中的相关性分析（$r=0.447$，$p<0.001$）和 H14 的检验结果，可知假设 H1-6 成立。

H1-7：组织监管显著负向作用于行为跟随。依据上文中的相关性分析（$r=-0.406$，$p<0.001$）和 H16 的检验结果，可知假设 H1-7 成立。

综合 H1-1～H1-7 的检验结果可以得出，H1：内、外部因素分别对行为跟随产生显著影响，这一假设是成立的。

（2）行为效用感知与行为跟随的关系假设检验

H2-1：感知收益对员工的行为跟随具有显著正向影响。依据上文的 SEM 分析结果可知感知收益对行为跟随的作用路径系数为 0.479（$p<0.001$）达到了统计显著性，可以看出所得结果与所构建的模型中的变量之间的关系假设完全一致，因此假设 H1-1 成立。

H2-2：感知损失对员工的行为跟随具有显著负向影响。根据上文中的 SEM 分析结果可知感知损失对行为跟随的直接效应达到了 -0.702（$p<0.001$）达到统计显著性，可以看出所得结果与所构建的模型中的变量之间的关系假设完全一致，因此假设 H1-2 成立。

结合 H2-1 和 H2-2 的检验结果可以得出，H2：行为效用感知对员工的行为跟随具有显著影响，这一假设是成立的。

（3）内部因素与行为效用感知的关系假设检验

H3-1：个人特质正向作用于感知收益。依据上文的 SEM 分析结果可知个人特质对感知收益的作用路径系数为 -0.052（$p<0.074$）并没有达到统计显著性，表明个人特质对感知收益没有显著预测作用，这与本书提出的研究假设并不一致，基于此，假设 H3-1 在当前研究中并不成立。

H3-2：个人特质负向作用于感知损失。依据上文的 SEM 分析结果可知个人特质对行为跟随倾向的作用路径系数为 -0.194（$p<0.05$）达到统计显著性，表明个人特质对感知损失具有显著的负向预测作用，这与本书提出的研究假设一致，基于此，假设 H3-2 在当前研究中并成立。

基于 H3-1 和 H3-2 的检验结果，假设 H3：个人特质会对行为效用感知产生显著影响，这一假设在当前研究中仅部分成立。

H5-1：工作素养负向影响感知收益。依据上文的 SEM 分析结果可知工作素养对感知收益的作用路径系数为-0.169($p<0.001$)达到统计显著性,表明工作素养对感知收益具有显著负向预测作用,这与本书提出的研究假设一致,基于此,假设 H5-1 在当前研究中成立。

H5-2:工作素养正向影响感知损失。依据上文的 SEM 分析结果可知工作素养对感知损失的作用路径系数为0.076($p>0.05$)并没有达到统计显著性,表明工作素养对感知损失并没有显著的预测作用,这与本书提出的研究假设并不一致,基于此,假设 H5-2 在当前研究中并不成立。

结合 H5-1 和 H5-2 的检验结果,假设 H5:工作素养对行为效用感知具有显著的影响,这一假设在当前研究中仅部分成立。

H7-1:恢复水平负向影响感知收益。依据上文的 SEM 分析结果可知恢复水平对感知收益的作用路径系数为-0.157($p<0.001$)达到统计显著性,表明恢复水平对感知收益具有显著负向预测作用,这与本书提出的研究假设一致,基于此,假设 H7-1 在当前研究中成立。

H7-2:恢复水平正向影响感知损失。依据上文的 SEM 分析结果可知恢复水平对感知损失的作用路径系数为0.116($p<0.05$)达到统计显著性,表明恢复水平对感知损失具有显著的正向预测作用,这与本书提出的研究假设一致,基于此,假设 H7-2 在当前研究中成立。

基于 H7-1 和 H7-2 的检验结果,H7:恢复水平对行为效用感知具有显著影响,这一假设在当前研究中成立。

(4)外部因素与行为效用感知的关系假设检验

H9-1:任务与人际关系正向影响感知收益。依据上文的 SEM 分析结果可知,任务与人际关系对感知收益的作用路径系数为0.772($p<0.001$)达到统计显著性,表明任务与人际关系对感知收益具有显著正向预测作用,这与本书提出的研究假设一致,基于此,假设 H9-1 在当前研究中成立。

H9-2:任务与人际关系负向影响感知损失。依据上文的 SEM 分析结果可知任务与人际关系对感知损失的作用路径系数为-0.131($p<0.001$)达到统计显著性,表明任务与人际关系对感知损失具有显著负向向预测作用,这与本书提出的研究假设一致,基于此,假设 H9-2 在当前研究中成立。

基于 H9-1 和 H9-2 的检验结果,H9:任务与人际关系对行为效用感知具有显著影响,这一假设在当前研究中成立。

H11-1:群体不安全氛围显著正向作用于感知收益。依据上文的 SEM 分析结果可知群体不安全氛围对感知收益的作用路径系数为 $0.096(p<0.01)$ 达到统计显著性,表明群体不安全氛围对感知收益具有显著正向预测作用,这与本书提出的研究假设一致,基于此,假设 H11-1 在当前研究中成立。

H11-2:群体不安全氛围显著负向作用于感知损失。依据上文的 SEM 分析结果可知,群体不安全氛围对感知损失的作用路径系数为 $-0.402(p<0.001)$ 达到统计显著性,表明群体不安全氛围对感知损失具有显著负向预测作用,这与本书提出的研究假设一致,基于此,假设 H11-2 在当前研究中成立。

基于 H11-1 和 H11-2 的检验结果,H11:群体不安全氛围显著作用于行为效用感知,这一假设在当前研究中成立。

H13-1:工作要求显著正向影响感知收益。依据上文的 SEM 分析结果可知,工作要求对感知收益的作用路径系数为 $0.418(p<0.001)$ 达到统计显著性,表明工作要求对感知收益具有显著正向预测作用,这与本书提出的研究假设一致,基于此,假设 H13-1 在当前研究中成立。

H13-2:工作要求显著负向影响感知损失。依据上文的 SEM 分析结果可知工作要求对感知损失的作用路径系数为 $-0.052(p>0.05)$ 并没有达到统计显著性,表明工作要求对感知损失没有显著负向预测作用,这与本书提出的研究假设并不一致,基于此,假设 H13-2 在当前研究中并不成立。

结合 H13-1 和 H13-2 的检验结果,H13:工作要求对行为效用感知具有显著影响,这一假设在当前研究中仅部分成立。

H15-1:组织监管显著负向作用于感知收益。依据上文的 SEM 分析结果可知组织监管对感知收益的作用路径系数为 $0.036(p>0.05)$,没有达到统计显著性,表明组织监管对感知收益不存在显著的负向预测作用,这与本书提出的研究假设是相悖的,基于此,假设 H15-1 在当前研究中不成立。

H15-2:组织监管显著正向作用于感知损失。依据上文的 SEM 分析结果可知组织监管对感知损失的作用路径系数为 $0.336(p<0.001)$,达到统计显著性,表明组织监管对感知损失具有显著正向预测作用,这与本书提出的研究假设一致,基于此,假设 H15-2 在当前研究中成立。

结合 H15-1 和 H15-2 的检验结果,H15:组织监管显著作用于行为效用感知,这一假设在当前研究中仅部分成立。

(5)行为效用感知的中介效应假设检验

H4-1:个人特质通过感知收益间接正向作用于行为跟随。由于在直接效应检验中,个人特质对感知收益的直接效应并不显著,依据 Spencer 等的观点,在这种情况下可以直接判定感知收益在个人特质与行为跟随间的中介效应不显著,因此假设 H4-1 在当前研究中不成立。

H4-2:个人特质通过感知损失间接负向作用于行为跟随。通过偏差校正的 Bootstrap 法得出感知损失在个人特质与行为跟随间的中介效应值为0.136,且 95% 置信区间不包括 0(95%CI=[0.105,0.167]),表明感知损失的中介效应显著,即个人特质会通过感知损失间接正向作用于行为跟随。这与研究模型中的变量关系假设一致,假设 H4-2 在当前研究中是成立的。

结合 H4-1 和 H4-2 的检验结果,H4:个人特质会通过行为效用感知显著作用于行为跟随,这一假设在当前研究中仅部分成立。

H6-1:工作素养通过感知收益间接负向作用于行为跟随。通过偏差校正的 Bootstrap 法得出感知收益在工作素养与行为跟随间的中介效应值为−0.081,且 95% 置信区间不包括 0(95%CI=[−0.083,−0.077]),表明感知收益的中介效应显著,即工作素养会通过感知收益间接正向作用于行为跟随,这与研究模型中的变量关系假设一致,假设 H6-1 在当前研究中是成立的。

H6-2:工作素养通过感知损失间接负向作用于行为跟随。由于在直接效应检验中,工作素养对感知损失的直接效应并不显著,依据 Spencer 等的观点,在这种情况下可以直接判定感知损失在工作素养与行为跟随间的中介效应不显著,因此,假设 H6-2 在当前研究中不成立。

结合 H6-1 和 H6-2 的检验结果,H6:工作素养通过行为效用感知间接作用于行为跟随,这一假设在当前研究中仅部分成立。

H8-1:恢复水平通过感知收益间接负向作用于行为跟随。通过偏差校正的 Bootstrap 法得出感知收益在恢复水平与行为跟随间的中介效应值为−0.075,且 95% 置信区间不包括 0(95%CI=[−0.097,−0.052]),表明感知收益的中介效应显著,即恢复水平会通过感知收益间接负向作用于行为跟随,这与研究模型中的变量关系假设一致,假设 H8-1 在当前研究中是成立的。

H8-2:恢复水平通过感知损失间接负向作用于行为跟随。通过偏差校正的 Bootstrap 法得出感知损失在恢复水平与行为跟随间的中介效应值为 -0.081,且 95%置信区间不包括 0(95%CI$=[-0.129,-0.032]$),表明感知损失的中介效应显著,即恢复水平会通过感知损失间接负向作用于行为跟随,这与研究模型中的变量关系假设一致,假设 H8-2 在当前研究中是成立的。

结合 H8-1 和 H8-2 的检验结果,H8:恢复水平通过行为效用感知间接作用于行为跟随,这一假设在当前研究中是成立的。

H10-1:任务与人际关系通过感知收益间接正向作用于行为跟随。通过偏差校正的 Bootstrap 法得出感知收益在任务与人际关系与行为跟随间的中介效应值为 0.370,且 95%置信区间不包括 0(95%CI$=[0.333,0.410]$),表明感知收益的中介效应显著,即任务与人际关系会通过感知收益间接正向作用于行为跟随,这与研究模型中的变量关系假设一致,假设 H10-1 在当前研究中是成立的。

H10-2:任务与人际关系通过感知损失间接正向作用于行为跟随。通过偏差校正的 Bootstrap 法得出感知损失在任务与人际关系和行为跟随间的中介效应值为 0.092,且 95%置信区间不包括 0(95%CI$=[0.066,0.118]$),表明感知损失的中介效应显著,即任务与人际关系会通过感知损失间接正向作用于行为跟随,这与研究模型中的变量关系假设一致,假设 H10-2 在当前研究中是成立的。

结合 H10-1 和 H10-2 的检验结果,H10:任务与人际关系通过行为效用感知间接作用于行为跟随,这一假设在当前研究中是成立的。

H12-1:群体不安全氛围通过感知收益间接正向作用于行为跟随。通过偏差校正的 Bootstrap 法得出感知收益在群体不安全氛围与行为跟随间的中介效应值为 0.046,且 95%置信区间不包括 0(95%CI$=[0.022,0.072]$),表明感知收益的中介效应显著,即群体不安全氛围会通过感知收益间接正向作用于行为跟随,这与研究模型中的变量关系假设一致,假设 H12-1 在当前研究中是成立的。

H12-2:群体不安全氛围通过感知损失间接正向作用于行为跟随。通过偏差校正的 Bootstrap 法得出感知损失在群体不安全氛围和行为跟随间的中介效应值为 0.282，且 95％置信区间不包括 0（95％CI＝[0.130,0.431]），表明感知损失的中介效应显著，即群体不安全氛围会通过感知损失间接正向作用于行为跟随，这与研究模型中的变量关系假设一致，假设 H12-2 在当前研究中是成立的。

结合 H12-1 和 H12-2 的检验结果，H12：群体不安全氛围通过行为效用感知作用于行为跟随，这一假设在当前研究中是成立的。

H14-1：工作要求通过感知收益间接正向作用于行为跟随。通过偏差校正的 Bootstrap 法得出感知收益在工作要求与行为跟随间的中介效应值为0.046，且 95％置信区间不包括 0（95％CI＝[0.167,0.232]），表明感知收益的中介效应显著，即工作要求会通过感知收益间接正向作用于行为跟随，这与研究模型中的变量关系假设一致，假设 H14-1 在当前研究中是成立的。

H14-2：工作要求通过感知损失间接正向作用于行为跟随。由于在直接效应检验中，工作要求对感知损失的直接效应并不显著，依据 Spencer 等的观点，在这种情况下可以直接判定感知损失在工作要求与行为跟随间的中介效应不显著，因此假设 H14-2 在当前研究中不成立。

结合 H14-1 和 H14-2 的检验结果，H14：工作要求通过行为效用感知间接作用于行为跟随，这一假设在当前研究中仅部分成立。

H16-1：组织监管通过感知收益间接负向作用于行为跟随。由于在直接效应检验中，组织监管对感知收益的直接效应并不显著，依据 Spencer 等的观点，在这种情况下可以直接判定感知收益在组织监管与行为跟随间的中介效应不显著，因此假设 H16-1 在当前研究中不成立。

H16-2：组织监管通过感知损失间接负向作用于行为跟随。通过偏差校正的 Bootstrap 法得出感知损失在组织监管与行为跟随间的中介效应值为－0.236，且 95％置信区间不包括 0（95％CI＝[－0.401,－0.078]），表明感知损失的中介效应显著，即组织监管会通过感知损失间接负向作用于行为跟随，这与研究模型中的变量关系假设一致，假设 H16-2 在当前研究中是成立的。

结合 H16-1 和 H16-2 的检验结果，H16：安全管理通过行为效用感知间接作用于行为跟随，这一假设在当前研究中仅部分成立。

5.4.7 理论假设模型的修正

基于上文的实证分析和检验,本研究已经验证了研究中所提出的假设(见表 5-24),并进一步明确了变量间的作用机理。依据检验结果,将没有通过假设检验的变量之间的关系路径从假设模型中剔除,即将假设检验中的个人特质对感知收益的作用路径、工作素养对感知损失的作用路径、工作要求对感知损失的作用路径、组织监管对感知收益的作用路径以及职位层级对行为跟随的作用路径进行剔除,最终得到了修正后的模型,即最终的一线员工行为跟随驱动因素作用机理模型,模型如图 5-23 所示。

表 5-24 研究假设检验结果汇总

假设	假设内容	检验结果
H1	内、外部因素分别对行为跟随产生显著影响	成立
H1-1	个人特质显著正向作用于行为跟随	成立
H1-2	工作素养显著负向作用于行为跟随	成立
H1-3	恢复水平显著负向作用于行为跟随	成立
H1-4	任务与人际关系显著正向作用于行为跟随	成立
H1-5	群体不安全氛围显著正向作用于行为跟随	成立
H1-6	工作要求显著正向作用于行为跟随	成立
H1-7	组织监管显著负向作用于行为跟随	成立
H2	行为效用感知对员工的行为跟随具有显著影响	成立
H2-1	感知收益对员工的行为跟随具有显著正向影响	成立
H2-2	感知损失对员工的行为跟随具有显著负向影响	成立
H3	个人特质会对行为效用感知产生显著影响	部分成立
H3-1	个人特质正向作用于感知收益	不成立
H3-2	个人特质负向作用于感知损失	成立
H4	个人特质会通过行为效用感知显著作用于行为跟随	部分成立
H4-1	个人特质通过感知收益间接正向作用于行为跟随	不成立
H4-2	个人特质通过感知损失间接负向作用于行为跟随	成立
H5	工作素养对行为效用感知具有显著的影响	部分成立
H5-1	工作素养负向影响感知收益	成立
H5-2	工作素养正向影响感知损失	不成立

续表

假设	假设内容	检验结果
H6	工作素养通过行为效用感知间接作用于行为跟随	部分成立
H6-1	工作素养通过感知收益间接负向作用于行为跟随	成立
H6-2	工作素养通过感知损失间接负向作用于行为跟随	不成立
H7	恢复水平对行为效用感知具有显著影响	成立
H7-1	恢复水平负向影响感知收益	成立
H7-2	恢复水平正向影响感知损失	成立
H8	恢复水平通过行为效用感知间接作用于行为跟随	成立
H8-1	恢复水平通过感知收益间接负向作用于行为跟随	成立
H8-2	恢复水平通过感知损失间接负向作用于行为跟随	成立
H9	任务与人际关系对行为效用感知具有显著影响	成立
H9-1	任务与人际关系正向影响感知收益	成立
H9-2	任务与人际关系负向影响感知损失	成立
H10	任务与人际关系通过行为效用感知间接作用于行为跟随	成立
H10-1	任务与人际关系通过感知收益间接正向作用于行为跟随	成立
H10-2	任务与人际关系通过感知损失间接正向作用于行为跟随	成立
H11	群体不安全氛围显著作用于行为效用感知	成立
H11-1	群体不安全氛围显著正向作用于感知收益	成立
H11-2	群体不安全氛围显著负向作用于感知损失	成立
H12	群体不安全氛围通过行为效用感知作用于行为跟随	成立
H12-1	群体不安全氛围通过感知收益间接正向作用于行为跟随	成立
H12-2	群体不安全氛围通过感知损失间接正向作用于行为跟随	成立
H13	工作要求对行为效用感知具有显著影响	部分成立
H13-1	工作要求显著正向影响感知收益	成立
H13-2	工作要求显著负向影响感知损失	不成立
H14	工作要求通过行为效用感知间接作用于行为跟随	部分成立
H14-1	工作要求通过感知收益间接正向作用于行为跟随	成立
H14-2	工作要求通过感知损失间接正向作用于行为跟随	不成立
H15	组织监管显著作用于行为效用感知	部分成立
H15-1	组织监管显著负向作用于感知收益	不成立
H15-2	组织监管显著正向作用于感知损失	成立

续表

假设	假设内容	检验结果
H16	组织监管通过行为效用感知间接作用于行为跟随	部分成立
H16-1	组织监管通过感知收益间接负向作用于行为跟随	不成立
H16-2	组织监管通过感知成本间接负向作用于行为跟随	成立
H17	员工行为跟随在不同的人口学变量上具有显著的差异性	部分成立
H17-1	员工行为跟随在不同的工作年限上具有显著的差异性	成立
H17-2	员工行为跟随在不同的收入水平上具有显著的差异性	成立
H17-3	员工行为跟随在不同的年龄层次上具有显著的差异性	成立
H17-4	员工行为跟随在不同的学历层次上具有显著的差异性	成立
H17-5	员工行为跟随在不同职位层级上具有显著的差异性	不成立

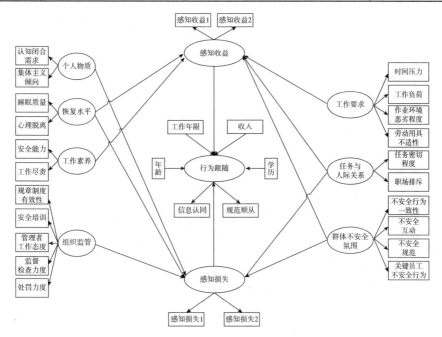

图 5-23　修正后的一线员工行为跟随驱动机理模型

5.5　本章小结

在本章中利用正式调研获取的 1 011 份有效问卷对前文中提出的理论假

设和模型进行实证分析和检验。为了避免人口学变量对研究结果的干扰,本书中将人口学变量仅作为控制变量进行处理,由于其并不是本书分析的重点,因此仅分析其对行为跟随的影响,通过单因素方差分析和均值分析对行为跟随在不同人口学变量上的差异性进行了检验,并且对研究中的核心变量进行了描述性统计分析;其次,运用相关性分析对本书中的核心变量间的相关性进行了检验,为后续的实证研究提供初步的依据,进一步地对假设模型中所涉及的直接效应进行检验,并以此为基础运用 Bootstrap 法对行为效用感知的中介作用进行分析和检验;最终,在基于直接效应和中介效应分析的基础上对行为跟随驱动因素作用机理模型进行了更正。本章中的行为跟随驱动因素作用机理分析为后续的进一步分析和管控措施的提出提供了实证证据。

6 基于行为效用感知的行为跟随博弈分析

由于员工的行为跟随会随着时间的变化而发生改变,仅仅挖掘出其驱动因素及其作用机理是远远不够的,为了能够有效地对一线员工的行为跟随进行管理和控制,还需要深刻了解其形成、发展和稳定条件,从而采取综合干预措施以达到最优的管控效果。前文已经从静态视角基于截面时点数据分析了各驱动因素对行为跟随的作用机理,并得出了行为效用感知是导致行为跟随的直接原因。在本章节中将运用演化博弈理论,在基于前文的驱动因素作用机理分析的基础上,分别从员工内部和员工外部两个层面来重点分析行为效用感知对一线员工行为跟随选择的影响,试图从动态视角探讨和揭示在不同水平的行为效用感知作用下煤员员工行为跟随的演化均衡策略,以期能够进一步为干预一线员工行为跟随提供理论支持。

6.1 演化博弈理论

博弈论(game theory)又称对策论,是用来研究在一定的情境制约下相关参与者在策略选择中的相互作用以及由此带来的均衡问题的一种数学模型。通俗地说,参与者的行为策略的选择会影响到对方的策略选择,每个参与者在做出策略选择时会考虑对方的策略选择并结合自身的利益考量最终选择一个最有利的策略。博弈思想自古有之,只是限于当时的社会环境和历史发展阶段,导致其只是停留在经验总结阶段,而在博弈思想由经验总结走向系统化和形式化的过程中,冯·诺伊曼和奥斯卡·摩根斯坦发挥了不可替代的作用,他们首次将博弈思想系统化和形式化,推动其发展成为一门理论。之后,由于约翰·福布斯·纳什在博弈均衡点方面的突出贡献,促使博弈论走向一般化。现如今,博弈论已经被广泛地应用于国际政治关系、生物学、经济学、管理学、计算机科学、军事学等其他众多学科领域。

然而在博弈论应用和发展的过程中以传统博弈论(亦称经典博弈论)为代表的博弈分析方法暴露出了一定的缺陷。为了克服传统博弈存在的缺陷,演化博弈论逐渐受到学者专家们的青睐。演化博弈论起初主要应用于生物学,用来分析物种的演化规律,是博弈论与生物进化论相结合的产物,是用来着重分析参与博弈的主体的学习机制和演化均衡策略的过程。传统的博弈论与演化博弈论的区别主要体现在如下几个方面:

①理性假设的不同。传统博弈是以博弈各方完全理性为前提假设的,这就要求参与者都是基于自身利益最大化考量而做出的策略选择,同时还需要其能够在任何条件下都能够进行正确的判断和做出正确的选择,此外参与博弈的各方的理性程度以及知识结构等处于同一层次,能够清楚地了解对方的策略选择[313]。显然这样的前提假设在现实世界中几乎是不存在的,由于受到情境因素的制约,拥有完全理性的个体几乎不存在,个体在进行决策时只能在自己可控的范围内尽量做到理性,这就导致个体在进行策略选择时既不是完全理性也不是非理性,而是介于二者之间的一种"有限理性"[314],演化博弈以有限理性为前提假设,克服了传统博弈在理性假设方面的局限性。

②研究对象存在区别。传统博弈以个体为研究对象,个体是在完全知悉对手策略选择的情况下进行自身策略的选择;演化博弈则是以群体为研究对象,群体中的个体在进行策略的选择时未必是最优策略,但是可以通过后期不断地学习,模仿群体中的占优策略,最终作出最优决策。

③"动态"的内涵不同。在传统博弈中,动态是指各个参与方在进行策略的选择时存在着行为上的先后次序;在演化博弈中,动态的概念要相对复杂,其是在基于系统动力学的基础上,把群体中的每个个体的策略的调整看作是受到若干因素的影响而使各博弈方所构成的动态的系统最终达到稳定的一个过程。

④"均衡"的内涵不同。在传统博弈论中,均衡主要指的是纳什均衡,并且是作为研究的重点;在演化博弈理论中,均衡则是指演化稳定策略。

演化博弈论的基本前提假设是参与博弈的各方均为有限理性,各参与方在博弈的过程中不断学习、模仿占优群体的策略,最终达到一个相对稳定的点,尽管这个相对稳定的点可能并不是所谓的纳什均衡点,但是却是最能反映现实情况的,因此基于演化博弈分析所得结论而制定的政策建议往往能收获较好的效果。

在演化博弈论的分析中,博弈框架、适应度分析、演化过程及稳定均衡是其主要的构成部分,接下来将围绕这四个方面做必要的叙述:

①演化博弈框架。在演化博弈中,受制于一定的制度环境以及技术条件,参与博弈的主体按照一定的结构和规则进行博弈,这种结构和规则就是博弈的框架。参与演化博弈的主体是随机从某个群体中抽取出来的,并且都只具备有限理性,在博弈过程中各参与方具备的信息和知识是不完全的,博弈策略的选择是通过学习和模仿占优主体的策略,这是与传统的博弈存在明显区别的地方。

②适应度分析。与传统博弈不同的是,演化博弈吸收了生物学中适应度的概念,将传统博弈中的支付函数转变为适应度函数,以此来表示博弈主体在选定某个策略后选择该策略的人数在每个周期的变化率。博弈参与者的期望收益决定了相应的适应度函数。

③演化过程。演化博弈的一大特征就是对群体规模及博弈策略频率的演化发展进行分析,其中群体规模的演化发展主要借鉴生物基因遗传的过程来描述选择机制,是博弈模型中不可或缺的一部分,其主要表现在复制者动态模型中。而博弈策略频率的演化主要是指博弈主体在既有的行为策略空间中进行策略的随机选择,并不会产生新的策略,主要用来描述变异机制,以验证演化均衡的稳定性,但是其对演化博弈模型的影响并不大。

④演化稳定均衡。所谓演化稳定均衡就是指当群体中的大多数主体选择了稳定均衡策略时,则占据少数的突变群体就很难渗透到当前的种群中,通俗地说就是,突变群体在应对自然选择时,要不就是将自身策略转变为演化均衡策略以适应自然选择,获得生存机会,要不就是固执己见从而导致无法适应自然,最终"灭绝",退出系统。与传统的绝对优势不同,演化稳定均衡只体现出一种相对优势,其强调的是随着时间的推移,个体从最初的多样化策略选择逐渐发展为大多数个体都选择一个相对占有优势的策略,而少数选择不占优策略的

个体则很难在竞争中获胜。除非受到外界的强烈干扰,否则这个相对稳定的系统会持续进行,处于一个稳定的状态。

6.2 演化博弈分析的适用性评价

演化博弈论在基于参与方有限理性的基础上,综合了博弈分析与演化动态的长处来分析一定的经济现象,是分析复杂经济系统的一种有效的工具[315]。演化博弈论以群体为研究对象,对群体中的个体在长期博弈进程中策略的转变、行为发展趋势以及稳定均衡给予重点关注,这些特征决定了演化博弈适用于分析员工行为跟随。

首先,由于我国工业企业在日常的生产作业中多是采用班组化管理,员工内嵌于一定的班组群体,研究表明当个体处于群体中时,其行为方式与独处时存在着明显的不同。处于群体中的个体,其行为方式更容易受到群体成员的影响,因此个体在决定是否对他人的不安全行为进行模仿和跟随时,会受到群体中其他个体的影响,并可能模仿他人的策略进而对他人的不安全行为采取跟随或者不跟随的策略。

其次,一线员工的行为跟随的选择并不是静止的,而是一个动态的过程,表现为在初始阶段每个员工都会基于自身情况而决定是否对他人的不安全行为进行学习和模仿,随着时间的推移,若那些选择对他人不安全行为进行模仿和跟随的员工逐渐表现出了收益优势时,未对他人不安全行为采取模仿和跟随策略的员工就会学习、模仿占优群体的策略也开始对不安全行为进行模仿和跟随。然而,察觉行为跟随的收益优势并不是瞬时完成的,而是需要参与主体花费一定的时间不断地进行试错与策略调整。

最后,行为跟随选择的参与主体具有有限理性的特征。各参与主体受制于自身的阅历、经验、能力以及专业知识等的限制,在策略选择的过程中不可能获取博弈所需的所有信息,也不具有无限处理问题的能力。

此外,在金融学领域已经有一些研究运用演化博弈论来揭示个体对他人投资行为的模仿和跟随现象[316-317]。在舆情传播领域,同样有学者采用演化博弈的分析方法对舆情传播中网民的羊群行为进行了分析,并提出了相应的引导和控制策略[318-319]。在交通领域,有研究者针对行人违章过街中存在的羊群行为进行了分析和数值仿真[320-321]。由此可以看出,演化博弈理论在揭示羊群行为的形成、发展以及稳定等方面具有较好的效果。然而,采用演化博弈方法来揭示员工对他人的不安全行为的模仿和跟随现象的研究极其稀少,考虑到演化博弈理论的众多优点,同时为了弥补当前在企业安全管理领域内研究的不足,本研究将通过演化博弈理论从动态视角分析员工行为跟随的形成、发展及稳定均衡。

6.3　员工群体内部演化博弈分析

为了能够揭示在行为效用感知的作用下行为跟随是如何在一线员工群体中形成、发展以及达到稳定均衡的,本部分将一线员工作为博弈的参与方,构建二人对称博弈,试图从企业一线员工群体内部揭示行为跟随的形成与演化规律。

6.3.1　博弈模型的基本假设与建立

如前文所述,我国工业企业采用班组化管理,这种管理方式使得员工之间的交流和协作紧密且频繁,由于员工间的信息不对称,这使得员工在与其他员工的交流和协作中,其心理与行为易受到其他员工的影响。当员工所在班组出现了不安全行为,此时员工个体会在个人内部因素以及外部因素的作用下而对行为跟随产生一定的效用感知,在这种效用感知的作用下,个体会决定是否实施行为跟随。由于员工限于自身的能力,其往往在决策时仅具有有限理性,因此在决定对他人不安全行为采取跟随或者不跟随策略时是一个动态演化的过程。

(1)基本假设

假设1:本书以工业企业一线员工作为博弈的参与方,且假设参与博弈的一线员工均为有限理性。当员工所处的群体(班组)中已经出现了不安全行为,则员工对这种不安全行为可能会采取跟随 F 或不跟随 N 两种策略,也就是说员工对已经产生的不安全行为可能会采取模仿和学习的策略,即采取了行为跟随策略;也可能会采取不模仿和不学习的策略,此时可以认为员工表现出的是安全行为。由此可知,参与博弈的主体的行动策略空间为 $Z=\{F,N\}=\{$跟随,不跟随$\}$,在同一时刻每个员工只能采取两种策略中的一种,员工之间的互动与交流使得员工之间形成了一个个博弈单元,当博弈开始时,从一线员工群体中随机抽取两名员工构成博弈的双方,其中员工 A 采取跟随不安全行为策略的概率为 $x\in[0,1]$,采取不跟随不安全行为策略的概率为 $1-x$,员工 B 采取跟随不安全行为策略的概率为 $y\in[0,1]$,采取不跟随不安全行为策略的概率为 $1-y$。

假设 2:当参与博弈的双方均对已经存在的不安全行为采取跟随策略时,此时博弈双方均会获得一定的收益 u。结合前文的深度访谈可知,此时的收益主要为,由于双方都对已经存在的不安全行为进行跟随和效仿,会使员工感受到强烈的心理安全感和归属感等心理收益,同时由于不安全行为往往能够带来一定的时间和体力的节省,因此采取跟随策略还能够获得一定的生理收益。尽管对不安全行为采取跟随策略会带来一定的心理和生理收益,但是对已经存在的不安全行为进行跟随和效仿,这严重威胁了组织的安全生产,组织会对一系列的不安全行为进行干预和管理,因此当员工采取跟随策略时,其可能会因为表现出不安全行为而面临组织的惩罚,比如罚款、停工等,而引起一部分损失,不仅如此,由于本书中的工业企业多属高危行业,在企业中任何的不安全行为都可能会引发一定的事故,因而采取跟随策略会存在一定的安全风险而给员工自身带来一定的损失,总之,采取跟随策略时,员工还将面临一定的损失 c。基于以上假设可知,当博弈双方均采取跟随策略时,其获得的收益为

$$V_A^{FF}=u-c \tag{6-1}$$

$$V_B^{FF}=u-c \tag{6-2}$$

假设 3:当博弈双方采取的策略不一致时,即一方采取跟随策略,另外一方采取不跟随策略时,双方会从各自的策略选择中感知到一定的效用。对于不跟随的一方,由于其坚持安全行为,因此其没有获得额外的收益,结合前文中的访谈可知,一线员工在工作中大多需要相互协作才能完成任务,由于有一方采取了跟随策略,因此对于不跟随的一方来说其工作进度会比采取跟随策略的员工

慢,导致整个群体的工作进度放慢,因此可能会受到其他员工的排斥、孤立,甚至是打骂,引起内心的惶恐和不安,从而导致心理损失,假设其为 h。

对于跟随的一方来说,由于其对已经存在的不安全行为进行跟随,在本质上其行为已经表现出了不安全性,因此对于跟随者来说其会感受到由一定的安全风险而带来的损失,同时组织的例行监管也会使跟随者在一定的监管力度下蒙受一定的损失,综合来看,跟随的一方将面临损失 c。此外,由于只存在一方采取了跟随策略,此时系统中跟随不安全行为的人数相对较少,因此其感受到的心理安全感、归属感等也会相应减少,因此心理收益会相应降低;同时,由于系统中有采取不跟随策略的员工存在,导致工作中需要协作完成的任务进度无法加快,对于采取跟随策略的员工来说,其感知到的省时省力等生理收益要低于双方都采取跟随策略时的生理收益,因此,双方策略不一致时,跟随一方的生理收益会相应降低,综合来看,此时采取跟随策略的员工所感受到的收益为 v。基于当前的分析可知,博弈双方策略不一致时,当员工 A 采取跟随策略而员工B 采取不跟随策略时其收益为

$$V_{\mathrm{A}}^{\mathrm{FN}} = v - c \tag{6-3}$$

$$V_{\mathrm{B}}^{\mathrm{FN}} = -h \tag{6-4}$$

当员工 B 采取跟随策略而员工 A 采取不跟随策略时,此时双方的收益可以表示为

$$V_{\mathrm{B}}^{\mathrm{NF}} = v - c \tag{6-5}$$

$$V_{\mathrm{A}}^{\mathrm{NF}} = -h \tag{6-6}$$

假设 4:当员工 A 和员工 B 均采取不跟随策略时,则双方继续保持安全生产,因此也就不会从跟随他人的不安全行为中感受到收益和损失,此时双方所感知到的收益为

$$V_{\mathrm{A}}^{\mathrm{NN}} = V_{\mathrm{B}}^{\mathrm{NN}} = 0 \tag{6-7}$$

基于上述分析可以得出,本研究中参与博弈的员工 A 和员工 B 的博弈支付矩阵,如表 6-1 所示,其中 u、v、c、h 均大于 0 且 $u > v$。

表 6-1　员工 A 和员工 B 博弈支付矩阵

		员工 B	
		跟随（F）	不跟随（N）
员工 A	跟随（F）	$u-c;u-c$	$v-c;-h$
	不跟随（N）	$-h;v-c$	$0;0$

（2）演化博弈模型的建立

本书采用演化博弈中的复制动态方程来刻画一线员工的行为跟随演化的速度和方向。依据上文中假设的博弈关系及表 6-1 的博弈支付矩阵，可以获得一线员工 A 对已经存在的不安全行为采取跟随策略以及采取不跟随策略时的期望收益：

$$E_A^F = y \cdot (u-c) + (1-y) \cdot (v-c) \tag{6-8}$$

$$E_A^N = -y \cdot h + (1-y) \cdot 0 = -y \cdot h \tag{6-9}$$

由一线员工 A 采取跟随策略的期望收益 E_A^F 及不跟随策略时的期望收益 E_A^N，可以得出一线员工 A 的平均期望收益为

$$\bar{E}_A = x \cdot E_A^F + (1-x) \cdot E_A^N \tag{6-10}$$

假设在双方进行博弈的过程中时间是连续的，尽管各博弈方都是有限理性的，然而在反复博弈的过程中，各参与方都会不断调整自身的策略，选择最有利的策略，当某一方策略具有较高的收益优势时，则会有越来越多的个体选择这个策略，根据 Weibull 的复制动态方程[322]，一线员工 A 采取跟随策略的复制动态方程为

$$dx/dt = x \cdot (E_A^F - \bar{E}_A) \tag{6-11}$$

联立方程（6-8）（6-9）（6-10）（6-11）可得一线员工采取跟随策略的复制动态为

$$dx/dt = x \cdot (1-x) \cdot [y \cdot (u-v+h) + v-c] \tag{6-12}$$

同理，可以得出一线员工 B 对他人的不安全行为采取跟随和不跟随策略时的期望收益分别为

$$E_B^F = x \cdot (u-c) + (1-x) \cdot (v-c) \tag{6-13}$$

$$E_B^N = -x \cdot h + (1-x) \cdot 0 = -x \cdot h \tag{6-14}$$

由员工 B 采取跟随策略的期望收益 $E_{\mathrm{B}}^{\mathrm{F}}$ 及不跟随策略时的期望收益 $E_{\mathrm{B}}^{\mathrm{N}}$,可以得出员工 B 的平均期望收益为

$$\overline{E}_{\mathrm{B}} = y \cdot E_{\mathrm{B}}^{\mathrm{F}} + (1-y) \cdot E_{\mathrm{B}}^{\mathrm{N}} \tag{6-15}$$

假设在双方进行博弈的过程中时间是连续的,尽管各博弈方都是有限理性的,然而在反复博弈的过程中,各参与方都会不断调整自身的策略选择最有利的策略,当某人策略具有较高的收益优势时,则会有越来越多的个体选择这个策略,根据 Weibull 的复制动态方程,员工 B 采取跟随策略的复制动态方程为

$$\mathrm{d}y/\mathrm{d}t = y \cdot (E_{\mathrm{B}}^{\mathrm{F}} - \overline{E}_{\mathrm{B}}) \tag{6-16}$$

联立方程(6-13)(6-14)(6-15)(6-16)可得员工 B 的复制动态为

$$\mathrm{d}y/\mathrm{d}t = y \cdot (1-y) \cdot [x \cdot (u-v+h) + v-c] \tag{6-17}$$

根据以上分析可以得出员工 A 和员工 B 采取跟随不安全行为策略的复制动态微分方程组

$$\begin{cases} \mathrm{d}x/\mathrm{d}t = x \cdot (1-x) \cdot [y \cdot (u-v+h) + v-c] \\ \mathrm{d}y/\mathrm{d}t = y \cdot (1-y) \cdot [x \cdot (u-v+h) + v-c] \end{cases} \tag{6-18}$$

公式(6-18)反映了员工 A 和员工 B 二者的策略复制、模仿的速度和方向,当复制动态方程为 0 时,说明此时系统内的两个主体之间策略复制、模仿的速度为 0,整个系统的演化趋于稳定。令 $\mathrm{d}x/\mathrm{d}t = \mathrm{d}y/\mathrm{d}t = 0$,可得复制动态方程组(6-18)的 5 个局部稳定均衡点,分别为

$$E_1 = (0,0) \quad E_2 = (0,1) \quad E_3 = (1,0) \quad E_4 = (1,1) \quad E_5 = (x^*, y^*)$$

其中,$x^* = -\dfrac{v-c}{u-v+h}$,$y^* = -\dfrac{v-c}{u-v+h}$。

6.3.2 演化博弈模型的均衡分析

Friedman 指出,判定整个系统的演化稳定策略(ESS)可以通过分析这个系统的雅克比矩阵的行列式及其迹的正负性来确定系统在局部平衡点处是否稳定[323]。通过对公式(6-18)中的 x 和 y 求偏导,可得此时系统的雅克比矩阵 $\boldsymbol{J}$ 为:

$$\boldsymbol{J} = \begin{bmatrix} (1-2x) \cdot [y \cdot (u-v+h) + v-c] & x \cdot (1-x) \cdot (u-v+h) \\ y \cdot (1-y) \cdot (u-v+h) & (1-2y) \cdot [x \cdot (u-v+h) + v-c] \end{bmatrix}$$

$$\tag{6-19}$$

基于公式(6-19)可以得出雅克比矩阵 $\boldsymbol{J}$ 的行列式 $\mathrm{Det}(\boldsymbol{J})$ 以及迹 $\mathrm{Tr}(\boldsymbol{J})$ 分别为：

$$\mathrm{Det}(\boldsymbol{J}) = (1-2x) \cdot (1-2y) \cdot [y \cdot (u-v+h)+v-c] \cdot$$
$$[x \cdot (u-v+h)+v-c]-x \cdot y \cdot (1-x) \cdot \qquad (6\text{-}20)$$
$$(1-y) \cdot (u-v+h)^2$$

$$\mathrm{Tr}(J) = (1-2x) \cdot [y \cdot (u-v+h)+v-c]$$
$$+(1-2y) \cdot [x \cdot (u-v+h)+v-c] \qquad (6\text{-}21)$$

将当前的 5 个局部均衡点分别代入到公式(6-20)和(6-21)中,得出了相应均衡点的 $\mathrm{Det}(\boldsymbol{J})$ 以及迹 $\mathrm{Tr}(\boldsymbol{J})$ 的表达式,其结果如表 6-2 所示。

表 6-2 局部均衡点对应的 $\mathrm{Det}(\boldsymbol{J})$ 和 $\mathrm{Tr}(\boldsymbol{J})$ 的表达式

均衡点(x,y)	$\mathrm{Det}(\boldsymbol{J})$	$\mathrm{tr}(\boldsymbol{J})$
$E_1(0,0)$	$(v-c)^2$	$2(v-c)$
$E_2(0,1)$	$-(u-c+h) \cdot (v-c)$	$u-v+h$
$E_3(1,0)$	$-(u-c+h) \cdot (v-c)$	$u-v+h$
$E_4(1,1)$	$(u-c+h)^2$	$-2(u-c+h)$
$E_5(x^*,y^*)$	$-(v-c)^2 \cdot \left(1+\dfrac{v-c}{u-v+h}\right)^2$	0

根据 Friedman 提出的判定系统演化稳定策略(ESS)的标准,当某个局部均衡点带入到矩阵 $\boldsymbol{J}$ 的行列式和迹中时使得 $\mathrm{Det}(\boldsymbol{J}) > 0$ 且 $\mathrm{Tr}(\boldsymbol{J}) < 0$,则可以判定这个局部均衡点为系统的演化稳定策略(ESS),若 $\mathrm{Tr}(\boldsymbol{J}) = 0$,则为鞍点。依据这一标准,表 6-2 中局部均衡点 $E_5(x^*,y^*)$ 所对应的 $\mathrm{Det}(\boldsymbol{J}) \geqslant 0$,$\mathrm{tr}(\boldsymbol{J}) = 0$,因此 $E_5(x^*,y^*)$ 为鞍点。接下来将探讨在不同情形下,局部均衡点成为系统演化稳定策略(ESS)的可能性。

① 当 $v-c < 0$ 且 $u-c < -h$ 时,由均衡点的稳定性分析结果可知,此时系统存在唯一演化稳定策略 $E_1(0,0)$,如表 6-3 中的情形 1 所示。同时,结合图 6-1 情形 1 的系统演化动态相位图可知,当一线员工感知到的跟随他人不安全行为所获得的净收益低于不跟随时所获得的净收益时,无论员工群体中采取跟随策略的比例有多高或者多低,其最终都将收敛于 $E_1(0,0)$,也就是说员工最终都选择了不跟随策略。

②当 $v-c>0$ 且 $u-c>-h$ 时,由均衡点的稳定性分析结果可知,此时系统存在唯一演化稳定策略 $E_4(1,1)$,如表 6-3 中的情形 2 所示。同时,结合图 6-2 情形 2 的系统演化动态相位图可知,当一线员工感知到的跟随他人不安全行为所获得的净收益高于不跟随时所获得的净收益时,无论初始系统中员工采取跟随策略的比例有多高或者多低,其最终都将收敛于 $E_4(1,1)$,也就是说一线员工最终都采取跟随他人已经产生的不安全行为,即全部实施行为跟随。

表 6-3　局部均衡点对应的 $\mathrm{Det}(\boldsymbol{J})$ 和 $\mathrm{tr}(\boldsymbol{J})$ 的表达式

均衡点 (x,y)	情形 1			情形 2		
	$\mathrm{Det}(\boldsymbol{J})$	$\mathrm{Tr}(\boldsymbol{J})$	稳定性	$\mathrm{Det}(\boldsymbol{J})$	$\mathrm{tr}(\boldsymbol{J})$	稳定性
$E_1(0,0)$	+	−	ESS	+	+	不稳定
$E_2(0,1)$	−	+	不稳定	−	+	不稳定
$E_3(1,0)$	−	+	不稳定	−	+	不稳定
$E_4(1,1)$	+	+	不稳定	+	−	ESS

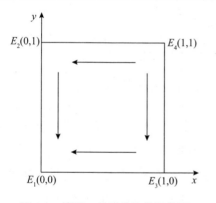

图 6-1　情形 1 的系统演化相位图　　图 6-2　情形 2 的系统演化相位图

③当 $v-c<0$ 且 $u-c>-h$,由表 6-4 的均衡点的稳定性分析结果可知此时系统内的演化稳定策略并不唯一,分别为 $E_1(0,0)$ 和 $E_4(1,1)$。此时系统内存在多重演化均衡点,最终员工可能都会选择跟随策略,也可能都选择不跟随策略,这主要取决于员工初始选择跟随策略的比例,结合图 6-3 情形 3 的系统演化动态相位图可知,若员工 A 和员工 B 初始选择跟随策略的概率分别高于 x^* 和 y^*,则其最终都会选择跟随策略,反之,若员工 A 和 B 初始选择跟随策略的概率低于 x^* 和 y^* 则其最终都会选择不跟随策略。

表 6-4　局部均衡点对应的 Det(J) 和 Tr(J) 的表达式

均衡点（x，y）	情形 3		
	Det(J)	Tr(J)	稳定性
$E_1(0,0)$	＋	－	ESS
$E_2(0,1)$	＋	＋	不稳定
$E_3(1,0)$	＋	＋	不稳定
$E_4(1,1)$	＋	＋	ESS
$E_5(x^*,y^*)$	－	0	鞍点

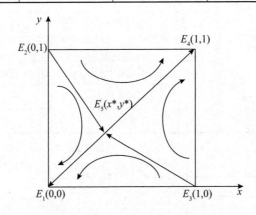

图 6-3　情形 3 的系统演化相位图

④ 当 $v-c>0$ 且 $u-c<-h$，这种情况不存在。由博弈双方的支付矩阵可知 $u-c>v-c$，$-h<0$，若 $v-c>0$，此时可得 $u-c>v-c>0>-h$，然而当前的情境同时还要求 $u-c<-h$，显然在当前的假设情境之下无法满足 $u-c>v-c$ 这一基本前提假设，因此这种情况在本研究中并不存在。

6.3.3　演化博弈的数值仿真分析

在上文中利用解析和演化博弈的方法从动态的视角分析了工业企业一线员工行为跟随在行为效用感知作用下的演化与稳定。然而，由于演化博弈只是对相关方程的数学求解，因此只能从中获取不同条件下系统的稳定均衡解，却较难对系统达到演化稳定策略的过程进行理解和把握[324]。也就是说，虽然我们通过演化博弈的方法分析计算出了在不同条件下员工行为跟随的演化稳定策略，但是却无法清晰展示这种行为达到演化稳定策略的过程，比如达到演化稳定策略的时间(周期)以及不同时点的人数波动情况。考虑到系统仿真克服了演化博弈只注重数理分析的局限性,使得原本抽象、复杂的问题变得直观和易于理解,能够对系统的演化进程进行全方位展示[324],基于此,本部分将借助Matlab仿真软件来动态模拟展示一线员工行为跟随在不同情境下的演化规律,从而达到有效理解和把握演化过程的目的,是对前文的重要补充和延伸。

6.3.3.1   演化稳定状态的数值仿真分析

在前文的问卷调研中已经获得一线员工在对已经存在的不安全行为采取跟随或者不跟随策略时其自身所感知到的相应的收益和损失,其中 $u = 3.19$, $c = 4.19, h = 3.18, v = 2.81$,为了计算的方便,在接下来的仿真中,参数的赋值均保留一位小数。由于采用的是 5 点 Likert 量表,因此相应的收益和损失的值均在 $1\sim5$ 之间,本部分在基于问卷所获得的实际调研数据之上,将依据上文中分析的不同情境进行参数的调整以达到动态直观地理解和把握一线员工群体的行为跟随形成及演化路径。需要说明的是,由于员工 A 和员工 B 构成的博弈关系为对称关系,也就是说二者的演化趋势是一致的,因此在接下来的仿真过程中,仅以员工 A 为例进行仿真模拟。

(1)唯一演化稳定策略情形 1 的数值分析

依据问卷调查所得到的基础数据,为了满足情形 1 所出现的情况,通过专家咨询法对相应的参数进行一定的调整,此时取 $u = 3.2, c = 4.5, v = 2.8, h = 1$ 满足 $v - c < 0$ 且 $u - c < -h$,在当前的取值情况下可得演化稳定策略(ESS)为 $E_1(0,0)$,即当一线员工感知到实施行为跟随所带来的预期净收益低于未实施行为跟随时所带来的预期净收益时,那么就会有越来越多的一线员工选择放弃实施行为跟随,也就是说会有越来越多的一线员工维持安全生产行为,具体的演化趋势如图 6-4 所示。从图中可以看出无论初始员工采取跟随策略的概率是多少,但是员工最终都会选择不跟随的策略,且初始概率越低,收敛至 0 的速度越快,换言之,在当前的情形中,系统的演化方向只与员工感受到的收益和损失有关,而系统演化的速度受员工初始跟随策略的概率的影响,数值仿真结果与演化博弈分析的结果完全一致。

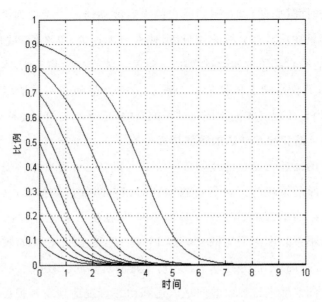

图 6-4　一线矿工情形 1 仿真结果

(2)唯一演化稳定策略情形 2 的数值分析

依据问卷调查所得到的基础数据,为了满足情形 1 所出现的情况,通过专家咨询法对相应的参数进行一定的调整,此时取 $u=3.2,c=2.5,v=2.8,h=3.8$ 满足 $v-c>0$ 且 $u-c>-h$,在当前的取值情况下可得演化稳定策略(ESS)为 $E_1(1,1)$,即当一线员工实施行为跟随的预期净收益高于未实施行为跟随所带来的预期净收益时,那么一线员工表现出行为跟随的概率将会增大,将会有越来越多的员工选择实施这种行为,使得系统朝着跟随不安全行为的方向演化,具体的演化趋势如图 6-5 所示。从图中可以看出无论一线员工初始选择跟随策略的概率为多少,但是随着时间的推移,员工最终都将会选择跟随策略,且初始概率越高,最终收敛至 1 的速度越快,也就是说,员工选择跟随策略的演化方向与其感受到的收益和损失相关,而演化的速度与其初始概率有关,数值仿真结果与演化博弈分析的结果完全一致。

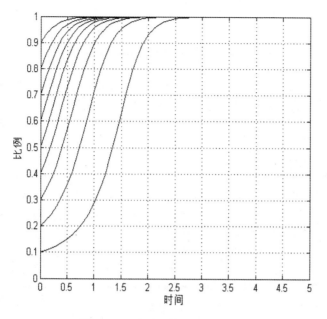

图 6-5　一线矿工情形 2 仿真结果

（3）多重演化稳定策略情形 3 的数值分析

依据问卷所得的基础数据可以发现其满足情形 3 的条件，为了计算方便，相关参数皆保留小数点后一位小数，因此 $u=3.2$、$c=4.2$、$h=3.2$ 和 $v=2.8$，此时员工感受到的收益和损失之间的关系满足 $v-c<0$ 且 $u-c>-h$，在当前的取值情况下可得演化稳定策略（ESS）分别为 $E_1(0,0)$ 和 $E_4(1,1)$，即当博弈双方均实施跟随策略的期望净收益高于博弈双方策略不一致时不跟随一方的期望净收益，且博弈双方策略不一致时跟随一方的期望净收益低于双方都不跟随时的期望净收益时，系统的演化方向并不明确，即可能朝着都不跟随的方向演化也可能朝着都跟随的方向演化，这主要取决于员工初始选择跟随策略的比例与 x^* 的大小关系，通过计算可知此时的 x^* 为 7/18，具体的演化情况如图 6-6 所示。从图中可以看出，当员工初始选择跟随的比例高于 7/18 时，尽管此时采取跟随策略的收益小于不跟随策略的收益，但仍会发生行为跟随，最终所有员工都会跟随不安全行为；而当员工初始选择跟随策略的比例小于 7/18 时，虽然采取跟随策略的收益大于不跟随策略的收益，但采取行为跟随的员工会逐渐减少，最终所有员工都采取不跟随策略，数值仿真结果与演化博弈分析的结果完全一致。

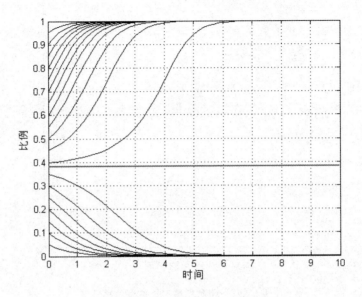

图 6-6　一线矿工情形 3 仿真结果

6.3.3.2　敏感性分析

由上文中的演化稳定策略分析可知,在情形 1 和情形 2 之下,无论员工选择跟随策略的初始比例如何变化,最终系统都会朝着一个明确的方向演化。但是在情形 3 的条件下,系统会存在多重演化稳定策略,初始比例的不同会导致系统朝着完全相反的方向演化,因此有必要分析收益和损失对系统演化的影响,这对于企业的科学干预,保障安全生产是至关重要的。在情形 3 中只有当博弈双方均采取不跟随策略,即系统最终朝着 $E_1(0,0)$ 点方向演化,才会产生良性结果。由图 6-3 可以看出在情形 3 中,系统的演化状态的临界值为折线 $E_2E_5E_3$,当系统最终的演化稳定策略为 $E_1(0,0)$ 时,表明员工 A 和 B 初始采取跟随策略的概率分布于由 $E_1E_2E_5E_3$ 组成的区域中;当系统最终的演化稳定策略为 $E_4(1,1)$ 时,表明员工 A 和 B 初始采取跟随策略的概率分布于由 $E_2E_5E_3E_4$ 组成的区域中。由此可以看出区域 $E_1E_2E_5E_3$ 的面积与区域 $E_2E_5E_3E_4$ 的面积的大小的不同会对最终系统的演化路径产生影响。假如区域 $E_1E_2E_5E_3$ 的面积大于区域 $E_2E_5E_3E_4$ 的面积,系统沿着 E_5E_1 路径向不跟随策略演化的可能性更高;反之,系统沿着 E_5E_4 路径向跟随策略演化的可能性更高;如果区域 $E_1E_2E_5E_3$ 的面积等于区域 $E_2E_5E_3E_4$ 的面积,则此时系统的演化路径并不明确,但是只要有一点微小的扰动就会导致系统朝着某个明确的路径演化。由图 6-3 可以计算得出区域 $E_1E_2E_5E_3$ 的面积:

$$S_{E_1E_2E_5E_3} = \frac{1}{2} \cdot (x^* + y^*) = -\frac{v-c}{u-v+h} \tag{6-22}$$

通过对(6-22)进行变形可得:

$$S_{E_1E_2E_5E_3} = 1 - \frac{u-c+h}{u-v+h} \tag{6-23}$$

从公式(6-23)可以看出,在情形 3 的前提条件下,随着 v 的降低 $S_{E_1E_2E_5E_3}$ 是越来越大的,由此可以看出 $S_{E_1E_2E_5E_3}$ 是 v 的单调减函数,即 v 越小,员工选择不跟随策略的概率越高。此外,为了分析 $S_{E_1E_2E_5E_3}$ 对 u、c 和 h 的敏感性,在公式(6-22)中分别对 u、c 和 h 求偏导数:

$$\begin{cases} \dfrac{\partial S}{\partial u} = \dfrac{v-c}{(u-v+h)^2} \\[2mm] \dfrac{\partial S}{\partial c} = \dfrac{1}{u-v+h} \\[2mm] \dfrac{\partial S}{\partial h} = \dfrac{v-c}{(u-v+h)^2} \end{cases} \tag{6-24}$$

在情形 3 之下 $v-c<0$,$u-c>-h$ 且前文已经声明 $u>v$,因此可得 $u-c+h>0$,$u-v+h>0$,最终得出如表 6-5 所示的系统演化路径对于参数的敏感性结果。

表 6-5 系统演化路径对参数的敏感性检验

参数	偏导函数正负性	参数变化	鞍点变化	相位面积变化	演化方向
u	$\partial S/\partial u < 0$	↓	↑	↑	$E_1(0,0)$
c	$\partial S/\partial c > 0$	↑	↑	↑	$E_1(0,0)$
h	$\partial S/\partial h < 0$	↓	↑	↑	$E_1(0,0)$

从表中可以看出 S 是 u 的单调减函数,随着 u 的减小,S 的面积越来越大,也就是说随着员工从跟随他人的不安全行为中所感知到的收益的持续降低,最终员工会选择不跟随策略;同时,S 是 c 的单调增函数,随着 c 的增大,S 的面积越来越大,也就是说组织的处罚越严,员工越是可能会选择不跟随策略;S 也是 h 的单调减函数,随着 h 的减小,S 的面积越来越大,也就是说当员工感知到的

不跟随时受到其他跟随成员的排斥越低,其越是可能会选择不跟随策略。

(1) v 的敏感性数值模拟仿真

在上文情形 3 的取值的基础上将 v 的取值降低 0.3 个单位与情形 3 进行比较分析,即 v 取 2.5 时的情形,数值仿真结果如图 6-7 所示。从图中可以看出当 $v=2.5$ 时,此时 $x^* = 17/39$,只有当员工初始选择跟随策略的比例超过 $17/39$ 时,才会有越来越多的员工选择行为跟随,而在情形 3 中 $v=2.8$ 时,只要员工初始选择跟随策略的比例超过 $7/18$ 时,就会有越来越多的员工选择行为跟随,由此可知随着 v 的减小,员工越可能采取不跟随的策略,即保持安全生产,数值仿真与上文分析一致。

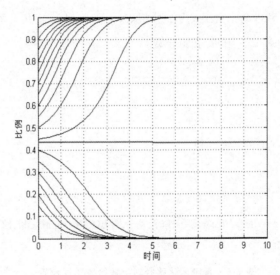

图 6-7 v 的敏感性检验

(2) u 的敏感性数值模拟仿真

在上文情形 3 的取值的基础上将 u 的取值降低 0.3 个单位与情形 3 进行比较分析,即 u 取 2.9 时的情形,数值仿真结果如图 6-8 所示。从图中可以看出当 $u=2.9$ 时,此时 $x^* = 14/33$,只有当员工初始选择跟随策略的比例超过 $14/33$ 时,才会有越来越多的员工选择行为跟随,而在情形 3 中 $u=3.2$ 时只要员工初始选择跟随策略的比例超过 $7/18$ 时,就会有越来越多的员工选择行为跟随,由此可知随着 u 的减小,员工越可能采取不跟随的策略,即保持安全生产,数值仿真与上文分析一致。

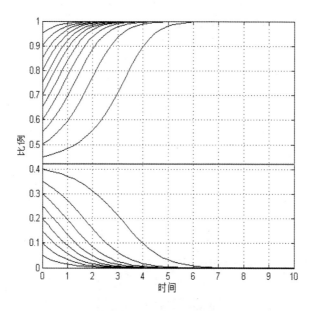

图 6-8　u 的敏感性检验

（3）c 的敏感性数值模拟仿真

在上文情形 3 的取值的基础上将 c 的取值提高 0.3 个单位与情形 3 进行比较分析，即 c 取 4.5 时的情形，数值仿真结果如图 6-9 所示。从图中可以看出当 $c=4.5$ 时，此时 $x^*=17/36$，只有当员工初始选择跟随策略的比例超过 17/36 时，才会有越来越多的员工选择行为跟随，而在情形 3 中 $c=4.2$ 时只要员工初始选择跟随策略的比例超过 7/18 时，就会有越来越多的员工选择行为跟随，由此可知随着 c 的增大，员工越可能采取不跟随的策略，即保持安全生产，数值仿真与上文分析一致。

（4）h 的敏感性数值模拟仿真

在上文情形 3 的取值的基础上将 h 的取值降低 0.3 个单位与情形 3 进行比较分析，即 h 取 2.9 时的情形，数值仿真结果如图 6-10 所示。从图中可以看出当 $h=2.9$ 时，此时 $x^*=14/33$，只有当员工初始选择跟随策略的比例超过 14/33 时，才会有越来越多的员工选择行为跟随，而在情形 3 中 $h=3.2$ 时只要员工初始选择跟随策略的比例超过 7/18 时，就会有越来越多的员工选择行为跟随，由此可知随着 h 的减小，员工越可能采取不跟随的策略，即保持安全生产，数值仿真与上文分析一致。

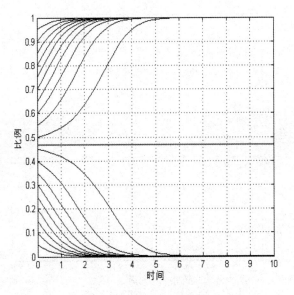

图 6-9 c 的敏感性检验

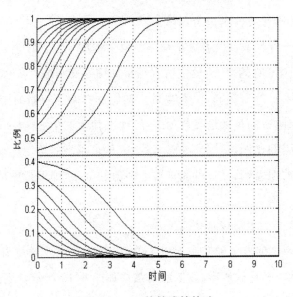

图 6-10 h 的敏感性检验

6.3.4 结论

通过以上对一线员工行为跟随的演化博弈分析和数值仿真模拟可知：

① 当一线员工感知到实施行为跟随所带来的预期净收益低于未实施行为跟随时所带来的预期净收益时($v-c<0,u-c<-h$),那么就会有越来越多的一线员工选择放弃实施行为跟随,也就是说会有越来越多的一线员工维持安全生产行为。

② 当一线员工实施行为跟随的预期净收益高于未实施行为跟随所带来的预期净收益时($v-c>0,u-c>-h$),那么一线员工表现出行为跟随的概率将会增大,将会有越来越多的员工选择实施这种行为,使得系统朝着跟随不安全行为的方向演化。

③ 当博弈双方均实施行为跟随的预期净收益高于博弈双方策略不一致时不跟随一方的预期净收益,且博弈双方策略不一致时跟随一方的预期净收益低于双方都不跟随时的预期净收益时($v-c<0,u-c>-h$),此时系统的演化方向并不明确,即可能朝着都不跟随的方向演化也可能朝着都跟随的方向演化。通过敏感性分析可以看出随着员工实施行为跟随所感知到的收益的降低、感知到的损失的增加,以及未实施行为跟随时所感受到孤立与排斥感的降低,员工采取行为跟随的可能性将变低,系统朝着都不跟随的方向演化。

④ 为了降低、预防一线员工产生行为跟随,可以采取一定的措施以保证系统内的员工最终朝着都采取不跟随策略的方向发展。通过降低跟随策略带来的心理收益、降低实施跟随不安全行为而感受到的生理收益、提高其安全风险成本感知、加大对于行为跟随的处罚以及降低员工由于未实施行为跟随而感知到的孤立与排斥等途径,从而达到降低一线员工实施行为跟随可能性的目的。

6.4 管理者与员工演化博弈分析

在上节中运用演化博弈理论从工业企业员工群体内部分析了在行为效用感知的影响下一线员工行为跟随的形成机理及不同情境之下的演化规律。而作为员工群体外部的企业管理者来说,绝不会对这种威胁安全生产的行为坐视不理,此时一线员工与管理者构成了博弈的参与方。尽管管理者和一线员工间在基于制度和合同的基础上应该各自履行自己的职责,然而由于各种原因,比如复杂的市场环境以及人的有限理性,导致管理者和一线员工并不会严格履行各自的职责。管理者和一线员工的行为方式总是会基于对方的行为策略而不断发生改变,最终处于一种动态平衡状态。当一线员工产生行为跟随的比例较高,管理者可能会采取积极的干预措施;反之,若行为跟随发生的比例较低,管理者则可能会有所松懈,采取消极的干预措施。基于此,本部分将继续基于演化博弈理论与方法构建管理者与一线员工间的演化博弈模型,从一线员工群体外部分析行为跟随的形成机理及演化过程,并探索相应的企业管理者策略的选择。

6.4.1　博弈模型的基本假设

假设 1:参与博弈的双方分别为管理者和一线员工,且双方都是有限理性,能够在博弈的过程中不断调整自身策略。

假设 2:管理者针对一线员工的行为跟随能够采取积极干预和消极干预策略,但是在任意时间点只能选择两种策略中的一项;员工在面对管理者的干预时能够选择跟随和不跟随策略,且在任意时间点只能选择二者中的一项。

假设 3:当管理者采取积极干预策略,员工采取跟随策略时,此时管理者会付出一定的成本 n,比如投入更多的时间和精力进行安全检查、实施安全培训以及安全文化建设等;但是管理者也可能会因此获得一定的额外收益 w,比如维护组织安全而额外得到的上级的嘉奖。此时,员工会因为跟随他人不安全行为而获得一定的收益 t,比如生理收益和心理收益;但是也存在一定概率被管理者发现而产生一定的期望损失 m,比如罚款、停工或考试;此外,还会因为跟随而面临一定的安全风险,造成期望损失 g。

当管理者采取积极干预策略,而员工采取不跟随策略时,即员工继续保持安全生产,此时管理者会付出成本 n,但是由于一线员工保持安全生产状态,因此管理者并不会获得组织的额外嘉奖。对于一线员工来说,可能会因为自己的不跟随策略而违背了群体中的一些规范而受到其他成员的排挤,而引起的心理损失 k。

假设 4:当管理者采取消极干预策略,员工采取跟随策略时,此时相比于积极干预策略,管理者会因为没有认真履职而节约了一定的成本 n;但是由于员工采取跟随策略,会存在一定的概率引发安全事故,从而导致管理者受到上级处罚而产生损失 j ,比如扣奖金、降职等。员工则会因为管理者的消极干预而获得一定收益 t ,同时还会因为跟随而面临一定的安全风险,造成期望损失 g 。

当管理者采取消极干预策略,而员工采取不跟随策略时,此时相比于积极干预策略,管理者会节约成本 n ,同时由于一线员工保持安全生产状态,因此管理者并不会获得组织的额外嘉奖,此时管理者收益为 0。对于一线员工来说,可能会因为自己的不跟随策略而违背了群体中的一些规范而受到其他成员的排挤,而引起的心理损失 k 。

假设 5:管理者采取"积极干预"策略的比例为 $q \in [0,1]$,采取"消极干预"策略的比例为 $1-q$ 。一线员工中采取"跟随"策略的比例为 $p \in [0,1]$,采取"不跟随"策略的比例为 $1-p$ 。

6.4.2　博弈模型的建立

为了能够清晰地分析管理者策略与一线员工策略间的关系,本研究令 $r = t - g$,基于上述的假设分析,可以得到管理者与一线员工博弈的收益支付矩阵,如表 6-6 所示,其中 m 、 w 、 n 、 j 、 k 皆大于 0, r 则可能大于 0 也可能小于 0。

表 6-6　管理者和一线员工博弈支付矩阵

管理者 员工	积极干预(q)	消极干预($1-q$)
跟随(p)	$r-m;w-n$	$r;-j$
不跟随($1-p$)	$-k;-n$	$-k;0$

依据上文中假设的博弈关系及表 6-6 的博弈矩阵,可以获得员工对他人的不安全行为采取跟随策略以及采取不跟随策略时的期望收益分别为

$$E_p = q \cdot (r-m) + (1-q) \cdot r = r - q \cdot m \tag{6-25}$$

$$E_{1-p} = -q \cdot k - (1-q) \cdot k = -k \tag{6-26}$$

通过联立表达式(6-25)和(6-26)可得出员工的平均期望收益为

$$\overline{E} = p \cdot E_p + (1-p) \cdot E_{1-p} = r \cdot p - p \cdot q \cdot m + k \cdot p - k \tag{6-27}$$

假设在博弈的过程中时间是连续的,尽管各博弈方都是有限理性的,然而在反复博弈的过程中,各参与方都会不断地调整自身的策略,选择最有利的策

略,由 Malthusian 方程可知,此时员工群体选择跟随策略的比例的变化率为

$$\mathrm{d}p/\mathrm{d}t = p \cdot (E_p - \bar{E}) \qquad (6\text{-}28)$$

根据 Weibull 的复制动态方程,联立方程(6-25)(6-26)(6-27)和(6-28)可得,此时员工采取跟随策略的复制动态方程为

$$\mathrm{d}p/\mathrm{d}t = p \cdot (1-p) \cdot (r + k - q \cdot m) \qquad (6\text{-}29)$$

同理,依据上文中假设的博弈关系及表 6-6 的博弈支付矩阵,可以获得管理者采取积极干预策略以及采取消极干预策略时的期望收益分别为

$$U_q = p \cdot (w - n) + (1-p) \cdot (-n) = w \cdot p - n \qquad (6\text{-}30)$$

$$U_{1-q} = -j \cdot p \qquad (6\text{-}31)$$

通过联立方程(6-30)和(6-31)可得出管理者的平均期望收益为

$$\bar{U} = q \cdot U_q + (1-q) \cdot U_{1-q} = p \cdot q \cdot w - q \cdot n - p \cdot j + p \cdot q \cdot j \qquad (6\text{-}32)$$

假设在博弈的过程中时间是连续的,尽管各博弈方都是有限理性的,然而在反复博弈的过程中,各参与方都会不断调整自身的策略,选择最有利的策略,由 Malthusian 方程可知,此时管理者群体选择积极干预策略的比例的变化率为

$$\mathrm{d}q/\mathrm{d}t = q \cdot (U_q - \bar{U}) \qquad (6\text{-}33)$$

根据 Weibull 的复制动态方程,联立方程(6-30)(6-31)(6-32)和(6-33)可得,此时管理者采取积极干预策略的复制动态方程为

$$\mathrm{d}q/\mathrm{d}t = q \cdot (1-q) \cdot (w \cdot p - n + p \cdot j) \qquad (6\text{-}34)$$

6.4.3　演化博弈模型的均衡分析

方程(6-29)已经刻画了员工选择跟随策略随时间的变化率,令 $H(p) = \mathrm{d}p/\mathrm{d}t = 0$,此时可得 $p_1 = 0$ 和 $p_3 = 1$ 两个可能的均衡点:① 若 $0 < q = q^* = (r+k)/m < 1$ 时,恒有 $H(p) = 0$,此时对于任何的 p 都是稳定状态,员工的复制动态相位图如图 6-11(a)所示,即当管理者以 q^* 的概率采取积极干预策略时,此时员工无论是采取跟随或者不跟随策略,其收益是无差异的,p 的任一取值均是稳定状态;② 若 $q < q^*$ 时,$H'(0) > 0$,$H'(1) < 0$,此时 $p_3 = 1$ 是演化稳定策略(ESS),此时员工的复制动态相位图如图 6-11(b)所示,在这种情形下当

管理者积极干预的概率低于 q^* 时，随着时间的推移，员工最终会都选择跟随的策略，即采取行为跟随；③ 若 $q^* < q$ 时，$H'(0) < 0$，$H'(1) > 0$，此时 $p_1 = 0$ 是演化稳定策略（ESS），此时员工的复制动态相位图如图 6-11(c)所示，在这种情形下当管理者积极干预的概率高于 q^* 时，随着时间的推移，员工最终会都选择不跟随策略。

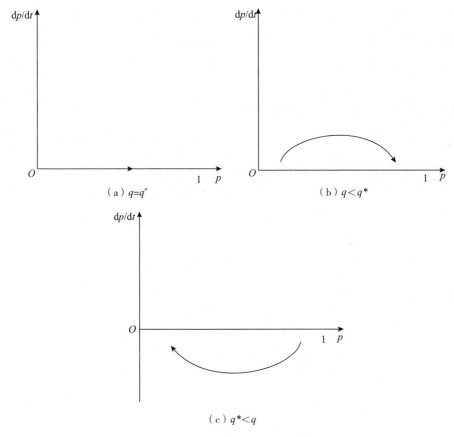

图 6-11　一线员工复制动态相位图

方程(6-34)已经刻画了管理者采取积极干预策略随时间的变化率，令 $G(q) = \mathrm{d}q/\mathrm{d}t = 0$，此时可得 $q_1 = 0$ 和 $q_3 = 1$ 两个可能的均衡点：① 若 $0 < p = p^* = n/(w+j) < 1$ 时，恒有 $G(q) = 0$，此时对于任何的 q 都是稳定状态，管理者的复制动态相位图如图 6-12(a)所示，即当员工以 p^* 的概率选择跟随策略时，此时管理者无论是采取积极干预或者消极干预策略，其收益是无差异的，q 的任一取值均是稳定状态；② 若 $p < p^*$ 时，$G'(0) < 0$，$G'(1) > 0$，此时 $q_1 = 0$ 是演化稳定策略（ESS），此时管理者的复制动态相位图如图 6-12(b)所示，在这种情形下当员工采取跟随策略概率低于 p^* 时，随着时间的推移，管理者会倾向于选择消极干预的策略，这可能是管理者认为员工采取跟随策略的比例在可控范围内，难以引发一定的事故；③若 $p^* < p$ 时，$G'(0) > 0$，$G'(1) < 0$，此时 $q_3 = 1$ 是演化稳定策略（ESS），此时管理者的复制动态相位图如图 6-12(c)所示，在这种情形下当员工采取跟随策略的概率高于 p^* 时，随着时间的推移，管理者最终会选择积极干预策略，这可能是因为员工跟随策略的比例超过了可控范围，可能会引起恶性安全事故。

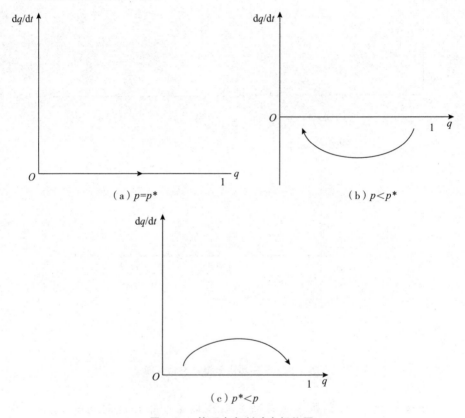

图 6-12　管理者复制动态相位图

方程(6-29)及(6-34)分别描述了员工群体和管理者群体演化博弈系统的单主体动态，由这两个群体构成的双主体演化博弈系统对应的复制动态方程为

$$\begin{cases} \mathrm{d}p/\mathrm{d}t = p \cdot (1-p) \cdot (r+k-q \cdot m) \\ \mathrm{d}q/\mathrm{d}t = q \cdot (1-q) \cdot (w \cdot p - n + p \cdot j) \end{cases} \qquad (6\text{-}35)$$

方程(6-35)是管理者和一线员工构成的二维演化博弈系统,反映了员工群体和管理者群体的策略复制、模仿的速度和方向,当复制动态方程为 0 时,说明此时系统内的两个主体之间复制、模仿的速度为 0,整个系统的演化趋于稳定。令 $\mathrm{d}p/\mathrm{d}t = \mathrm{d}q/\mathrm{d}t = 0$,可得复制动态方程组(6-35)的 5 个局部稳定均衡点,分别为

$$A = (0,0) \quad B = (0,1) \quad D = (1,0) \quad E = (1,1) \quad F = (p^*,q^*)$$

其中,$p^* = \dfrac{n}{w+j}, q^* = \dfrac{r+k}{m}$。

通过复制动态方程组所得的 5 个局部稳定均衡点未必都是系统的演化稳定策略(ESS)。Friedman 指出,判定整个系统的演化稳定策略(ESS)可以通过分析这个系统的雅克比矩阵的行列式及其迹的正负性来确定系统在局部均衡点处是否稳定。通过对公式(6-35)中的 p 和 q 求偏导,可得此时系统的雅克比矩阵 $\boldsymbol{J}$ 为

$$\boldsymbol{J} = \begin{bmatrix} (1-2p) \cdot (r+k-q \cdot m) & -p \cdot m \cdot (1-p) \\ q \cdot (1-q) \cdot (w+j) & (1-2q) \cdot (w \cdot p - n + p \cdot j) \end{bmatrix}$$

$$(6\text{-}36)$$

基于(6-36)可以得出雅克比矩阵 $\boldsymbol{J}$ 的行列式 $\mathrm{Det}(\boldsymbol{J})$ 以及迹 $\mathrm{Tr}(\boldsymbol{J})$ 分别为:

$$\mathrm{Det}(\boldsymbol{J}) = (1-2p) \cdot (1-2q) \cdot (r+k-q \cdot m) \cdot (w \cdot p - n + p \cdot j) \\ + p \cdot (1-p) \cdot q \cdot (1-q) \cdot m \cdot (w+j)$$

$$(6\text{-}37)$$

$$\mathrm{Tr}(\boldsymbol{J}) = (1-2p) \cdot (r+k-q \cdot m) + (1-2q) \cdot (w \cdot p - n + p \cdot j)$$

$$(6\text{-}38)$$

将当前的 5 个局部均衡点分别代入到公式(6-37)和(6-38)中,得出了相应均衡点的 $\mathrm{Det}(\boldsymbol{J})$ 以及迹 $\mathrm{Tr}(\boldsymbol{J})$ 的表达式,其结果如表 6-7 所示。

表 6-7　局部均衡点对应的 $\mathrm{Det}(\boldsymbol{J})$ 和 $\mathrm{Tr}(\boldsymbol{J})$ 的表达式

均衡点 (x,y)	$\mathrm{Det}(\boldsymbol{J})$	$\mathrm{Tr}(\boldsymbol{J})$
$A(0,0)$	$-n \cdot (r+k)$	$r+k-n$
$B(0,1)$	$n \cdot (r+k-m)$	$r+k-m+n$
$D(1,0)$	$-(r+k) \cdot (w+j-n)$	$w-n+j-r-k$

续表

均衡点 (x,y)	$\text{Det}(\boldsymbol{J})$	$\text{Tr}(\boldsymbol{J})$
$E(1,1)$	$(r+k-m)\cdot(w+j-n)$	$-(r+k-m)-(w-n+j)$
$F(p^*,q^*)$	$\dfrac{n\cdot(w+j-n)}{w+j}\cdot\dfrac{(r+k)\cdot(m-r-k)}{m}$	0

根据 Friedman 提出的判定系统演化稳定策略(ESS)的标准,当某个局部均衡点代入矩阵 $\boldsymbol{J}$ 的行列式和迹中时使得 $\text{Det}(\boldsymbol{J})>0$ 且 $\text{Tr}(\boldsymbol{J})<0$,则可以判定这个局部均衡点为系统的演化稳定策略(ESS),若 $\text{Tr}(\boldsymbol{J})=0$,则为鞍点。依据这一标准,表6-7中局部均衡点 $F(p^*,q^*)$ 所对应的 $\text{Det}(\boldsymbol{J})=0$,$\text{Tr}(\boldsymbol{J})=0$,因此 $F(p^*,q^*)$ 为鞍点。接下来将探讨在不同情形下,局部均衡点成为系统演化稳定策略(ESS)的可能性。

① 当 $0<p^*<1$ 且 $q^*>1$ 时,即 $-j<w-n$ 且 $r-m>-k$,表明在员工采取跟随策略的情况下,管理者实施积极干预策略的收益高于消极干预策略的收益;而并且在管理者积极干预的情况下,一线员工采取跟随策略的收益高于不跟随策略的收益时,由表6-8情形1中的系统局部均衡点的稳定性分析可知,系统最终将收敛于 $E(1,1)$ 点,即一线员工倾向于采取跟随策略,管理者倾向于采取积极干预策略,系统演化动态相位图如图6-13所示。

② 当 $0<p^*<1$ 且 $q^*<0$ 时,即 $-j<w-n$ 且 $r<-k$,表明在员工采取跟随策略的情况下,管理者实施积极干预策略的收益高于消极干预策略的收益;而在管理者消极干预的情况下,一线员工采取跟随策略的收益低于不跟随策略的收益时,由表6-8情形2中的系统局部均衡点的稳定性分析可知,系统最终将收敛于 $A(0,0)$ 点,即一线员工倾向于采取不跟随策略,管理者倾向于采取消极干预策略,系统演化动态相位图如图6-14所示。

表6-8　局部均衡点对应的 $\text{Det}(\boldsymbol{J})$ 和 $\text{Tr}(\boldsymbol{J})$ 的表达式

均衡点 (x,y)	情形 1			情形 2		
	$\text{Det}(\boldsymbol{J})$	$\text{Tr}(\boldsymbol{J})$	稳定性	$\text{Det}(\boldsymbol{J})$	$\text{Tr}(\boldsymbol{J})$	稳定性
$A(0,0)$	－	不确定	鞍点	＋	－	ESS
$B(0,1)$	＋	＋	不稳定	－	不确定	鞍点
$D(1,0)$	－	不确定	鞍点	＋	＋	不稳定

续表

均衡点(x,y)	情形 1			情形 2		
	Det($\boldsymbol{J}$)	Tr($\boldsymbol{J}$)	稳定性	Det($\boldsymbol{J}$)	Tr($\boldsymbol{J}$)	稳定性
E(1,1)	＋	－	ESS	－	不确定	鞍点

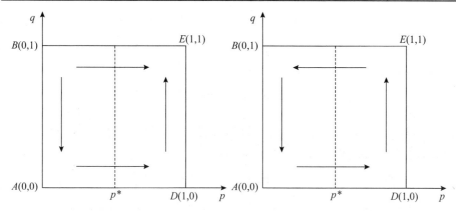

图 6-13　情形 1 的系统演化相位图　　　图 6-14　情形 2 的系统演化相位图

③当 $p^* > 1$ 且 $0 < q^* < 1$ 时,即 $-j > w-n$ 且 $r-m < -k$ 表明在员工采取跟随策略的情况下,管理者实施积极干预策略的收益低于消极干预策略的收益;而在管理者积极干预的情况下,一线员工采取跟随策略的收益低于不跟随策略的收益时,由表 6-9 情形 3 中的系统局部均衡点的稳定性分析可知,系统最终将收敛于 D(1,0) 点,即一线员工倾向于采取跟随策略,管理者倾向于采取消极干预策略,系统演化动态相位图如图 6-15 所示。

表 6-9　局部均衡点对应的 Det($\boldsymbol{J}$)和 Tr($\boldsymbol{J}$)的表达式

均衡点(x,y)	情形 3		
	Det($\boldsymbol{J}$)	Tr($\boldsymbol{J}$)	稳定性
A(0,0)	－	不确定	鞍点
B(0,1)	－	不确定	鞍点
D(1,0)	＋	－	ESS
E(1,1)	＋	＋	不稳定

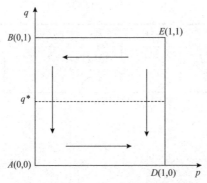

图 6-15 情形 3 的系统演化相位图

④ 当 $p^* < 0$ 且 $0 < q^* < 1$ 时,这种情况不存在。由于在前提假设中已经指出 m、w、n、j、k 皆大于 0,由此可得 $n/(w+j) > 0$,显然 p^* 不可能会小于 0,因此 $p^* < 0$ 且 $0 < q^* < 1$ 这种情况在本研究中并不存在。

⑤ 当 $p^* > 1$ 且 $q^* > 1$ 时,即 $-j > w-n$ 且 $r-m > -k$ 表明在员工采取跟随策略的情况下,管理者实施积极干预策略的收益低于消极干预策略的收益;而在管理者积极干预的情况下,一线员工采取跟随策略的收益高于不跟随策略的收益时,由表 6-10 中情形 5 的系统局部均衡点的稳定性分析可知,系统最终将收敛于 $D(1,0)$ 点,即一线员工倾向于采取跟随策略,管理者倾向于采取消极干预策略,系统演化动态相位图如图 6-16 所示。

表 6-10 局部均衡点对应的 Det(J)和 Tr(J)的表达式

均衡点 (x,y)	情形 5			情形 7		
	Det(J)	Tr(J)	稳定性	Det(J)	Tr(J)	稳定性
$A(0,0)$	—	不确定	鞍点	—	不确定	鞍点
$B(0,1)$	+	+	不稳定点	—	不确定	鞍点
$D(1,0)$	+	—	ESS	—	不确定	鞍点
$E(1,1)$	—	不确定	鞍点	—	不确定	鞍点
$F(p^*,q^*)$	不存在			+	0	鞍点

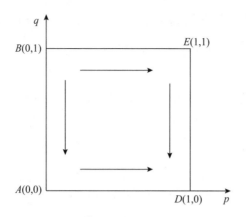

图 6-16　情形 5 的系统演化相位图

⑥当 $p^* < 0$ 且 $q^* < 0$ 时,这种情况不存在。由于在前提假设中已经指出 m、w、n、j、k 皆大于0,由此可得 $n/(w+j) > 0$,显然 p^* 不可能会小于0,因此 $p^* < 0$ 且 $q^* < 0$ 这种情况在本研究中并不存在。

⑦ 当 $0 < p^* < 1$ 且 $0 < q^* < 1$ 时,即 $-j < w-n$ 且 $r-m < -k$ 表明在员工采取跟随策略的情况下,管理者实施积极干预策略的收益高于消极干预策略的收益;而在管理者积极干预的情况下,一线员工采取跟随策略的收益低于不跟随策略的收益时,由表 6-10 中情形 7 的系统局部均衡点的稳定性分析可知,系统无法收敛于某一点,系统演化动态相位图如图 6-17 所示。

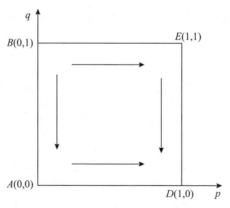

图 6-17　情形 7 的系统演化相位图

6.4.4　演化博弈的数值仿真分析

为了使仿真的结果更贴近实际,通过问卷调研的方式来获取仿真的基础数据,基于专家咨询的基础上设计了相关的问项,依然采用 5 点 Likert 计分法,通过将被试者的评分求均值,最终得到相关数据(仅保留一位小数),其中 $r=3.2,m=4.2,w=3.3,n=3.4,k=3.2,j=4.1$。本部分在基于问卷所获得的实际调研数据之上,将依据上文中分析的不同情境进行参数的调整使之符合相应的情境,从而达到动态直观地理解和把握一线员工群体和管理者群体之间博弈关系的发展与均衡。

(1)唯一演化稳定策略情形 1 的数值仿真分析

可以发现依据问卷所得的基础数据恰好满足情形 1 的条件,即 $r-m>-k$ 且 $-j<w-n$,因此可以直接使用,不需要相应地调整,在当前的取值情况下可得演化稳定策略(ESS)为 $E(1,1)$,即管理者采取积极干预策略时,一线员工感知到实施行为跟随所带来的期望净收益高于未实施行为跟随时所带来的期望净收益时;而在员工采取跟随策略的情况下,管理者积极干预所获得的净收益高于消极干预所获得的净收益时,此时一线员工倾向于采取跟随策略,即实施行为跟随,而管理者倾向于对员工的行为跟随进行积极的干预。假设员工和管理者初始采取跟随策略和积极干预策略的比例分别为$(0.01,0.01)$、$(0.01,0.99)$、$(0.99,0.01)$ 和 $(0.99,0.99)$ 四种情况,具体的演化趋势如图 6-18 所示。从图中可以看出,无论员工群体与管理者群体初始采取跟随与积极干预策略的比例有多高或者多低,系统最终都会收敛至(跟随,积极干预)稳定的策略点,数值仿真结果与上文中的稳定均衡分析结论一致。

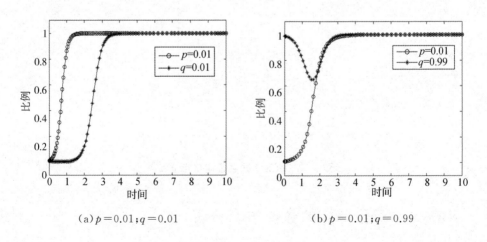

(a)$p=0.01;q=0.01$　　　　(b)$p=0.01;q=0.99$

图 6-18　管理者与一线员工情形 1 的仿真结果

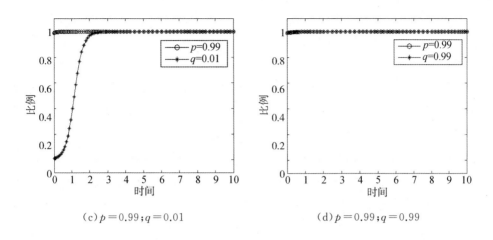

（c）$p=0.99$；$q=0.01$　　　　　（d）$p=0.99$；$q=0.99$

图 6-18　管理者与一线员工情形 1 的仿真结果（续）

（2）唯一演化稳定策略情形 2 的数值仿真分析

为了对情形 2 进行数值的模拟仿真，在以问卷获得的基础数据之上结合专家咨询法，需要对相关参数进行赋值，分别取 $r=-4$，$m=4.2$，$w=3.3$，$n=3.4$，$k=3.2$，$j=4.1$，此时参数之间的关系满足 $-j < w-n$ 且 $r < -k$，在当前情境下系统存在唯一演化稳定策略为 $A(0,0)$，即在员工采取跟随策略时，管理者实施积极干预策略的净收益高于消极干预策略的净收益；而在管理者消极干预的情况下，一线员工采取跟随策略的净收益低于不跟随策略的净收益时，此时管理者倾向于采取消极干预策略，而员工倾向于采取不跟随策略。假设员工和管理者初始采取跟随策略和积极干预策略的比例分别为（0.01，0.01）、（0.01，0.99）、（0.99，0.01）和（0.99，0.99）四种情况，具体的演化趋势如图 6-19 所示。从图中可以看出，无论员工群体与管理者群体初始采取跟随与积极干预策略的比例有多高或者多低，系统最终都会收敛至（不跟随，消极干预）稳定的策略点，数值仿真结果与上文中的稳定均衡分析结论一致。

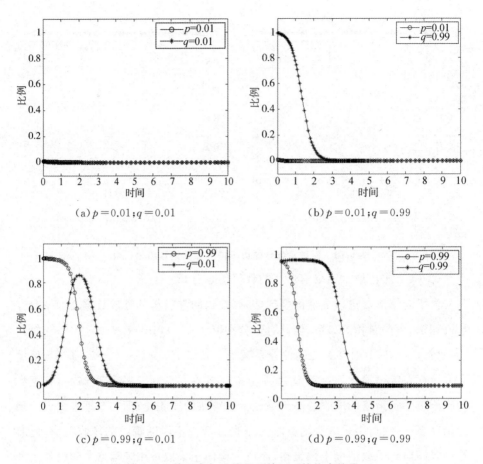

(a) $p=0.01;q=0.01$　　　　　(b) $p=0.01;q=0.99$

(c) $p=0.99;q=0.01$　　　　　(d) $p=0.99;q=0.99$

图 6-19　管理者与一线员工情形 2 的仿真结果

(3)唯一演化稳定策略情形 3 的数值仿真分析

为了对情形 3 进行数值的模拟仿真,在以问卷获得的基础数据之上结合专家咨询法,需要对相关参数进行赋值,分别取 $r=3,m=4.5,w=2.5,n=4,k=1,j=1$,此时参数之间的关系满足 $-j>w-n$ 且 $r-m<-k$,在当前情境下系统存在唯一演化稳定策略为 $D(1,0)$,即在员工采取跟随策略时,管理者实施积极干预策略的净收益低于消极干预策略的净收益;而在管理者积极干预的情况下,一线员工采取跟随策略的净收益低于不跟随策略的净收益时,此时一线员工倾向于采取跟随策略,即实施行为跟随,而管理者倾向于对员工的行为跟随进行消极的干预。假设员工和管理者初始采取跟随策略和积极干预策略的比例分别为(0.01,0.01)、(0.01,0.99)、(0.99,0.01)和(0.99,0.99)四种情况,具体的演化趋势如图

6-20所示。从图中可以看出，无论员工群体与管理者群体初始采取跟随与积极干预策略的比例有多高或者多低，系统最终都会收敛至(跟随,消极干预)稳定的策略点，数值仿真结果与上文中的稳定均衡分析结论一致。

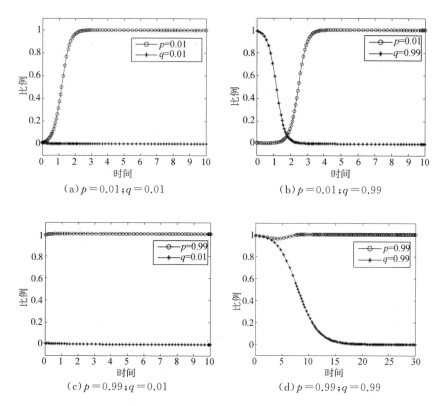

(a) $p=0.01; q=0.01$　　(b) $p=0.01; q=0.99$

(c) $p=0.99; q=0.01$　　(d) $p=0.99; q=0.99$

图 6-20　管理者与一线员工情形 3 的仿真结果

(4)唯一演化稳定策略情形 5 的数值仿真分析

为了对情形 5 进行数值的模拟仿真，在以问卷获得的基础数据之上结合专家咨询法，需要对相关参数进行赋值，分别取 $r=3.2, m=4.2, w=3, n=4.5, k=3.2, j=1$，此时参数之间的关系满足 $-j>w-n$ 且 $r-m>-k$，在当前情境下系统存在唯一演化策略为 $D(1,0)$，即在员工采取跟随策略时，管理者实施积极干预策略的净收益低于消极干预策略的净收益；而在管理者积极干预的情况下，一线员工采取跟随策略的净收益高于不跟随策略的净收益时，此时一线员工倾向于采取跟随策略，即实施行为跟随，而管理者倾向于对员工的行为跟随进行消极的干预。假设员工和管理者初始采取跟随策略和积极干预策略的比例分别为(0.01,0.01)、(0.01,0.99)、(0.99,0.01)和(0.99,0.99)四种情况，具体的演化趋势如图 6-21 所示。从图中可以看出,无论员工群体与管理者群体初始采取跟随与积极干预策略的比例有多高或者多低,系统最终都会收敛至(跟随,消极干预)稳定的策略点,数值仿真结果与上文中的稳定均衡分析结论一致。

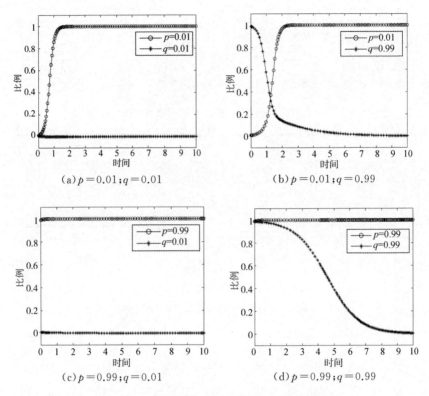

图 6-21 管理者与一线员工情形 5 的仿真结果

(5)情形 7 的数值模拟仿真

为了对情形 7 进行数值的模拟仿真,在以问卷获得的基础数据之上结合专家咨询法,需要对相关参数进行赋值,分别取 $r=3,m=4.5,w=3.3,n=3.4,k=1,j=4$,此时参数之间的关系满足 $-j<w-n$ 且 $r-m<-k$,即在员工采取跟随策略时,管理者实施积极干预策略的净收益高于消极干预策略的净收益;而在管理者积极干预的情况下,一线员工采取跟随策略的净收益低于不跟随策略的净收益,此时系统无法收敛于某一确定的点,管理者和一线员工之间的博弈处于一种周期震荡的状态,难以形成演化稳定策略。假设员工和管理者初始采取跟随策略和积极干预策略的比例分别为(0.01,0.01)、(0.01,0.99)、(0.99,0.01)和(0.99,0.99)四种情况,具体的演化趋势如图 6-22 所示。从图中可以看

出,当员工群体采取跟随策略的比例上升时,管理者会倾向于采取积极干预策略,因为跟随者越多越容易引发事故,为了保障组织的安全生产,管理者会积极干预,当管理者采取一段时间的积极干预策略后,跟随者的比例显著减少,此时可能是出于节约成本或者是管理者放松警惕,积极干预策略的比例会相应下降,此时由于疏于管理,员工群体中跟随者的比例又会增加,进而管理者又会采取积极干预,由此进入一个无限循环状态,系统总是处于一种周期震荡的状态,难以收敛于某一局部均衡点,无法达到演化稳定策略,数值仿真结果验证了上文中的稳定均衡分析的结论。

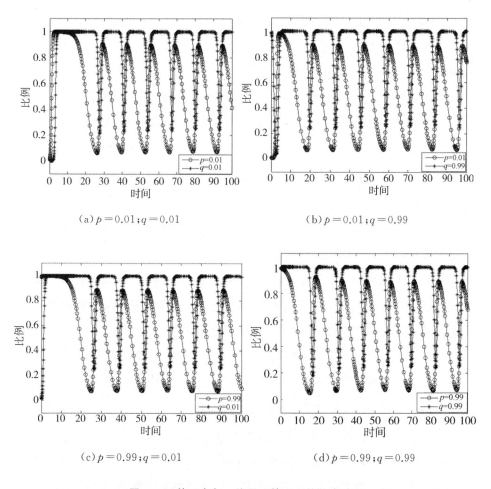

$(a)p=0.01;q=0.01$　　　　　　　$(b)p=0.01;q=0.99$

$(c)p=0.99;q=0.01$　　　　　　　$(d)p=0.99;q=0.99$

图 6-22　管理者与一线员工情形 7 的仿真结果

6.4.5 结论

在本部分从工业企业一线员工群体外部，将企业管理者作为博弈参与方纳入演化博弈模型中，构建管理者群体与一线员工群体间的演化博弈模型，分析了在不同情境下两主体的演化稳定策略，并通过问卷获取的基础数据对相应的情境进行了数值仿真分析，得出如下结论：

①当管理者实施积极干预措施的净收益高于其消极干预时所获得的净收益，而员工采取行为跟随的净收益高于其不跟随时所承担的损失时（$-j < w-n$ 且 $r-m > -k$），管理者和一线员工的策略选择将会向 $E(1,1)$ 点方向发展，也就是说随着时间推移管理者最终都会选择采取积极干预策略，而一线员工最终也都会选择行为跟随。

②当员工采取跟随时，管理者实施积极干预策略的净收益高于消极干预策略的净收益，而在管理者消极干预的情况下，一线员工采取跟随策略的净收益低于不跟随策略的净收益时（$-j < w-n$ 且 $r < -k$），管理者和一线员工的策略选择将会向 $A(0,0)$ 点方向发展，也就是说随着时间推移管理者最终都会选择采取消极干预策略，而一线员工最终也都会选择不跟随策略。

③当管理者采取积极的干预措施进行安全管理所得净收益低于采取消极干预措施进行安全管理所获得的净收益，而一线员工采取跟随他人不安全行为的净收益低于不跟随的净收益时（$-j > w-n$ 且 $r-m < -k$），系统最终会收敛于 $D(1,0)$ 点，即随着时间的推移管理者最终都选择采取消极干预措施进行安全管理，而员工最终都倾向于表现出行为跟随。

④当管理者采取积极干预措施进行安全管理时的净收益低于采取消极干预措施进行安全管理所获得的净收益，而一线员工采取跟随他人不安全行为的净收益高于不跟随的净收益时（$-j > w-n$ 且 $r-m > -k$），系统最终也会收敛于 $D(1,0)$ 点，也就是说管理者最终都倾向于采取消极干预措施进行安全管理，而一线员工最终都倾向于表现出行为跟随。

⑤当管理者采取积极干预措施进行安全管理时的净收益高于采取消极干预措施进行安全管理所获得的净收益，而一线员工采取跟随他人不安全行为的净收益低于不跟随的净收益时（$-j < w-n$ 且 $r-m < -k$），此时系统存在着

反复周期性"震荡",管理者和一线员工的策略选择会随着时间和博弈次数的推进而在一定范围内反复波动。

⑥在以上情形中,显然,当管理者积极干预的净收益低于消极干预的净收益时,此时出现了最糟糕的情形,即(跟随,消极干预),因此,为了避免出现最糟糕的情形,实现对行为跟随的有效控制,需要尽可能保证管理者积极干预的净收益高于消极干预的净收益。

6.5　本章小结

本章在第 5 章实证分析的基础上深入剖析了行为效用感知对一线员工行为跟随的作用机理,通过构建以有限理性为前提假设的一线员工与一线员工的对称博弈模型,以及管理者与一线员工的非对称博弈模型,从工业企业一线员工内部和外部两个层面动态分析探讨了一线员工的行为效用感知对其行为跟随的演化路径及演化稳定策略的影响。此外,在演化博弈分析结果的基础上,运用 Matlab 软件对演化博弈分析中的各个情形进行了数值仿真,动态且直观地验证了行为效用感知与行为跟随间的复杂关系,为后续的行为跟随的管控奠定了基础。

7 行为跟随仿真研究

在上一章的演化博弈和数值仿真的基础上,从员工群体内部和外部层面重点分析了一线员工的行为效用感知对其最终行为跟随的影响,研究结果表明行为效用感知是影响员工行为跟随产生和发展的最直接因素。此外,尽管演化博弈分析揭示了行为效用感知对于员工行为跟随的作用机理,但是在第 5 章的分析中可知,行为效用感知受制于诸多因素,这为组织开展干预活动提供了突破口,因此有必要构建一个涵盖各驱动因素的工业企业一线员工行为跟随模型,在本章中将在前文分析的基础上将内、外部因素嵌入行为效用感知中,分析内、外部因素对员工行为跟随演化的影响,并通过调整各因素的值,分析行为跟随的演化趋势,为组织的干预提供科学、合理的依据。

一线员工是工业企业安全生产中的重要组成部分,工作任务的完成有赖于员工之间的相互协作与配合,因此员工之间存在着一定的交互,此外员工会对周围的环境造成影响,同时也会受到环境的影响。在第 5 章中已经识别出影响一线员工行为效用感知(感知收益和感知损失)的因素分别为内部因素(个人特质、恢复水平和工作素养)和外部因素(任务与人际关系、群体不安全氛围、工作要求和组织监管),基于结构方程模型分析结果可知,内部因素和外部因素均能够引起行为效用感知的变化,进而导致行为跟随的改变。但是,仅仅基于静态的统计分析无法展现各因素与行为跟随的复杂动态关系,同时也不利于分析在不同因素的不同作用强度下员工行为跟随的产生、发展与消退,无法分析和判断组织采取的干预措施所发挥的效度。

基于上述考虑,本章将构建一线员工行为跟随仿真系统,通过设定主体的属性以及主体与主体之间的交互规则以及主体与环境之间的交互规则,以此来描述一线员工在行为跟随产生与发展过程中所表现出的自主性、主动性以及与他人和环境的互动性,通过调控内、外部因素的作用强度来模拟这种行为的演化趋势,为组织实施积极的干预措施指明了方向。

7.1　建模的理论与方法

7.1.1　复杂适应系统理论

人的主观能动性以及有限理性使其行为充满了不确定性,导致人类社会具有高度的复杂性,因此仅仅基于传统的静态分析和还原的思想往往对于解决实际问题会显得力不从心。在此背景下,20 世纪 90 年代霍兰(John Holland)教授提出复杂适应系统(complex adaptive systems,CAS)理论,作为前沿的科学研究领域,此理论抛弃了传统的静态看待问题的弊端,主张以动态的视角看待问题,注重复杂系统内部的演化规律,此理论一经提出立刻引起学术界的轰动,是多主体建模的重要理论基础,为研究自然和社会科学中各种不确定性、不可预测性以及非线性问题提供了指导。

复杂适应系统理论的核心观点主要包括:①系统中包含了若干具有主动适应性的主体(agent),这些主体能够在彼此之间以及与外界环境进行交流互动,在此过程中,这些主体会不断改变自身的状态,促使系统生成新层次,并不断推动新层次的演变,进而引起整个系统的演进;②在复杂适应系统中以"刺激—反应"作为主体与环境的交互模式,主体会在效果最优原则的指导下对自身的决策和行为进行不断的调整以达到适应环境的目的。与微观的主体交互规则不同的是,在宏观层面并没有明确的交互规则,宏观现象的产生主要是由于微观的主体为了适应系统,依据既定的交互规则行动,相互之间自主交互和演化,最终使得在宏观层面"涌现"出非线性和非周期性的复杂现象。

与传统的建模方法存在明显区别的是,复杂适应系统认为复杂性来源于适应性,即主体的主动性和适应性造就了复杂性,而传统建模方法则忽视了主动性和适应性。其次,复杂适应系统理论认为系统中的主体并不是孤立存在的,而是会与其他主体和环境发生交互,而传统的建模方法则割裂了主体之间的联系,只注重对其个体内部属性的描述与刻画。正是由于主体与主体、主体与环境之间的交互作用,才使得微观系统与宏观系统产生无缝对接,使得宏观"涌现"现象成为可能,这与现实的经济社会系统、生态系统等高度相似。

7.1.2 基于主体的建模与仿真(ABMS)方法

基于主体的建模与仿真(agent-based modeling and simulation,ABMS)是复杂适应系统理论的方法学体现,ABMS以微观层面的主体为切入点,对主体的行动规则和交互规则进行规定,进而观察微观主体的行为是如何引起宏观层面的"涌现"现象,实现了微观的主体行为与宏观"涌现"现象的完美结合,能够实现对现实复杂系统的刻画,分析其运行规律。

ABMS的核心思想大致可以归纳为如下两部分:①作为复杂系统中的微观主体,其在仿真模型中往往被抽象为仿真系统的一个基本单元agent。通过构建agent模型,明确主体的属性及行动规则,进而在Agent模型基础上形成系统模型。②复杂系统中的agent具有自适应的特性,为了能够适应所处环境,agent在与其他agent以及环境的交互中能够不断"学习"和"积累经验"以最优化为行动指南,改变自身的行为方式。

以ABMS分析复杂适应系统一般都会遵循一套规范的流程,而在这一套流程中的关键环节是建立主体与主体之间的联系、交互规则。ABMS是对所要分析的系统的复杂性充分认识的基础上,对仿真的需求进行分析,依据分析的结果确定合理的抽象层次、主体特性以及主体密度,通过引入信息流,构建主体与主体间以及主体与环境间的交互机制,最终形成所需的系统仿真模型,具体流程如图7-1所示。

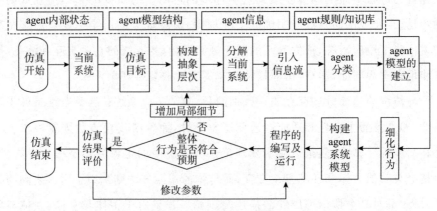

图 7-1 ABMS 法流程图

7.1.3　ABMS 的适用性分析

本章中之所以采用 ABMS 方法主要是基于这种方法的优良特性以及当前研究的实际情况考量后而做出的最佳选择。文章构造的仿真系统主要用来刻画一线员工所处的组织环境中,各种驱动因素对一线员工行为跟随的生成及其演化的作用机理。此外,通过分析比较不同干预策略下的一线员工行为跟随的差异性及其演化趋势,对相关干预策略的作用效果进行衡量和评价,从而提出更加科学、合理的,能够遏制一线员工行为跟随,提升工业企业的安全生产水平的管理建议和对策。ABMS 适用于当前的研究,主要是因为:

①ABMS 广泛运用于复杂系统的研究。工业企业的生产运营系统的有效运行是多个智能体相互影响、共同作用的复杂适应系统,这其中既有管理者与被管理者构成的行为主体,也有规章制度制定者与执行者构成的制度主体,此外还有与上述主体产生相互作用的环境主体,比如群体、工作、人际关系以及组织等因素。作为研究复杂适应系统的首选方法,ABMS 能够将若干不同的具有联系的要素进行整合构成一个有机系统,进而将有机系统通过计算机技术转化为机器语言,通过对各主体特性以及相互之间的交互规则的刻画,实现由现实系统向人工系统的转变。

②主体众多并且具有主动性和适应性。如上文所述,工业企业生产运营系统由多个主体构成,各主体各司其职,存在很大的差异性。此外,在前文的演化博弈分析部分也能够看出,员工与员工以及员工与管理者各自的行为决策具有一定的差异性,利用 ABMS 则能够根据各主体独有的特征和属性进行个性化定制,并且能够通过设定主体之间的交互规则,使主体在规则的约束下能够主动地学习和智能决策,推动系统的演化,并使系统涌现出一系列复杂的宏观现象。

③ABMS 适用于对非线性和难以运用数理统计分析的事件的模拟。ABMS 是基于微观主体的建模技术,因此其能够通过建立主体之间的交互规则,动态展现主体与主体、主体与环境交互后的非线性的状态的改变,弥补了多元统计分析及 SEM 在非线性关系分析方面的不足。不仅如此,研究者通过赋予各主体不同的属性和设定不同的交互规则,能够实现对系统演进的控制,此外还能够随时调整系统中的仿真参数,获取更加贴近现实的模拟结果,进而为

现实系统的管理和干预提供科学、合理的建议和对策。

基于上述分析,在当前的研究中采用 ABMS 法探讨各驱动因素对员工行为跟随选择的影响是必要的和合理的。

7.2 Netlogo 平台仿真的原理与优势

Netlogo 是一款基于 Java 实现的多主体仿真平台,在 1999 年由 Uri Wilensky 率先推出,目前由美国西北大学负责更新和维护。Netlogo 具有较好的操作性和兼容性,在延续 Logo 编程语言的基础上又对前者进行了优化,弥补了 Logo 语言只能对单个个体进行控制的缺陷,能够在建模中实现对数以千计的主体的控制,研究者可以借助其对自然和社会现象中的各个主体进行单独控制并观察系统的演化过程,使得研究微观个体行为所"涌现"出的宏观现象成为可能,是用来模拟随时间演化的复杂系统的常用工具之一。

在 Netlogo 的世界中主要存在着海龟(turtles)、瓦片(patches)、链(links)以及观察者(observer)。其中,海龟是移动的主体,可以依据研究者给定的规则在瓦片上移动,其相关属性可以由研究者事先设定,在仿真的过程中,海龟会通过移动以及自身属性的改变来达到适应系统变化的目的,由于研究领域和仿真情境的不同,海龟可以设置为自然人、法人甚至是具体的行为。与海龟不同的是,瓦片并不能移动,而是静止的一些正方形网格,可以将其看作静止的海龟,也可将其视为系统的底座环境,而构建的系统的坐标原点即为底座环境的中心。链主要用来反映两个海龟之间的联系,就是连接两个海龟之间的直线,链不占据瓦片,因而其在二维世界中并没有坐标,也就不存在位置。观察者则时刻观测系统的演变,其在系统中也没有位置,但是其可以设定海龟之间、瓦片之间以及海龟与瓦片之间的规则,使得海龟和瓦片按照既定的规则进行交互,推动系统的演变,引起宏观层面的涌现现象,从而达到对现实世界的刻画、模拟。

Netlogo 成为当前主流的多主体仿真平台主要得益于其自身所具有的一系列优点:①编程语言简单易学。Netlogo 是运用 Java 进行程序的编写,其好处就是可扩展性较好,研究者可以根据自己的需要进行个性化的定制与编写,简单易操作;同时,Netlogo 内置了模型库,其中涵盖了包括社会科学、数学、计算机科学等几乎所有领域的经典的编程案例,研究者可以通过对这些案例的学习来熟悉相关的编程语言,同时也可以根据实际需要对这些案例进行二次开发,节约了学习成本和时间成本。②界面友好且直观。Netlogo 仿真平台可分为可视化控件与例程两部分,一类是例程部分,主要在"程序"模块中进行,主要通过编写相应程序来构建系统环境以及主体间的交互规则等;一类是可视化控件部分,主要在"界面"中完成,研究者在"界面"中设置相应的控件,紧接着在"程序"模块中需要定义相应控件的规则,并通过设置相应控件的属性建立控件与规则之间的联系。研究者在"界面"中可以通过控制相应的可视化控件,来对模型的演化进程进行控制,能够使整个仿真的过程更加直观易懂,通过画笔的运用能够将相关结果绘制成一定的图形,并且能够生成可随意缩放和旋转的矢量图形便于研究者将每个时点生成的图形进行保存、比较和分析。③可生成 applets 类程序。在Netlogo 中模型可以保存为 applets,意味着其可以直接内嵌于 web 网页中,使用者可以借助其提供的应用程序模块通过使用语言程序达到对 Netlogo 外部环境控制的目的。

基于以上所述,本研究将基于 ABMS 对主体之间的复杂关系进行刻画,并利用 Netlogo 仿真平台进行模拟仿真。通过分别调整内、外部各因素的值的大小,观察系统中选择行为跟随人数的变化情况,从动态的视角考察内、外部各因素对一线员工行为跟随的影响,为后续的一线员工行为跟随的干预提供依据。

7.3 仿真系统的构建

7.3.1 真实系统描述

本书在第 2 章的理论基础与文献综述、第 3 章的行为跟随驱动因素的界定、第5 章的模型实证分析以及第 6 章的演化博弈分析及数值仿真分析部分已经对一线员工行为跟随系统中的各主体的构成、主体与主体、主体与环境间的作用机理进行了分析。这些已经存在的资料数据为建立概念模型奠定了良好的基础,是赋予agents 特征属性和建立行为规则的重要参考。基于前文的结构方程模型和演化博弈分析的结果可知,一线员工在内部因素(个人特质、恢复水平和工作素养)和外部因素(任务与人际关系、群体不安全氛围、工作要求和组织监管)的作用下会对采取行为跟随感知到一定的效用(感知收益和感知损失),在这种效用的作用下,有限理性的一线员工会进行分析并不断调整自身的行为。

此外,在工业企业日常生产中,一线员工并不是孤立存在的,通过演化博弈理论的分析可知,员工行为跟随的产生不仅会受到群体内其他员工的影响,同时还受到群体外部的管理者的影响。然而员工与员工之间,以及员工与管理者之间的交互而导致的行为状态的改变却难以利用 SEM 进行动态的描述,此时 ABMS 则可以通过建立员工与员工、员工与管理者间的交互规则对这种由群体成员互动而"涌现"出的现象进行动态的刻画,从而将非线性关系直观地展现了出来。除员工 agents 外,管理 agents 会在一定的权限范围内履行个人的职责,对员工的不良行为进行干预,并及时将出现的问题反馈给规章制定 agents;此时,系统中还存在着未显现出的规章制定 agents,规章制定 agents 会重点监控制度的落实情况,并依据所接收到的反馈信息对组织制度采取一定的调整,使得员工 agents 表现出组织所期望的行为。在演化博弈分析部分得出,管理者的策略的选择会对员工行为跟随的演化产生重要影响,由此可知管理 agents 和规章制定 agents 能够影响员工 agents 与环境的交互。基于上述分析,本研究的仿真系统概念模型由此建立(图 7-2)。

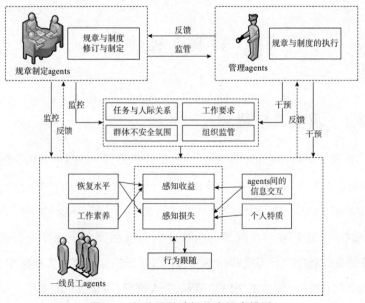

图 7-2　行为跟随选择仿真概念模型

7.3.2　变量的赋值及关系的建立

在前文的演化博弈分析的基础上,在当前的仿真系统中依然将一线员工的行为划分为行为跟随和非行为跟随(即跟随和不跟随),若一线员工采取的是非行为跟随,即表明其所表现出的行为是符合组织规章制度的行为。一线员工对两种行为进行衡量和评价,从中选择能够给自身带来最大效用的行为作为自身的行动方案。

基于前期的问卷调查的结果,所有变量的取值范围均为 $1\sim5$,各个变量的初始值设定为问卷调查所得数据的均值,同时各驱动因素与行为效用感知间的关系以结构方程模型所得结论进行设定。表 7-1 列出了仿真中所涉及的变量的初始赋值以及各个分值所代表的含义。

表 7-1　仿真变量参数设定及其含义

变量	变量含义	变量赋值的含义	初始值
PT	个人特质	$1\sim5$,数值越大,代表其对行为效用感知的影响程度越深	4.0
LR	恢复水平	$1\sim5$,数值越大,代表其对行为效用感知的影响程度越深	3.4
WA	工作素养	$1\sim5$,数值越大,代表其对行为效用感知的影响程度越深	4.4
TIR	任务与人际关系	$1\sim5$,数值越大,代表其对行为效用感知的影响程度越深	3.2
GUA	群体不安全氛围	$1\sim5$,数值越大,代表其对行为效用感知的影响程度越深	3.8
JD	工作要求	$1\sim5$,数值越大,代表其对行为效用感知的影响程度越深	3.5
OS	组织监管	$1\sim5$,数值越大,代表其对行为效用感知的影响程度越深	4.1

由前期的 SEM 实证分析结果可知,一线员工的行为效用感知随着内部因素和外部因素的影响的强弱而发生改变,在感知到行为效用发生改变后,有限理性的一线员工会适时调整个人的行为决策,进而适应周围的环境。基于此,构建如下的变量间的关系表达式:

$$感知收益 = 0.772TIR + 0.096GUA + 0.418JD - 0.157LR - 0.169WA + \varepsilon_1$$
$$(7-1)$$

$$感知损失 = 0.336OS + 0.116LR - 0.194PT - 0.131TIR - 0.402GUA + \varepsilon_2$$
$$(7-2)$$

$$总效用 = 0.194PT - 0.273LR - 0.169WA + 0.903TIR$$
$$+ 0.498GUA + 0.418JD - 0.336OS + \varepsilon_3$$
$$(7-3)$$

其中，ε 为每个一线员工所独有的特质，为了体现这一点，将其设定为符合正态分布的随机数，其中其初始值设定为均值，偏差为 3。

鉴于员工是在两种行为之间进行选择决策，因此还需要获取员工选择非行为跟随的效用感知，进而对两种行为的效用进行对比，选择符合自身利益最大化的行为作为自己的行动方案。由于这两种行为属于完全对立的行为，即同一时刻员工只能够选择其中一种行为，根据以往的研究可知，此时各驱动因素对这两种行为方式的效用感知的影响程度存在如下的关系：

$$\begin{cases} \beta_{i1} + \beta_{j1} = 1 \\ \vdots \\ \beta_{in} + \beta_{jn} = 1 \end{cases} \quad (7-4)$$

可以理解为当某个主体有 i 和 j 两种对立的行为选择时，那么因素 1 对 i 行为效用的影响系数与因素 1 对 j 行为效用的影响系数之和为 1，因素 n 对 i 行为效用的影响系数与因素 n 对 j 行为效用的影响系数之和为 1，需要注意的是，系数之前的符号需要根据实际情况判定正负[325-326]。由此可以得出非行为跟随的净效用的表达式为

$$净效用 = -0.806PT + 0.727LR + 0.831WA - 0.097TIR$$
$$- 0.502GUA - 0.582JD + 0.664OS + \varepsilon_4$$
$$(7-5)$$

7.3.3　基于 Netlogo 平台的仿真系统设置

为了模拟一线员工所处的环境，将 Netlogo 世界设置为员工所处的企业，Netlogo 世界中的瓦片被看作一线员工活动的范围，仿真开始时，员工 Agents 会在瓦片上移动，从而能够直观获取员工的空间位置变化情况。模型中的人员数量可以根据需求自由设定，在当前研究中，设定系统总人数为 500，这些人员

随机地散布在瓦片之上,通过构建一定的交互规则,使得不同的瓦片之上的人员能够进行交流互动,员工根据自身感知到的行为效用的大小进行行为的选择。此外,模型中还对员工的特征属性进行了设置,即员工感知到的在 t 时刻个人特质、恢复水平、工作素养、任务与人际关系、群体不安全氛围、工作要求和组织监管的高低水平,然后在与其他 Agents 的相互作用下,衡量和评价自身所感知到的行为效用,若此刻的行为带来的效用达不到自身的预期,便会在下一时刻进行行为的修正。系统仿真的时间长度可以根据实际需要进行设定,在本研究中,将系统仿真的时间设置为 200 步。仿真系统的核心程序代码见附录2,在此不再赘述。

7.3.4　仿真界面及功能描述

基于对现实复杂系统的理解与分析,通过计算机技术将现实的复杂系统映射至 Netlogo 仿真平台中,建立了如图 7-3 所示的仿真系统,仿真系统由命令部分、控制部分和输出部分组成。

(1)命令部分

命令部分,顾名思义,就是这部分的功能是下达指令使仿真系统初始化、运行、停止或者单次运行的一些控件集合。这些控件的主要功能为:setup 的主要功能就是对系统进行初始化;go 的作用就是启动仿真系统,当研究者再次点击 go 按钮时,系统就会停止运行并维持当前的运行结果;go once 按钮是控制系统单次运行,即研究者每点击一次,系统只运行一次便自动停止。

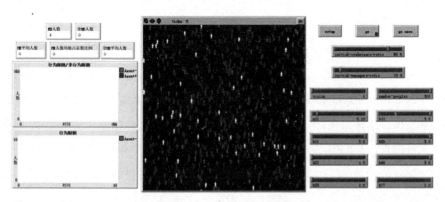

图 7-3　仿真系统界面图

（2）控制部分

控制部分主要是由一些滑动条构成的集合，研究者可以通过滑动条来调整仿真系统中的参数以获取不同的仿真结果，进而通过对这些不同的仿真结果的比较，得出不同条件下一线员工行为跟随的演化趋势。控制部分所涵盖的参数如图 7-4 所示。

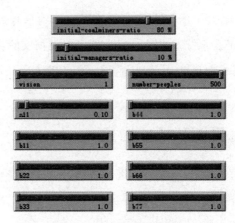

图 7-4　仿真系统控制部

在图 7-4 中，系统的总人数可以利用"number-peoples"来进行调控，其值在 1～500 之间，在本研究中将其设定为 500。非行为跟随员工 Agents 的数量主要通过"initial-coalminers-ratio"来进行调整，此滑动条是控制实施非行为跟随的员工在系统中的初始比例，故其取值范围为 0%～100%，在本研究中将其设定为 80%。管理者的人数（比例）通过"initial-managers-ratio"进行控制，此滑动条是控制管理者人数占系统总人数的初始比例，取值区间依然为 0%～100%，在本研究中将其设定为 10%。由于员工社会关系网络的不同，单个员工不可能在同一时刻与所有的其他主体进行交流互动，只会与临近的员工进行互动交流，员工 Agents 在实施某种行为所感知的效用会与临近的员工 Agents 所获得的效用的均值进行比较，如果此时的效用低于均值，那么员工 Agents 调整其当前行为的可能性将提高，若效用高于均值，则会继续保持这种行为，在当前研究中用滑动条"vision"来控制主体的视力值，即表明员工所能观察到的周围员工的个数，若"vision"取 3，则代表主体的视力值在 1～3 之间取随机的整数，以此来体现个体的差异性。本研究通过"n11"来调整系统中初始的采取行为跟随的员工占系统总人数的初始比例，取值范围为 0～100%，在本研究中将其固定为 10%。b11～b77 为行为效用感知的影响因素，分别表示个人特质、恢复水平、工作素养、任务与人际关系、群体不安全氛围、工作要求和组织监管,其取值区间均为 1.0～5.0。

（3）输出部分

如图 7-5 所示,当前研究设计的仿真系统的输出区分别位于系统界面的左侧,其中在左侧顶部有五个数据监视器,在最顶部的两个数据监视器是分别用来展示每个时点选择某种行为的具体的员工 Agents 个数,其中"HB 人数"是用来监控行为跟随人数,"非 HB 人数"是用来监控非行为跟随人数。紧邻的下方的三个数据监视器是用来分别显示在整个仿真期内选择行为跟随的平均人数、行为跟随平均人数所占总体的比例以及非行为跟随的平均人数。紧接着在下方分别是两幅不同的统计图,其中靠上的统计图展示的是在仿真周期内一线员工选择行为跟随和没有选择行为跟随的人数变化,红色线条描绘的是行为跟随人数,蓝色线条表示的是没有选择行为跟随的人数变化情况,这主要是为了方便进行比较。在靠下方的输出图则是一线员工在仿真周期内,每个时点的选择行为跟随的人数,用红色线条来表示。在输出图中,横轴表示时间(即仿真的步数),纵轴表示的是员工 Agents 选择某种行为的人数。

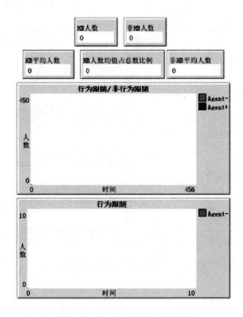

图 7-5 仿真系统输出部分

7.4 行为跟随选择仿真分析

7.4.1 基准模型的设定与仿真

本研究首先构建基准模型以作为后期调整参数后输出结果的参照对象,从而能够评价和衡量各干预措施的效度。通过前期的问卷调查和实证分析所得数据,分别为相关参数进行赋值,其中个人特质(b11＝4.0)、恢复水平(b22＝3.4)、工作素养(b33＝4.4)、任务与人际关系(b44＝3.2)、群体不安全氛围(b55＝3.8)、工作要求(b66＝3.5)和组织监管(b77＝4.1)。通过运行仿真系统,得出了在实际调研数据基础之上的一线员工产生行为跟随人数的动态变化情况,如图7-6所示。

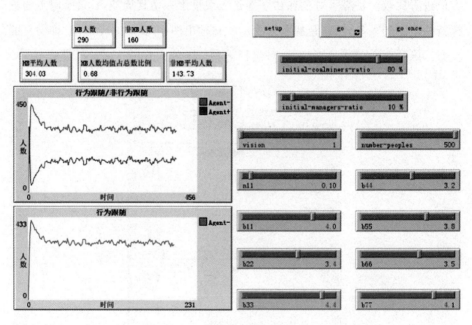

图 7-6 基准模型的输出结果

从系统运行200步后所得的行为跟随演化趋势来看,在基于实证数据基础之上的仿真结果可知,系统中行为跟随人数所占比例显著高于非行为跟随的比例,分别为290和160,且二者之间的差距非常明显。从整个仿真周期来看,表现出行为跟随人数在仿真周期内的均值为 304.03,占总的员工 Agents 的比例为 68%,远高于非行为跟随的人数均值 143.73,这为接下来的干预措施的效度提供了参照的标准。

7.4.2 不同单一因素变化仿真研究

在基准模型中无法看出单一因素对一线员工实施行为跟随人数变化的影响,为此将通过调整单一因素的值的大小,来分析当前因素对系统仿真结果的影响。在分析某个因素对仿真系统演化的影响时,其他因素皆保持基准模型的取值,被分析的因素将选取极值,即分别取因素初始值为 1 和因素值为 5,观察系统输出结果的差异性。

(1)低个人特质与高个人特质的对比分析

将个人特质分别赋值为 1 和 5,其他参数皆与基准模型中保持一致,通过运行系统,最终输出的结果如图 7-7 所示。其中图 7-7(a)为个人特质为 1 时的系统输出,图 7-7(b)为个人特质为 5 时的系统输出。同时为了方便比较,通过导出数据,将两次仿真结果中的行为跟随人数绘制于图 7-7(c)图上,以方便比较分析。

从图 7-7(a)中可以看出当个人特质为 1 时,从系统输出的结果可以看出,在仿真 200 步结束时,系统中行为跟随人数为 210 人,而非行为跟随的人数为 240 人,可以看出在仿真结束时,行为跟随人数是要略低于非行为跟随人数。从整个仿真过程来看,选择行为跟随人数的均值为 217.29 人,占员工 Agents 总数的 48%,而非行为跟随的人数均值为 230.47 人,从总体上也可以看出行为跟随人数与非行为跟随人数几乎一样,二者之间的差距并不大,几乎各占员工 Agents 总数的一半。

从图 7-7(b)中可以看出当个人特质为 5 时,从系统输出的结果可以看出,在仿真 200 步结束时,系统中行为跟随人数为 329 人,而非行为跟随的人数为 121 人,可以看出在仿真结束时,行为跟随人数是明显高于非行为跟随人数的。从整个仿真过程来看,选择行为跟随人数的均值为 319.82 人,占员工 Agents 总数的 71%,而非行为跟随的人数均值为 127.95,从总体上可以看出行为跟随人数显著高于非行为跟随人数的,是非行为跟随人数的两倍之多。

　　为了方便比较两次仿真中系统内产生行为跟随人数的变化,通过导出两次仿真所得的行为跟随的数据,进而得到图 7-7(c)。从图中可以非常清晰、直观地看出,在整个仿真周期内,低个人特质所得数据均处于高个人特质所得数据的下方。低个人特质下,在整个仿真周期内,行为跟随人数大致在 200～250 区间内上下波动;在高个人特质下,在整个仿真周期内,行为跟随人数大致在 300 ～350 区间内波动。由此可知员工的个人特质越明显,其越容易产生行为跟随,这与前文的 SEM 分析所得结论不谋而合。

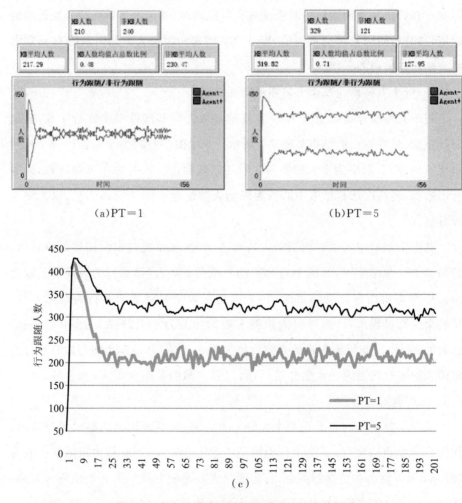

(a)PT=1　　　　　　　　　　　　　　　(b)PT=5

(c)

图 7-7　个人特质的不同取值对系统输出的影响

（2）低恢复水平与高恢复水平的对比分析

将恢复水平分别赋值为 1 和 5，其他参数皆与基准模型中保持一致，通过运行系统，最终输出的结果如图 7-8 所示。其中图 7-8（a）为恢复水平为 1 时的系统输出，图 7-8（b）为恢复水平为 5 时的系统输出。同时为了能够清晰、直观地进行对比，通过导出数据，将两次仿真结果中的行为跟随人数绘制于图 7-8（c）上，以方便比较分析。

从图 7-7（a）中可以看出当恢复水平为 1 时，从系统输出的结果可以看出，在仿真 200 步结束时，系统中行为跟随人数为 366 人，而非行为跟随的人数为 84 人，可以看出在仿真结束时，行为跟随人数是非行为跟随人数的四倍之多。从整个仿真过程来看，选择行为跟随人数的均值为 365.81 人，占员工 Agents 总数的 81%，而非行为跟随的人数均值为 81.95 人，从总体上看也可以看出行为跟随人数是非行为跟随人数的四倍之多，并且差距非常显著。

从图 7-7（b）中可以看出当恢复水平为 5 时，从系统输出的结果可以看出，在仿真 200 步结束时，系统中行为跟随人数为 245 人，而非行为跟随的人数为 205 人，可以看出在仿真结束时，行为跟随人数与非行为跟随人数相差较大。从整个仿真过程来看，选择行为跟随人数的均值为 258.22 人，占员工 Agents 总数的 57%，而非行为跟随的人数均值为 189.54，从总体上可以看出行为跟随人数是要略高于非行为跟随人数。

为了方便比较两次仿真中系统内产生行为跟随人数的变化，通过导出两次仿真所得的行为跟随的数据，进而得到图 7-7（c）。从图中可以非常清晰、直观地看出，在整个仿真周期内，低恢复水平所得数据均处于高恢复水平所得数据的上方。低恢复水平下，在整个仿真周期内，行为跟随人数大致在 350～400 区间内波动；在高恢复水平下，在整个仿真周期内，行为跟随人数大致在 250 附近上下波动。员工自身的恢复水平越高、恢复质量越好，其越不容易产生行为跟随，这验证了前文 SEM 分析所得结论的正确性。

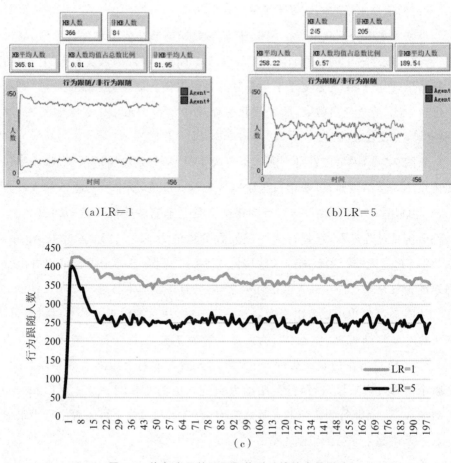

(a)LR=1   (b)LR=5

(c)

图7-8　恢复水平的不同取值对系统输出的影响

(3)低工作素养与高工作素养的对比分析

将工作素养分别赋值为1和5,其他参数皆与基准模型中保持一致,通过运行系统,最终输出的结果如图7-9所示。其中图7-9(a)为工作素养为1时的系统输出,图7-9(b)为工作素养为5时的系统输出。同时为了能够清晰、直观地进行对比,通过导出数据,将两次仿真结果中的行为跟随人数绘制于图7-9(c)上,以方便比较分析。

从图7-9(a)中可以看出当工作素养为1时,从系统输出的结果可以看出,在仿真200步结束时,系统中行为跟随人数为397人,而非行为跟随的人数为53人,可以看出在仿真结束时,行为跟随人数几乎是非行为跟随人数的八倍。从整个仿真过程来看,选择行为跟随人数的均值为390.31人,占员工Agents

总数的 87%,而非行为跟随的人数均值为 57.45 人,从总体上也可以看出行为跟随人数显著高于非行为跟随的人数,且差异非常显著。

　　从图 7-9(b)中可以看出当工作素养为 5 时,从系统输出的结果可以看出,在仿真 200 步结束时,系统中行为跟随人数为 293 人,而非行为跟随的人数为 157 人,可以看出在仿真结束时,行为跟随人数要高于非行为跟随人数。从整个仿真过程来看,选择行为跟随人数的均值为 281.57 人,占员工 Agent 总数的 63%,而非行为跟随的人数均值为 166.19,从总体上可以看出行为跟随人数显著高于非行为跟随人数,二者之间的差距比较悬殊。

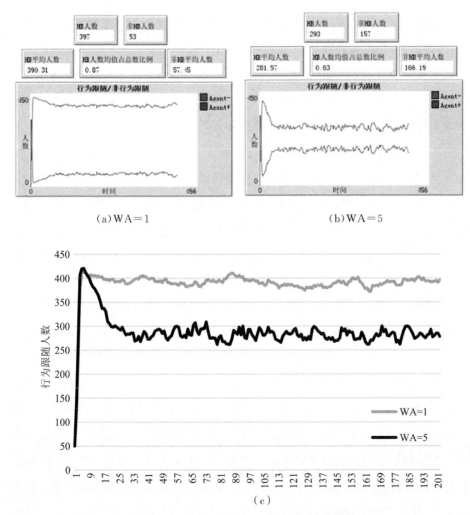

　　　　　　(a)WA=1　　　　　　　　　　　　　(b)WA=5

　　　　　　　　　　　　　　(c)

图 7-9　工作素养的不同取值对系统输出的影响

为了方便比较两次仿真中系统内产生行为跟随人数的变化,通过导出两次仿真所得的行为跟随的数据,进而得到图 7-9(c)。从图 7-9(c)图中可以非常清晰、直观地看出,在整个仿真周期内,低工作素养所得数据均处于高工作素养所得数据的上方。低工作素养下,在整个仿真周期内,行为跟随人数大致在 400 附近上下波动;在高工作素养下,在整个仿真周期内,行为跟随人数大致在 250 ~300 区间内上下波动。由此可知员工自身的工作素养越高,其越不容易产生行为跟随,这验证了前文 SEM 分析所得结论的正确性。

(4)低任务与人际关系和高任务与人际关系的对比分析

将任务与人际关系分别赋值为 1 和 5,其他参数皆与基准模型中保持一致,通过运行系统,最终输出的结果如图 7-10 所示。其中图 7-10(a)为任务与人际关系为 1 时的系统输出,图 7-10(b)为任务与人际关系为 5 时的系统输出。同时为了能够清晰、直观地进行对比,通过导出数据,将两次仿真结果中的行为跟随人数绘制于图 7-10(c)上,以方便比较分析。

从图 7-10(a)中可以看出当任务与人际关系为 1 时,从系统输出的结果可以看出,在仿真 200 步结束时,系统中行为跟随人数为 242 人,而非行为跟随的人数为 208 人,可以看出在仿真结束时,行为跟随人数高于非行为跟随人数。从整个仿真过程来看,选择行为跟随人数的均值为 241.23 人,占员工 Agents 总数的 54%,而非行为跟随的人数均值为 206.53 人,从总体上看也可以看出行为跟随人数是略高于非行为跟随的人数,但是这种差异比较微小。

从图 7-10(b)中可以看出当任务与人际关系为 5 时,从系统输出的结果可以看出,在仿真 200 步结束时,系统中行为跟随人数为 336 人,而非行为跟随的人数为 114 人,可以看出在仿真结束时,行为跟随人数显著高于非行为跟随人数。从整个仿真过程来看,选择行为跟随人数的均值为 342.91 人,占员工 Agents 总数的 76%,而非行为跟随的人数均值为 104.86,从总体上可以看出行为跟随人数要显著多于非行为跟随人数,前者是后者的三倍之多。

为了方便比较两次仿真中系统内产生行为跟随人数的变化,通过导出两次仿真所得的行为跟随的数据,进而得到图 7-10(c)。从图中可以非常清晰、直观地看出,在整个仿真周期内,低任务与人际关系所得数据均处于高工作素养所得数据的下方。低任务与人际关系下,在整个仿真周期内,行为跟随人数大致在 200～250 区间内上下波动；在高任务与人际关系下，在整个仿真周期内，行为跟随人数大致在 350 人上下波动。由此可知员工受任务与人际关系的影响越大，其越容易产生行为跟随，这验证了前文 SEM 分析所得结论的正确性。

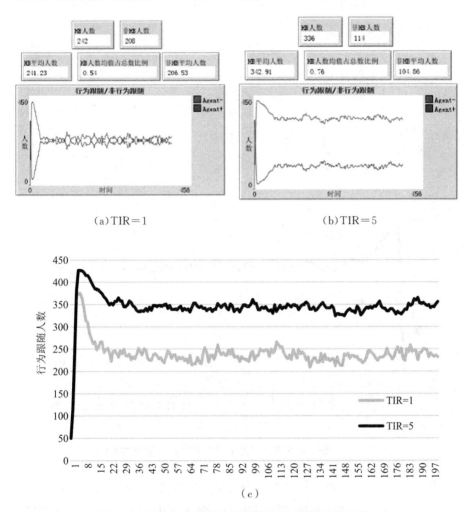

（a）TIR＝1 　　　　　　　　　　　（b）TIR＝5

（c）

图 7-10　任务与人际关系的不同取值对系统输出的影响

（5）低群体不安全氛围与高群体不安全氛围的对比分析

将群体不安全氛围分别赋值为 1 和 5，其他参数皆与基准模型中保持一致，通过运行系统，最终输出的结果如图 7-11 所示。其中 7-11（a）为群体不安全氛围为 1 时的系统输出，图 7-11（b）为群体不安全氛围为 5 时的系统输出。同时为了能够清晰、直观地进行对比，通过导出数据，将两次仿真结果中的行为跟随人数绘制于图 7-11 上,以方便比较分析。

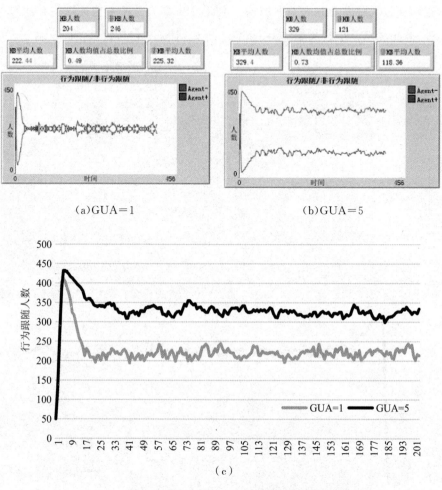

(a)GUA=1　　　　　　　　　　　　　(b)GUA=5

(c)

图 7-11　群体不安全氛围的不同取值对系统输出的影响

从图 7-11(a)中可以看出当群体不安全氛围为 1 时,从系统输出的结果可以看出,在仿真 200 步结束时,系统中行为跟随人数为 204 人,而非行为跟随的人数为 246 人,可以看出在仿真结束时,行为跟随人数低于非行为跟随人数。从整个仿真过程来看,选择行为跟随人数的均值为 222.44 人,占员工 agents 总数的 49%,而非行为跟随的人数均值为 225.32 人,从总体上可以看出行为跟随人数与非行为跟随的人数几乎一致,差异极其微小,各占员工 agents 总数的二分之一。

从图 7-11(b)中可以看出当群体不安全氛围为 5 时,从系统输出的结果可以看出,在仿真 200 步结束时,系统中行为跟随人数为 329 人,而非行为跟随的人数为 121 人,可以看出在仿真结束时,行为跟随人数明显高于非行为跟随人数。从整个仿真过程来看,选择行为跟随人数的均值为 329.4 人,占员工 Agents 总数的 73%,而非行为跟随的人数均值为 118.36,从总体上可以看出行为跟随人数几乎是非行为跟随人数的三倍,二者之间的人数差距非常悬殊。

为了方便比较两次仿真中系统内产生行为跟随人数的变化,通过导出两次仿真所得的行为跟随的数据,进而得到图 7-11(c)。从图中可以非常清晰、直观地看出,在整个仿真周期内,低群体不安全氛围所得数据均处于高工作素养所得数据的下方。低群体不安全氛围下,在整个仿真周期内,行为跟随人数大致在 200~250 区间内波动;在高群体不安全氛围下,在整个仿真周期内,行为跟随人数大致在 300~350 区间内上下波动。由此可知员工受群体不安全氛围的影响越大,其越容易产生行为跟随,这验证了前文 SEM 分析所得结论的正确性。

(6)低工作要求与高工作要求的对比分析

将工作要求分别赋值为 1 和 5,其他参数皆与基准模型中保持一致,通过运行系统,最终输出的结果如图 7-12 所示。其中图 7-12(a)为工作要求为 1 时的系统输出,图 7-12(b)为工作要求为 5 时的系统输出。同时为了能够清晰、直观地进行对比,通过导出数据,将两次仿真结果中的行为跟随人数绘制于图 7-12(c)上,以方便比较分析。

从图 7-12(a)中可以看出当工作要求为 1 时,从系统输出的结果可以看出,在仿真 200 步结束时,系统中行为跟随人数为 233 人,而非行为跟随的人数为 217 人,可以看出在仿真结束时,行为跟随人数与非行为跟随人数几乎相等。从整个仿真过程来看,选择行为跟随人数的均值为 231.56 人,占员工 agents 总数的 51%,而非行为跟随的人数均值为 216.2,从总体上看,可以看出行为跟随人数是略高于非行为跟随人数的,但是这种差距极其微小,甚至可以忽略。

从图 7-12(b)中可以看出当工作要求为 5 时,从系统输出的结果可以看出,在仿真 200 步结束时,系统中行为跟随人数为 332 人,而非行为跟随的人数为 118 人,可以看出在仿真结束时,行为跟随人数是明显高于非行为跟随人数的。从整个仿真过程来看,选择行为跟随人数的均值为 335.95 人,占员工 agents 总数的 75%,而非行为跟随的人数均值为 111.81,从总体上看也可以看出行为跟随人数是非行为跟随人数的两倍之多。

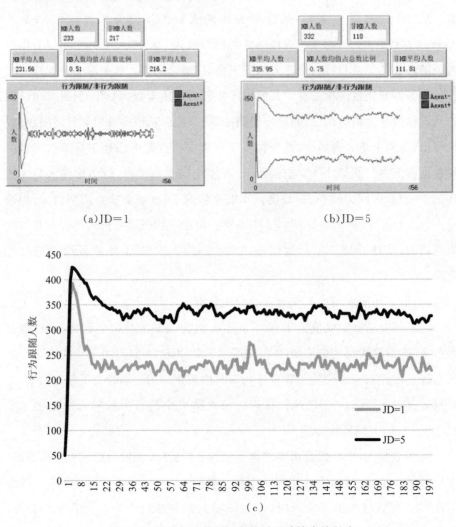

(a)JD=1　　　　　　　　　　　　　(b)JD=5

(c)

图 7-12　工作要求的不同取值对系统输出的影响

为了方便比较两次仿真中系统内产生行为跟随人数的变化,通过导出两次仿真所得的行为跟随的数据,进而得到图 7-12(c)。从图中可以非常清晰、直观地看出,在整个仿真周期内,低工作要求所得数据均处于高工作要求所得数据的下方。在低工作要求下,在整个仿真周期内,行为跟随人数大致在 200~250 区间内上下波动;在高工作要求下,在整个仿真周期内,行为跟随人数大致在

300～350 区间内上下波动。由此可知员工感受到的工作要求越高,其越容易产生行为跟随,这与前文 SEM 分析所得结论不谋而合。

(7)低组织监管与高组织监管的对比分析

将组织监管分别赋值为 1 和 5,其他参数皆与基准模型中保持一致,通过运行系统,最终输出的结果如图 7-13 所示。其中图 7-13(a)为组织监管为 1 时的系统输出,图 7-13(b)为组织监管为 5 时的系统输出。同时为了能够清晰、直观地进行对比,通过导出数据,将两次仿真结果中的行为跟随人数绘制于图 7-13(c)图上,以方便比较分析。

从图 7-13(a)中可以看出当组织监管为 1 时,从系统输出的结果可以看出,在仿真 200 步结束时,系统中行为跟随人数为 394 人,而非行为跟随的人数为 56 人,可以看出在仿真结束时,行为跟随人数几乎是非行为跟随人数的八倍。从整个仿真过程来看,选择行为跟随人数的均值为 381.3 人,占员工 Agents 总数的八成以上(85%),而非行为跟随的人数均值为 66.46 人,从总体上看也可以看出行为跟随人数是非行为跟随人数的六倍之多,差距非常悬殊。

从图 7-13(b)中可以看出当工作要求为 5 时,从系统输出的结果可以看出,在仿真 200 步结束时,系统中行为跟随人数为 280 人,而非行为跟随的人数为 170 人,可以看出在仿真结束时,行为跟随人数显著高于非行为跟随的人数。从整个仿真过程来看,选择行为跟随人数的均值为 274.27 人,占员工 Agents 总数的六成多(61%),而非行为跟随的人数均值为 173.49,从总体上可以看出行为跟随人数是高于非行为跟随人数,二者之间的差异比较显著,这也从侧面反映出组织监管可以降低行为跟随的人数,但是却不能根除。

为了方便比较两次仿真中系统内产生行为跟随人数的变化,通过导出两次仿真所得的行为跟随的数据,进而得到图 7-13(c)。从图中可以非常清晰、直观地看出,在整个仿真周期内,低组织监管所得数据均处于高组织监管所得数据的上方。低组织监管下,在整个仿真周期内,行为跟随人数大致在 350～400 区间内上下波动;在高组织监管下,在整个仿真周期内,行为跟随人数大致在 250～300 区间内上下波动。由此可知员工感受到的组织监管越严格,其越不容易产生行为跟随,这与前文的 SEM 分析所得结论不谋而合。

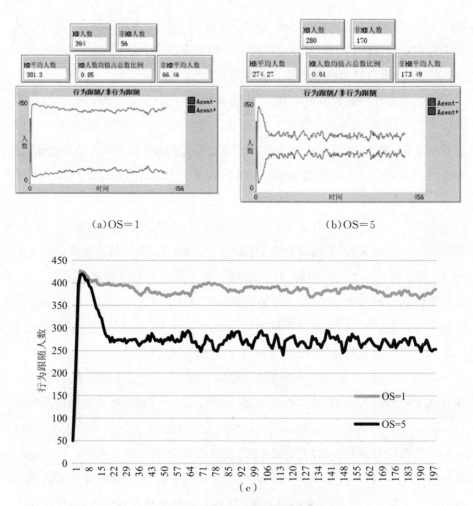

(a) OS=1   (b) OS=5

(c)

图 7-13　组织监管的不同取值对系统输出的影响

通过对单一参数变动的仿真研究结果的汇总和分析(见表 7-2),可以得出以下结论:相较于高水平的个人特质,低水平的个人特质能够带来更少的行为跟随;相较于低水平的恢复水平,高水平的恢复水平能够显著降低一线员工产生行为跟随的可能性;相较于低水平的工作素养,一线员工具有的工作素养水平越高,则产生行为跟随的可能性越低,因而行为跟随人数占员工总数的比例也会越低;相较于高水平的任务与人际关系,低水平的任务与人际关系能够促使一线员工群体产生更少的行为跟随;相较于高水平的群体不安全氛围,低水平的群体不安全氛围能够促使一线员工群体产生更少的行为跟随;相较于高水平的工作要求,低水平的工作要求能够促使一线员工群体产生更少的行为跟随;相较于一线员工感知到低水平的组织监管,一线员工感知到的组织监管越严格,则产生行为跟随的可能性越低,因而行为跟随人数占员工总数的比例也会越低。此外,通过对单一因素变动所引起的员工选择行为跟随人数的变化的综合比较可以发现,当个人特质参数取最优值时,系统中选择行为跟随的员工比例最低,仅为49%,表明在单一参数中,个人特质所取得的干预效果最佳。

表 7-2 单一参数变动仿真结果汇总

变量	取值	HB 人数均值	UHB 人数占总人数的比重	非 HB 人数均值
PT	1	217.29	48%	230.47
	5	319.82	74%	127.95
LR	1	365.81	81%	81.95
	5	258.22	57%	189.54
WA	1	390.31	87%	58.10
	5	281.57	63%	166.19
TIR	1	241.23	54%	206.53
	5	342.91	76%	104.86
GUA	1	222.44	49%	225.32
	5	329.4	73%	118.36
JD	1	231.56	51%	216.2
	5	335.95	75%	111.81
OS	1	381.3	85%	66.46
	5	274.27	61%	173.49

7.4.3 内部因素不同取值的效应对比分析

在上文中,通过对单一参数的不同取值的仿真结果表明,在内部因素(个人特质、恢复水平和工作素养)中能够使最终仿真输出结果的行为跟随人数均值较小的参数取值为:个人特质=1,恢复水平=5 以及工作素养=5。接下来将对内部因素的参数分别取能使系统产生最优和最劣结果的值进行仿真,并对仿真结果进行对比分析。

当内部因素的赋值为最优(即个人特质=1,恢复水平=5 以及工作素养=

5)和最劣(即个人特质＝5,恢复水平＝1 以及工作素养＝1)时,其他参数皆与基准模型中保持一致,通过运行系统,最终输出的结果如图 7-14 所示。其中图 7-14(a)为内部因素最优时的系统输出,图 7-14(b)为内部因素最劣时的系统输出。同时为了能够清晰、直观地进行对比,通过导出数据,将两次仿真结果中的行为跟随人数绘制于图 7-14(c)上,以方便比较分析。

从图 7-14(a)中可以看出当内部因素为最优时,从系统输出的结果可以看出,在仿真 200 步结束时,系统中行为跟随人数为 150 人,而非行为跟随的人数为 300 人,可以看出在仿真结束时,行为跟随人数是非行为跟随人数的二分之一。从整个仿真过程来看,选择行为跟随人数的均值为 158.28 人,仅占总数的35％,而非行为跟随的人数均值为 289.48,从总体上可以看出行为跟随人数远低于非行为跟随人数的,差距非常悬殊。

从图 7-14(b)中可以看出当内部因素取值最劣时,从系统输出的结果可以看出,在仿真 200 步结束时,系统中行为跟随人数为 434 人,而非行为跟随的人数仅为 16 人,可以看出在仿真结束时,员工 Agents 几乎都实施了行为跟随。从整个仿真过程来看,选择行为跟随人数的均值为 428.8 人,占比高达总数的95％,而非行为跟随的人数均值仅为 18.97,从总体上可以看出系统中有九成以上的员工都出现了行为跟随,仅有不足一成的员工维持安全生产,二者差距非常悬殊。

为了方便比较两次仿真中系统内产生行为跟随人数的变化,通过导出两次仿真所得的行为跟随的数据,进而得到图 7-14(c)。从图中可以非常清晰、直观地看出,在整个仿真周期内,内部因素取值最劣所得数据均处于内部因素取值最优所得数据的上方。在内部因素取值最劣的情形下,在整个仿真周期内,行为跟随人数稳定在 430 人附近;在内部因素取值最优情形下,在整个仿真周期内,行为跟随人数大致在 150 人上下波动。由此可知,相较于内部因素取最劣值时,当内部因素取值最优时能够使得系统的输出明显向好发展,行为跟随人数处于较低的水平。

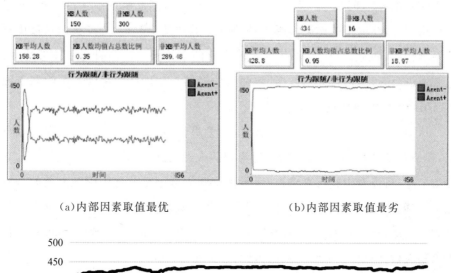

（a）内部因素取值最优　　　　　　　　（b）内部因素取值最劣

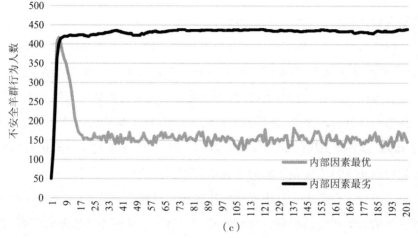

（c）

图 7-14　内部因素的不同取值对系统输出的影响

7.4.4　外部因素不同取值的效应对比分析

在上文中，通过对单一参数的不同取值的仿真结果表明，在外部因素（任务与人际关系、群体不安全氛围、工作要求和组织监管）中能够使最终仿真输出结果的行为跟随人数均值较小的参数取值为：任务与人际关系＝1、群体不安全氛围＝1、工作要求＝1 和组织监管＝5。接下来将对外部因素的参数分别取能使系统产生最优和最劣结果的值进行仿真，并对仿真结果进行对比分析。

当外部因素的赋值为最优（即任务与人际关系＝1、群体不安全氛围＝1、工作要求＝1 和组织监管＝5）和最劣（即任务与人际关系＝5、群体不安全氛围＝

5、工作要求＝5 和组织监管＝1）时，其他参数皆与基准模型中保持一致，通过运行系统，最终输出的结果如图 7-15 所示。其中图 7-15（a）为外部因素最优时的系统输出，图 7-15（b）为外部因素最劣时的系统输出。同时为了能够清晰、直观地进行对比，通过导出数据，将两次仿真结果中的行为跟随人数绘制于图 7-15（c）上，以方便比较分析。

从图 7-15（a）中可以看出当外部因素为最优时，从系统输出的结果可以看出，在仿真 200 步结束时，系统中行为跟随人数为 63 人，而非行为跟随的人数为 387 人，可以看出在仿真结束时，行为跟随人数不足非行为跟随人数的六分之一。从整个仿真过程来看，选择行为跟随人数的均值为 72.14 人，仅占总数的不足两成（16％），而非行为跟随的人数均值为 375.62，从总体上可以看出行为跟随人数远远低于非行为跟随人数，差距非常悬殊。

从图 7-15（b）中可以看出当外部因素为最劣时，从系统输出的结果可以看出，在仿真 200 步结束时，系统中行为跟随人数为 424 人，而非行为跟随的人数为 26 人，可以看出在仿真结束时，行为跟随人数是非行为跟随人数的十六倍左右。从整个仿真过程来看，选择行为跟随人数的均值为 420.68 人，占比高达总数的 93％，而非行为跟随的人数均值为 27.08 人，从总体上可以看出行为跟随人数的均值是非行为跟随人数的十五倍倍之多，差距非常悬殊。

为了方便比较两次仿真中系统内产生行为跟随人数的变化，通过导出两次仿真所得的行为跟随的数据，进而得到图 7-15（c）。从图中可以非常清晰、直观地看出，在整个仿真周期内，外部因素取值最劣所得数据均处于外部因素取值最优所得数据的上方。在外部因素取值最劣的情形下，在整个仿真周期内，行为跟随人数大致在 430 人上下波动；在外部因素取值最优情形下，在整个仿真周期内，行为跟随人数大致在 50～100 区间内波动。由此可知，相较于外部因素取最劣值时，当外部因素取值最优时能够使得系统的输出明显向好发展，成效十分明显，能够使行为跟随人数处于较低的水平。

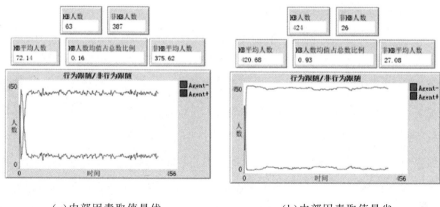

(a)内部因素取值最优　　　　　　　　　(b)内部因素取值最劣

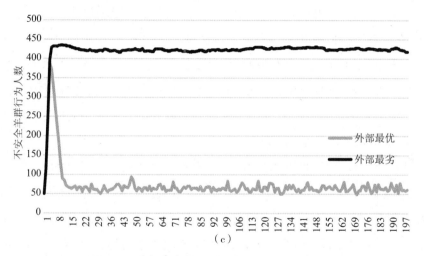

图 7-15　外部因素的不同取值对系统输出的影响

7.4.5　内外部因素协同变动的仿真对比分析

在上文中的仿真分析中已经得出能够使得系统输出向着良性方向发展的内部因素取值为：个人特质＝1，恢复水平＝5以及工作素养＝5；外部因素的取值为：任务与人际关系＝1、群体不安全氛围＝1、工作要求＝1和组织监管＝5。此外，通过对比发现，当仅对外部因素进行调控时，系统中产生的行为跟随人数比例为17%，而仅对内部因素调控时，系统产生的行为跟随人数比例为36%，显然对外部因素的调控所取得的效果要优于对内部因素的调控。接下来将对内部因素和外部因素的参数分别取能使系统产生最优和最劣结果的值进行仿真,并对仿真结果进行对比分析。

当内、外部因素的赋值为最优(即个人特质＝1,恢复水平＝5,工作素养＝5,任务与人际关系＝1、群体不安全氛围＝1、工作要求＝1 和组织监管＝5)和最劣(即个人特质＝5,恢复水平＝1,工作素养＝1,任务与人际关系＝5,群体不安全氛围＝5,工作要求＝5 和组织监管＝1)时,其他参数皆与基准模型中保持一致,通过运行系统,最终输出的结果如图 7-16 所示。其中图 7-16(a)为内、外部因素最优时的系统输出,图 7-16(b)为内、外部因素最劣时的系统输出。同时为了能够清晰、直观地进行对比,通过导出数据,将两次仿真结果中的行为跟随人数绘制于图 7-16(c)上,以方便比较分析。

从图 7-16(a)中可以看出当内、外部因素为最优时,从系统输出的结果可以看出,在仿真 200 步结束时,系统中行为跟随人数为 8 人,而非行为跟随的人数为 442 人,可以看出在仿真结束时,行为跟随人数处于一个极低的水平。从整个仿真过程来看,选择行为跟随人数的均值为 18.99 人,仅占总数的 4%,而非行为跟随的人数均值为 428.78,从总体上可以看出行为跟随人数远远低于非行为跟随的人数,差距非常悬殊。

从图 7-16(b)中可以看出当内、外部因素为最劣时,从系统输出的结果可以看出,在仿真 200 步结束时,系统中行为跟随人数为 447 人,而非行为跟随的人数为 3 人,可以看出在仿真结束时,系统中几乎所有的员工 agents 都选择了行为跟随。从整个仿真过程来看,选择行为跟随人数的均值为 436.19 人,占比高达总数的 97%,而非行为跟随的人数均值为 11.57 人,从总体上可以看出,系统中几乎所有的员工 agents 都选择了行为跟随,非行为跟随人数几乎可以忽略。

为了方便比较两次仿真中系统内产生行为跟随人数的变化,通过导出两次仿真所得的行为跟随的数据,进而得到图 7-16(c)。从图中可以非常清晰、直观地看出,在整个仿真周期内,内、外部因素取值最劣所得数据均处于内、外部因素取值最优所得数据的上方。在内、外部因素取值最劣的情形下,在整个仿真周期内,行为跟随人数最终稳定在 450 人附近,表明系统中所有的员工都选择了行为跟随;在内、外部因素取值最优情形下,在整个仿真周期内,行为跟随人数大致稳定在 20 附近,表明系统中只有极少的员工表现出行为跟随。由此可知,相较于内、外部因素取最劣值时,当内、外部因素取值最优时能够使得系统的输出明显向好发展,成效十分明显,能够使行为跟随人数处于很低的水平。

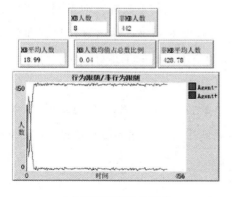

（a）所有因素取值最优

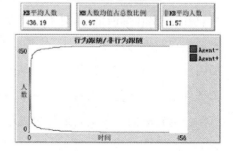

（b）所有因素取值最劣

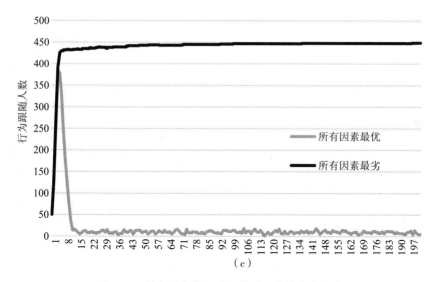

（c）

图 7-16　所有因素的不同取值对系统输出的影响

7.5　本章小结

本章在基于前文分析的基础上,通过引入复杂适应系统理论,对基于主体建模与仿真方法的流程和适用性分别进行了阐述,继而运用多主体建模与仿真平台——Netlogo对一线员工的行为跟随选择进行建模与仿真。基于问卷调查所得数据构建了基准模型,进而在基准模型的基础上改变相关参数的取值,将输出结果进行对比分析从而确定了能够使得系统朝着良性方向发展的参数取值。此外,将不同参数的最优取值进行组合并对系统的输出进行比较和分析,最终得出在单因素中,对个人特质的干预所取得的效果最好;在内、外部因素的干预效果的对比中得出,外部因素所取得的干预效果最佳;最后,当个人特质、任务与人际关系、群体不安全氛围、工作要求处于低水平,且恢复水平、工作素养和组织监管处于高水平情况下,整个系统中行为跟随的水平最低,这为后续的行为跟随的干预策略的提出提供了依据。

8 行为跟随干预的对策建议

行为跟随在工业企业一线员工中普遍存在,正是由于这种行为的存在才使得原本个别不安全行为朝着群体不安全行为的方向发展,严重威胁着企业日常的安全生产,因此企业有必要采取一定的措施对这种行为进行干预,以确保企业的安全生产。

基于结构方程模型的实证分析从静态的视角揭示了行为跟随的驱动机理,得出行为效用感知是引起行为跟随的直接原因,而行为效用感知又受到员工知觉到的内部和外部因素的影响。在演化博弈分析中,通过构建对称与非对称演化博弈模型,从一线员工群体内、外两个层面动态刻画了行为效用感知对于一线员工群体行为跟随的演化路径及演化稳定策略的影响,进一步明确了行为效用感知的变化是引发行为跟随变化的直接因素。基于 ABMS 方法的一线员工行为跟随仿真研究则将相关的干预措施所带来的效果进行量化,便于企业寻求最佳的干预措施及相关措施的组合,以达到最优的干预效果。本章将基于这些研究的结论对抑制工业企业一线员工行为跟随提出相应的管理建议和干预措施。

8.1 基于行为跟随驱动机理建议

以行为跟随驱动因素作用机理模型及实证结论为依据,当前研究将从如下几个方面提出相应的引导、干预策略,即基于员工内部因素的引导策略、基于外部因素的干预策略、基于行为效用感知的阻断策略以及基于人口学变量的定向监控策略。

8.1.1　基于内部因素的引导策略

(1)引导个人特质的良性发展

在本研究中,个人特质包括集体主义倾向和认知闭合需求,且通过前期的问卷调查可知二者的水平都接近或者超过 4,处于很高的水平,并且其会通过感知损失作用于行为跟随。

集体主义倾向本身并没有对错,主要取决于其所处的情境,当员工所处的群体中大多数人已经产生了不安全行为,那么此时集体主义倾向越高的员工越可能为了提高群体的产量或缩短群体工作时间而采取与其他成员相同或者相似的不安全行为;反之,若员工所处群体都是严格遵守规章制度,那么集体主义倾向高的个体会以群体利益为重,也会自觉遵守规章制度。因此,组织应该识别集体主义倾向高的员工,将其置于在日常安全生产表现较好的班组中,以达到对集体主义倾向水平高的员工的正向的积极引导,使其服务于日常的安全生产。

认知闭合需求水平越高的个体,在模糊情境下更倾向于参照他人明确的行为,因此当认知闭合需求高的员工对安全操作缺乏理解而周围恰巧有员工产生不安全行为时,此时高认知闭合的员工便倾向于产生行为跟随,对于这类员工可以通过如下方式进行引导,首先可以对这类员工进行安全教育与培训,灌输安全生产的思想,明确指出什么可以做,什么不可以做,避免模棱两可的情况;其次,可以采取员工帮扶计划,为这类员工匹配一个安全绩效水平高的员工,当其在日常生产中遇到问题时可以求助于安全绩效水平高的员工,避免在情境模糊之下而产生行为跟随。

(2)营造良好的恢复氛围

本书所构造的员工恢复水平包括睡眠质量和心理脱离,分别从生理和心理两个层面诠释了恢复水平通过行为效用感知的中介作用而影响行为跟随。从前期的调研结果来看,一线员工的睡眠质量和心理脱离的均值分别为 3.35 和 3.20 处于中等水平,从总体上来看员工的恢复水平并不理想。

营造良好的恢复氛围可以从睡眠质量和心理脱离两方面入手。对于睡眠质量而言,企业应该制定合理的轮班制度,保证员工正常的睡眠时间;合理安排员工的工作事务,避免工作事务占用员工的睡眠时间;利用现代科学技术,监测员工睡眠质量,对于睡眠质量差的员工要进行一定的干预措施,比如采取药物治疗或心理咨询等。

对于心理脱离而言,由于个体的精神、心理被工作事务所占据,尽管其身体上已经脱离了工作,但是工作事务依然在消耗员工的心理资源,导致身心的困倦,因此为了提升心理脱离,员工可以在非工作时间适当关闭通信工具、软件,避免工作事务侵占个人时间;在非工作时间,员工可以从事一些个人所中意的活动,比如有的员工喜欢玩游戏,有的员工喜欢下棋等,以此来获得精神上的放松;此外,组织应该倡导在非工作时间,员工的上级和同事尽可能避免与其讨论或者分派关于工作的事务,与工作相关的事务就应该在工作中解决而不是在非工作时间[160,245]。

(3)提升员工工作素养

本研究中所提到的工作素养包括安全能力和工作尽责,通过调研发现安全能力和工作尽责的均值分别为 4.20 和 4.61,处于极高水平,并且其会通过感知收益作用于行为跟随,因此对于企业来说主要是需要通过一些措施提升或者维持高工作素养。

对于安全能力来说,企业应该采取一系列措施提升员工安全能力,比如通过观看安全教育宣传片,聘请专业的学者、专家、技术人员为员工讲授课程使员工知悉相关安全生产操作规程、知识和规章制度;对员工实行定期的考核,对不合格员工采取重点安全教育,久而久之会使员工安全意识大大提高。

对于工作尽责来说,工作尽责直接关乎员工是否按照岗位要求保质保量完成任务,为了提高和维持员工的工作尽责性,企业需要制定一套明晰的职业生涯发展路径,并兑现相应承诺,以确保员工对工作充满激情和期待;可以设置"工作尽责奖"对在日常工作中安全绩效水平高,具有模范带头的员工给予一定的奖励,这样会激发未获奖的员工的干劲,进而形成一个良性竞争氛围;给予员工更多的人文关怀,使得员工在组织中找到"家"的感觉,其在工作中自然会变得尽责,比如为员工举办生日会、遇到突发状况时给予更多的关怀与援助。

8.1.2　基于外部因素的干预策略

(1)引导任务与人际关系良性发展

本书所构造的任务与人际关系包括任务相似性和职场排斥两个维度,分别代表的是任务关系和人际关系,其均值分别为 3.80 和 2.57,并且实证结果表明其会通过行为效用感知的中介作用而影响行为跟随,因此可以通过引导这两方面而降低行为跟随产生的可能性。

对于任务相似性而言,员工之间的任务越是相似,员工越容易从他人的不安全行为中感受到收益,因而也就更容易产生行为跟随,因此企业在日常管理中需要对具有高度任务相似性的班组成员进行重点监控,对同技能员工以班组为单位进行集中的培训与指导;此外,由于任务的完成需要员工间的协作,因此还可以调动同任务员工间的帮扶与监督,强化员工的集体意识,对于出现违规的人员需要及时提醒并予以纠正,从而达到遏制行为跟随的目的。

人际关系学说提出"社会人假设"认为人并不是孤立存在的,并指出人际关系及归属感比一定程度的经济回报更能激发人的行为,职场排斥越高,员工感知到的人际关系就越是紧张、归属感越是缺乏,为此组织需要营造和谐的人际关系,比如倡导员工在相互尊重的基础上表达自己的意见,并经常参加小组活动,从而加强人际关系[327];同时,可以将以个人为导向的绩效和奖励制度与以团队为导向的绩效和奖励制度相结合,在这种情形下,员工会更愿意与他人合作,从而降低员工知觉的职场排斥;此外,研究表明神经质和内向性的员工更容易感受到职场排斥,基于此,企业相关部门可以利用卡特尔 16PF 量表对这部分员工进行识别,并进行有针对性的培训和疏导[160]。

(2)营造良好的群体安全氛围

在本研究中,通过实证分析得出群体不安全氛围会通过行为效用感知间接正向作用于行为跟随,在本书中群体不安全氛围包括不安全行为一致性、不安全互动、不安全规范和关键员工的不安全行为,均值分别为 3.99、4.20、3.30 和 3.65,皆在 3 以上,具有明显的倾向性,为此群体安全氛围的塑造可以从以下几方面入手。

首先,加强班组建设,在群体成员中形成安全共识。行为跟随的产生是因为员工对不安全行为产生了共识,才会出现员工对已经存在的不安全行为的跟随和模仿,因此需要在班组中借助各种宣传工具向员工宣传安全的重要性、展示各种工伤事故,比如建立微信公众号,可以定期发布各类生产安全事故的典型案例以及如何避免事故的安全知识等,以此来提高班组成员的安全意识,形成安全共识。

其次,引导员工的互动行为,鼓励安全互动,抑制不安全互动。员工之间的互动交流是一把双刃剑,当互动的内容与不安全行为有关时,可能就会引起行为跟随,而互动的内容与安全行为相关时,就会利于整个群体的安全生产,因此要转不安全互动为安全互动,进而提高全员的安全素养,组织需要创造多样的安全互动的条件,开展以安全为主题的文娱活动,比如举办安全演讲、安全标语征集活动、安全技能比拼等活动,以此加强员工之间的安全交流。

再次,抑制不安全规范,培养安全规范。从本书的研究来看,少数服从多数、对权威的服从、对已经形成的行为习惯的遵守会引起羊群行为,只有当这些规范处于不安全行为的情境中才会引发行为跟随,因此对于这些规范需要积极引导,将其置于安全行为情境中,发挥其在安全行为情境中的积极作用,基于此企业可以:①加强监管,始终使得群体中实施安全行为的员工占据绝对的数量优势,使实施不安全行为的员工感受到群体压力而改正当前的行为;②任命合适的领导,领导者需以身作则,积极遵从组织的安全规章制度,营造良好的安全规范;③以班组为单位制定安全行为承诺书,每个班组结合自身实际制定安全行为承诺书,规定整个班组的具体责任和义务,以此来约束班组成员的行为。

最后,加强对关键员工的管理。在前文的深度访谈中获知对员工行为跟随产生影响的关键员工主要为师父、技术骨干、领导(班组长)和经验丰富的员工,因此企业需要做好这些人的安全工作:①对于师父、技术骨干和领导的考核可以与班组的考核相结合,即这些关键员工负责指导、管理的员工如果产生了违规行为,那么这部分关键员工就要负连带责任,一同接受处罚;②组织应该加强与工作经验丰富员工的交流,正确处理组织与经验丰富员工间的关系,向其灌输二者关系是合作共赢而非冲突对立的关系,适当对这类员工实施更高的奖罚制度,促使其发挥模范带头作用,并且监督周围员工的工作;③选拔、培养和树立安全典范并将其安排至关键岗位,对于这类人的选拔和任命应该依据其在特定群体中的威望、安全意识和心理素质,利用其强大的感染力和安全素养带动整个班组的安全生产;④组织可以设立专项基金资助关键员工进修、学习,提高其安全素质,并鼓励其将所习得的安全知识传授给其他成员并应用于生产实践。

(3)适度的工作要求

工作要求往往被视为工作中的压力源,会使员工感受到一系列压力,在本书中,工作要求主要包括时间压力、工作负荷、作业环境恶劣程度以及劳动用具不适性四个方面,其均值分别为 3.61、3.50、3.62 和 3.21,皆高于 3 分,表明一线员工受到的影响比较显著。在前文实证分析中得出工作要求能够通过感知收益间接正向作用于行为跟随,为此工作要求的改善可以从如下几个方面入手:

对于时间压力和工作负荷而言,组织可以采取以下措施:①组织在进行工作设计和任务分配时需要充分考虑员工实际完成工作的能力,进而分配合理的工作任务,这样可以确保员工能够按时完成任务而不至于感到时间紧迫;②员工自身在工作前应该事先将自己需要完成的任务制订一个计划,然后按照这个计划执行,这样就不会因为缺乏计划而使得工作变得无序,进而感到时间紧迫③组织也可以提供更多的培训机会,诸如技能培训、时间管理技巧,以此来提高员工的工作效率,削弱工作负荷对其影响[245]。

对于恶劣的作业环境,组织可以通过如下措施来进行改善:①对工作面进行清扫与整理,避免作业环境混乱而引起的员工不适;②加大职业安全与健康方面的投入,在对井下粉尘和噪音进行控制的同时,尽量为员工提供高于行业标准的劳保工具;③加大对各种潜在风险的监控,做到防患于未然,提升员工在井下工作的安全感。

在前文的质性分析中得出,劳动用具不适性主要体现在劳动用具不易用、没有用以及费力,因此组织应该:①不断征询员工对于改进劳动用具的建议,并将这些建议反馈给物资采购部门,从而采购符合员工习惯的劳动用具,或者与相关的研发机构合作,开发出员工易用且省能的工具;②加强对员工的指导,引进新设备或者是新员工入职时都应该进行相应的技能培训,可以采取集中的模拟实训、视频教学等,提升员工对于劳动用具的操作能力;③对于员工反映的防护用具没有用的问题,企业可以进行深入调查,若真的无用,则应该责令采购部门购买更有效、有用的用具,若只是员工自认为没有用,则应该加强对这部分员工的干预,加强监督力度,采取奖励与惩罚并举的措施。

(4)加强组织的监管

在实证分析中可知,组织监管通过感知损失间接负向作用于行为跟随,也就是说,合理有效的组织监管是降低行为跟随发生的有效途径。在本书中组织监管主要包括规章制度有效性、安全培训、管理者工作态度、监督检查力度和处罚力度,并且其均值分别为 3.67、4.33、4.21、4.18 和 4.10,表明除规章制度有效性以外,其他方面做得都比较到位,只需继续保持即可,而对于规章制度有效性,则需要进行重点提升。在前文的深度访谈中可知,规章制度有效性主要体现在制度执行效度、规章制度的缺失、制度不符合实际和规章制度落实状况,基于此本书提出如下管理建议:①加大对执法人员的监管力度,确保制定的规章制度能够得到较好的执行和落实;②对关乎企业安全生产的事宜都应该制定一套切实可行的规章制度供相关人员在工作中进行参照,为从业人员提供指导,避免因为制度的缺失而引起行为跟随;③规章制度的制定应该是一个动态过程,应该随着环境的变化而变化,定期组织专人对现有的不符合生产实际的条款进行修订以确保规章制度能够满足实际需要。

8.1.3　基于行为效用感知的阻断策略

行为效用感知在内部因素和外部因素与行为跟随的关系中发挥着中介作用,此外,基于演化博弈分析可知,行为效用感知的改变是引起行为跟随变化的重要原因。如果行为效用感知得到有效的干预,那么其他因素作用于行为跟随的传导路径就会发生断裂,行为跟随自然也就难以产生。

在本研究中,行为效用感知包括感知收益和感知损失两个方面,其均值分别为 3.19 和 4.19,表明员工感知到实施行为跟随面临的组织处罚和安全风险水平较高,应该继续保持这种思想意识。对于感知收益而言,其均值高于 3 表明员工能够比较清晰地从行为跟随中感受到收益,基于此,提出如下管理对策:

①降低员工从实施行为跟随中所获得的生理收益。首先,企业可以在保证安全的基础上,通过充分的论证,对相应的操作流程进行精简,提高工作效率,降低体力消耗;其次,充分利用员工的生物节律安排相应工作任务,可以考虑根

据员工的体力的周期性变化安排轮岗,从而保证在工作中维持旺盛的体力;最后,对员工的体能进行监控,让员工佩戴体能检测传感器,当员工的体能低于正常值时,就应该采取措施,让其尽快升井进行体力恢复,确保安全生产。

②降低员工从实施行为跟随中所获得的心理收益。首先,削弱员工从实施行为跟随中所感知到的心理安全感,向员工宣传"安全责任无大小","安全生产,人人有责"的理念,发挥员工相互监督机制;其次,加强宣传教育,引导安全生产,必须向员工传递再小的安全隐患都可能会酿成恶性事故的思想观念,滚动播放事故视频、图片,以此来降低员工的心理收益。

8.1.4　基于人口学变量的定向监控策略

通过前文的行为跟随在各人口学变量上的差异性检验可知,行为跟随在工作年限不超过 3 年,收入介于 7 000～9 000 元,年龄不超过 25 岁,以及高中(中专)学历的一线员工群体中得分较高,因此企业应该对这部分员工进行有针对性的管理。企业可以制定个性化的干预措施,比如为新员工配备专业技术强,安全素质高的员工指导其工作;加强组织安全文化的建设,定期组织、开展各类针对这些群体的安全活动,比如安全技能比拼、安全知识竞赛等寓教于乐的方式提高这些员工的安全意识;制定差异化的管理策略,针对这些员工,实施有针对性的安全教育活动,并加大监管的力度;此外,还可以通过亲情感化的方式,向这些员工灌输遵章工作就是对家庭负责的思想,建立员工亲属档案,将员工的工作表现反馈给家属,使得家属配合进行安全教育。

8.2　基于演化博弈的管理者的干预建议

在演化博弈分析中得出,只有当管理者积极干预的净收益高于消极干预的净收益时,才能避免出现最糟糕的情形,即(跟随,消极干预)。如果只针对员工采取一定的干预措施,而忽视了对管理者的干预,那么对行为跟随的管控效果将大打折扣,因此还需要从管理者的感知效用入手,制定一定的政策、制度来保证管理者积极干预的净收益高于消极干预的净收益。

首先,对于中、基层管理者而言,企业应该采取措施来提高管理者积极干预时的感知收益,以及消极干预时的感知损失。企业可以对管理者制定明晰的职业发展路径,对于在自身职位表现优良的管理者可以优先提拔,而在工作中出现由于人为原因(比如,偷懒、懈怠等)引起的一线员工行为跟随则应该按照情节的严重程度进行处罚;其次,若给予管理者的权力较小,那么其难以调动相应资源实施积极干预,因此企业应该确保管理者的权力与责任的对等,提高其工作控制感,以使得岗位职责得到有效的履行;第三,在企业中管理者也会存在上级以及平级管理者,因此若多个管理者介入到同一生产工作中,就可能会导致责任分散或者职责模糊,引起"都管都不管"的管理怪象,反而不利于管理者工作职责的履行,使得其从消极干预中感受到较高的收益,因此组织应该责任到人,明确每个管理者的岗位职责,避免越级指挥和多头领导;第四,管理者不能完全脱离一线生产活动,企业应该鼓励管理者进行走动式管理,经常接触一线生产,才能察觉到存在的安全风险及隐患,从而增加其消极干预时的感知损失。

对于高层管理者而言,其本身就是相关制度的制定者,企业内部的规章制度对其约束力较小,为确保高层管理者的认真履职,此时就需要政府的相关政策的介入。政府可以对在工作中失职的相关高层管理者采取一定的处罚措施,比如处以现金罚款、降职处分、吊销其安全资格证等措施;此外,政府可以制定安全事故问责制度,对于造成重大伤亡的安全事故,其相关管理者要负一定的法律责任,这样达到警钟长鸣,增加其消极干预的感知损失的目的;不仅如此,政府可以将安全生产工作落实较好的企业作为行业典范进行宣传并对相关管理者进行奖励,比如颁发荣誉证书、给予经济上的奖励等,从正面对高层管理者进行引导。

8.3 基于仿真研究的干预措施选择建议

资源具有稀缺性,以有限的资源发挥最大的效用是每个企业的追求。尽管对于行为跟随的干预措施较多,但是每个企业的现实情况是不同的,有的企业效益好,在安全生产管理方面投入了较多的资源,因此其可以从较多方面制定干预策略,但是有的企业效益相对较差,在安全生产管理方面的投入就会处于劣势,对于这类企业就要抓重点,选择效果最好的措施作为干预策略。在行为跟随选择仿真研究中,本书逐个分析了单个不同驱动因素的取值对于行为跟随的作用效果,在此基础上分析了内部因素最优取值组合与外部因素最优取值组合对员工行为跟随的作用效果,最后分析了所有因素均取最优值后对员工行为跟随的作用效果。这为企业合理分配资源,采取最有效的干预策略提供了依据。

因此本书提出如下管理建议:当企业资源充足,并且渴望取得最好的干预效果时,可以全方位地采取上文中所提到的干预措施;若企业所具有的资源仅可以支持开展部分干预策略时,则可以通过对外部因素的干预,从而来获取在当前条件下所能达到的最优效果;若企业具有的资源十分有限,只能开展单项的干预策略时,此时则应该将手头有限的资源投入到对个人特质的干预中,从而获得最佳效果。

8.4　本章小结

本章依据前文中的实证分析研究结论、演化博弈分析结果以及仿真研究的结论,提出了一系列工业企业一线员工行为跟随干预的建议和对策。这些建议和对策主要包括:基于行为跟随驱动机理的干预策略,基于演化博弈的管理者的干预建议,以及基于资源稀缺性视角的最优策略选取的意见和建议。

9 研究结论与展望

9.1 研究结论

9.1.1 理论分析所得结论

(1)明确了行为跟随的结构维度及其驱动因素

基于深度访谈和扎根理论分析的基础上,将行为跟随划分为规范顺从和信息认同,并对其驱动因素进行辨识与提取,最终获得行为跟随的驱动因素集合,主要涵盖内部因素,主要包括个人特质、恢复水平、工作素养;外部因素,主要包括任务与人际关系、群体不安全氛围、工作要求、组织监管;行为效用感知和人口学变量。不仅如此,在质化分析的过程中还对每类主范畴的内涵和结构进行了界定和划分,其中,①个人特质的二维结构,即集体主义倾向和认知闭合需求;②恢复水平的结构,主要包括睡眠质量和心理脱离两个维度,分别从生理和心理两个层面描述了恢复水平;③工作素养二维结构,即安全能力和工作尽责;④任务与人际关系包括职场排斥和任务密切程度两个维度,分别描述了工作关系和人际关系;⑤群体不安全氛围的四维结构,即不安全行为一致性、不安全互动、不安全规范和关键员工的不安全行为;⑥工作要求,主要包括时间压力、工作负荷、作业环境恶劣程度和劳动用具不适性;⑦组织监管,主要体现在规章制度有效性、管理者工作态度、监督检查力度、处罚力度和安全培训 5 个方面;⑧行为效用感知,用来描述一线员工从行为跟随中感受到的正效用和负效用,包括感知收益和感知损失 2 个方面;⑨人口学变量,主要包括可能会对行为跟随产生影响的年龄、学历、收入水平、工作年限和职位层级。

(2)构建了行为跟随驱动模型

依据行为经济学理论、社会心理学理论、贝克尔的收益-成本理论及相关文献,构建了行为跟随的驱动模型,即行为效用感知直接作用于行为跟随,而个人特质、恢复水平、工作素养、任务与人际关系、群体不安全氛围、工作要求和组织监管分别直接作用于行为效用感知,而人口学变量仅作为控制变量直接作用于行为跟随,其并不是本书分析的重点,并提出了相应的假设。

9.1.2　量化实证主要结论

(1)明晰了行为跟随现状

通过对 1 011 位企业一线员工的问卷调查得出,一线员工的行为跟随的总体均值为 3.77,处于较高的水平,并且在得分统计中,分数超过 3 分(具有明显的行为跟随倾向)的比例高达 83.7%,有超过八成的一线员工具有比较强烈的实施行为跟随的意愿。具体到各维度可以发现,规范顺从无论是均值还是得分超过 3 的比例都比信息认同要高,由此可以看出大多数员工是为了迎合群体成员的期待或者为了避免受惩罚而违心地表现出行为跟随。纵观行为跟随各维度,发现分数超过 3 分的比例均在 70% 以上。由此可以看出,行为跟随的两种表现形式在一线员工身上表现得都比较普遍。

(2)获取了行为跟随在人口学变量上的差异性

在质化研究中识别出的相关人口学变量中,在总体上行为跟随倾向在工作年限、收入、年龄和学历上呈现出显著的差异性,也就是说,行为跟随倾向的值在不同层次的工作年限、收入、年龄和学历上会有大小之分且差异明显。在这些人口学变量中,行为跟随倾向得分较高的一线员工主要有以下特征,工作年限主要集中于不足 3 年的新员工、收入在 7 000~9 000 元之间、年龄不超过 25 岁、学历为高中(中专)的员工群体,在职位层级方面并没有表现出显著的差异性,也就是说,一线管理者和一线普通员工均具有较高水平的行为跟随倾向,并没有表现出明显的不同。就具体维度来看,规范顺从在 7 000~9 000 元月收入、年龄不超过 25 岁、高中(大专)和本科及以上等人口学变量上得分相对较高,但在工作年限上的差异并不显著,由此可知任何工作年限的一线员工皆可能会产生规范顺从;而对于信息认同来说,其在工作年限不足 3 年、月收入在 3 000～5 000 元以及 7 000～9 000 元、年龄不足 25 岁以及高中(中专)等人口学变量上的得分较高。

(3)验证了行为效用感知在各因素与行为跟随间的中介效应

运用 SEM 分析得出行为效用感知能够显著预测行为跟随,其中感知收益显著正向影响行为跟随;感知损失则会负向作用于行为跟随。

在内、外部因素对行为效用感知的直接效应分析中得出:恢复水平、工作素养显著负向影响感知收益,而任务与人际关系、群体不安全氛围以及工作要求则显著正向影响感知收益;个人特质、任务与人际关系和群体不安全氛围显著负向作用于感知损失,而恢复水平和组织监管则显著正向影响感知损失。

在基于 SEM 的直接效应分析的基础上,利用 Bootstrap 法对行为效用感知在内、外部因素和行为跟随间的中介效应进行了分析,结果表明恢复水平和工作素养会通过感知收益的中介作用而负向影响行为跟随,而任务与人际关系、群体不安全氛围以及工作要求会通过感知收益的中介作用而显著正向影响行为跟随;个人特质、任务与人际关系和群体不安全氛围会通过感知损失显著正向作用于行为跟随,而恢复水平和组织监管会通过感知损失显著负向影响行为跟随。

(4)通过演化博弈分析得出行为效用感知对行为跟随演化的影响

通过对员工与员工构成的二人对称演化博弈模型的分析得出:① 当 $v-c<0$ 且 $u-c<-h$ 时,系统存在唯一演化稳定策略为"不跟随",即一线员工最终都将会避免产生行为跟随;② 当 $v-c>0$ 且 $u-c>-h$ 时,系统存在唯一演化稳定策略为"跟随",即一线员工最终都将会选择实施行为跟随;③ 当 $v-c<0$ 且 $u-c>-h$ 时,系统存在两个演化稳定策略,即"跟随"和"不跟随",此时系统的演化方向主要取决于初始的实施行为跟随的员工比例,当初始比例低于 $-(v-c)/(u-v+h)$ 时,系统朝着"不跟随"的方向演化,反之,系统则会朝着"跟随"的方向演化。进一步地,通过敏感性分析得出随着员工实施行为跟随所感知到的收益的降低、感知到的损失的增加,以及未实施行为跟随时所感受到的孤立与排斥感的降低,员工采取行为跟随的可能性将变低,系统朝着都"不跟随"的方向演化。

通过对员工与管理者构成的二人非对称演化博弈模型的分析得出：① 当 $-j < w-n$ 且 $r-m > -k$ 时，系统存在唯一演化稳定策略为 $(1,1)$，即管理者最终都会选择采取"积极干预"策略，而一线员工最终也都会选择行为跟随；② 当 $-j < w-n$ 且 $r < -k$ 时，系统存在唯一演化稳定策略为 $(0,0)$，即管理者最终都会选择采取"消极干预"策略，而一线员工最终也都会选择不跟随策略；③ 当 $-j > w-n$ 且 $r-m < -k$ 时，系统存在唯一演化稳定策略为 $(1,0)$，即管理者最终都采取"消极干预"策略进行安全管理，一线员工都会倾向于表现出行为跟随；④ 当 $-j > w-n$ 且 $r-m > -k$ 时，系统存在唯一演化稳定策略为 $(1,0)$，即管理者最终都倾向于采取"消极干预"策略进行安全管理，而一线员工最终都倾向于表现出行为跟随；⑤ 当 $-j < w-n$ 且 $r-m < -k$ 时，此时系统并不存在演化稳定策略，而是处于一种周期性"震荡"状态，即管理者和一线员工的策略选择会随着时间和博弈次数的推进而在一定范围内反复波动。

（5）通过仿真分析得出内、外部因素对员工行为跟随的影响

基于复杂适应系统理论，运用 ABMS 方法构建了一线员工的行为跟随选择仿真模型。在基于问卷调查数据的基础上建立了基准模型，进而在基准模型的基础上改变相关因素的取值，将输出结果进行对比分析从而确定了能够使得系统朝着良性方向发展的因素取值。通过对单一因素变化的仿真结果的对比和分析得出，在单因素中，对个人特质的干预所取得的效果最优；在内、外部因素的干预效果的对比分析中得出，外部因素所取得的干预效果最佳；最后，当所有因素均取最优值时，即个人特质、任务与人际关系、群体不安全氛围、工作要求处于低水平，且恢复水平、工作素养和组织监管处于高水平时，此时整个系统中表现出行为跟随的一线员工人数最少，所取得的干预效果最佳。

9.2 主要创新点

①本书从企业员工班组入手，从员工不安全行为切入，探讨员工的行为跟随现象，丰富了行为安全研究。已有研究仅关注员工个体而忽视员工间的相互作用对行为的影响，本研究通过探究组织中所存在的员工效仿和跟随他人不安

全行为的现象,更注重员工间的互动对其行为的影响,弥补了现有研究的不足。

②运用扎根理论从多角度挖掘了行为跟随的驱动因素。通过检验各驱动因素对行为跟随的作用机理,尤其是明确了恢复水平对其作用机理,使得行为跟随的驱动因素体系更加全面,实现了恢复理论在员工行为安全管理中的应用,丰富了行为跟随影响因素的研究,是对员工行为安全管理相关理论的重要补充。

③基于演化博弈理论,构建了行为跟随动态演化模型。通过分析对称与非对称演化博弈模型,分别从员工群体内部和外部两个层面得出了不同效用感知下的行为跟随的演化路径及演化稳定策略,并借助 Matlab 软件对每种情形进行了模拟,拓宽了行为跟随研究分析的思路与方法。

④基于复杂适应系统理论,运用 ABMS 方法建立了行为跟随仿真系统。通过模拟在不同因素的不同作用强度下一线员工实施行为跟随的人数变化情况,量化了对相关因素进行干预所取得的效果,实现了干预措施的制定与评价由定性向定量的转化,是对现有干预措施的制定与评价模式的丰富与深化。

9.3 研究的局限性和展望

9.3.1 研究局限性

尽管本研究在各个环节都尽可能做到科学严谨,但是依然存在一些不可控因素从而造成研究中或多或少存在一定的局限性。

①驱动因素的辨识可能存在一定的局限性。行为跟随的形成与演化是一个复杂的过程,受制于多种因素的影响,尽管本书比较科学地运用定性与定量的方法系统挖掘了行为跟随的驱动因素,并以此为基础设计出符合工业企业特色的调查问卷并对其有效性进行了检验,然而研究中依然存在一定的主观性,一些重要的驱动因素可能被遗漏,在后续研究中可以综合运用多种方法进行驱动因素的辨识。

②仿真模型对现实环境的模拟程度有限。本研究运用 ABMS 法基于

SEM 的实证结果对一线员工的行为跟随进行仿真模拟,这种建模方法能够联通微观与宏观间的关系,较好地刻画了由微观个体行为引起的宏观涌现现象,但是仿真系统中的 Agents 是对现实环境的抽象进而映射到系统中,是对现实环境的简化,一些重要的信息可能在简化的过程中丢失。此外,现实环境中,尽管相同群体内的个体行为方式具有相似性,但不尽相同,在仿真系统中单纯地为某一类 Agent 设置相同的行动规则致使仿真结果与现实情况可能存在一定的偏差。在后续的研究中可以考虑融入智能算法提高仿真精确性。

③研究结论的推广与移植可能存在局限性。本研究以工业企业中的一线员工为调查对象,因而所得结论对于工业企业一线员工的行为跟随具有很强的解释力,但是当研究的领域发生变化时,当前以工业企业一线员工为调查对象的行为跟随研究所得结论是否依然成立还有待商榷。在后续的研究中可以考虑在不同的领域取样,探讨结论的普适性。

9.3.2　研究展望

鉴于本书中所存在的一些局限性,在后续的研究中可以通过如下方法进行弥补和完善:

①综合运用多种方法进行驱动因素的挖掘。除了本书在驱动因素挖掘过程中所使用的扎根理论分析法以及文献分析法之外,在后续的研究中可以结合文本挖掘技术,在海量的相关文献中拾取关键因素,避免单一方法引起的因素的遗漏。

②融合机器学习,提高仿真模拟的有效性。在设计仿真系统时,可以考虑融入人工神经网络,对神经网络进行训练后,使得 Agents 按照其独有的行动模式运行,提高 Agents 的智能性,使得仿真输出更能够接近于现实世界,降低潜在的偏差。

③拓展行为跟随的研究领域。行为跟随严重威胁组织的安全生产,在后续的研究中可以在不同行业对这种行为进行深入研究(比如,轻工业),探讨其在不同行业的产生及演化规律,进而获取更加一般性的结论,提升组织的安全管理水平,保障企业的平稳运行。

参考文献

［1］英国石油公司.BP 世界能源统计年鉴 2019(第 68 版)［R］.伦敦:英国石油公司,2019.

［2］张国.安全生产现状、问题与对策建议［J］.能源政策研究,2008,5:39-41.

［3］张虹.六家煤矿安全管理现状分析及对策研究［D］.廊坊:华北科技学院,2016.

［4］Bandura A.,Walters R H.Social learning theory［M］.Englewood Cliffs:NJ:Prentice-hall,1977.

［5］纪婧.羊群效应［J］.中国安全生产科学技术,2019,15(1):193.

［6］王根生.基于羊群效应传染动力模型的医患关系网络舆情演变研究［J］.南昌大学学报(人文社会科学版),2018,49(4):64-69.

［7］许正权,张妮,王华清,等.矿工不安全行为的网络传播性分析［J］.科技进步与对策,2014,31(11):54-56.

［8］王新华,孙倩,王家坤,等.基于 SIRS 模型的矿工不安全行为传播研究［J］.煤炭经济研究,2018,38(3):19-25.

［9］罗通元,吴超.心理学视角下事故致因与行为探究综述［J］.工业安全与环保,2018,44(01):82-87.

［10］杨利峰,陈红.代理人理性选择下不安全行为的模仿性［J］.系统工程,2016,34(1):134-139.

［11］祁丽霞.煤矿工人故意违章行为决策模式研究［J］.工业安全与环保,2013,39(8):68-70.

［12］Sherif M.An experimental approach to the study of attitudes［J］.Sociometry,1937,1:90-98.

[13] Bikhchandani S, Hirshleifer D, Welch I. A theory of fads, fashion, custom, and cultural change as informational cascades[J]. Journal of political Economy, 1992, 100(5):992-1026.

[14] Scharfstein D S, Stein J C. Herd behavior and investment[J]. American Economic Review, 1990, 80(3):465-479.

[15] Roll R. A mean/variance analysis of tracking error[J]. The Journal of Portfolio Management, 1992, 18(4):13-22.

[16] Tan X, Cousins K. Herding Behavior in Social Media Networks in China [C]. Twenty-second Americas Conference on Information Systems, 2016:1-5.

[17] 马颖, 丁周敏, 张园园. 食品安全突发事件网络舆情演变的模仿传染行为研究[J]. 科研管理, 2015, 36(6):168-176.

[18] Lovreglio R, Fonzone A, Dell'olio L, et al. A study of herding behaviour in exit choice during emergencies based on random utility theory[J]. Safety science, 2016, 82:421-431.

[19] Tan V, Au C. Simulation of herding behaviour in panic evacuation from a room with two exits[J]. International Journal of the Digital Human, 2016, 1(3):295-304.

[20] 吴文静, 王占中, 马芳武. 从众心理影响下的行人群体行为演化博弈的仿真分析: 以行人过街为例[J]. 吉林大学学报(工学版), 2017, 47(1):92-96.

[21] 李林静. 基于演化博弈理论的行人过街行为研究[D]. 北京:北京交通大学, 2015.

[22] Ha J, Park K, Park J. Which restaurant should I choose? Herd behavior in the restaurant industry[J]. Journal of foodservice business research, 2016, 19(4):396-412.

[23] Ding A W, Li S. Herding in the consumption and purchase of digital goods and moderators of the herding bias[J]. Journal of the Academy of Marketing Science, 2019, 47(3):460-478.

[24] Raafat R M, Chater N, Frith C. Herding in humans [J]. Trends in

cognitive sciences,2009,13(10):420-428.

[25] Huang J H,Chen Y F.Herding in online product choice[J].Psychology & Marketing,2006,23(5):413-428.

[26] 王财玉,雷雳.网络购物情境下的羊群效应:内涵,影响因素与机制[J].心理科学进展,2017,25(2):298-311.

[27] 蒋多,徐富明,陈雪玲,等.资本市场中投资者羊群行为的心理机制及其影响因素[J].心理科学进展,2010,18(5):810-818.

[28] 孙林岩.人因工程[M].北京:中国科学技术出版社,2001.

[29] 王泰.从人因失误论瓦斯爆炸事故的可预防性[J].煤炭科学技术,2005(5):72-73.

[30] 陈红,祁慧,谭慧.基于特征源与环境特征的中国煤矿重大事故研究[J].中国安全科学学报,2005(9):33-38+115.

[31] 曹庆仁.浅析煤矿员工不安全行为的影响因素[J].矿业安全与环保,2006(6):80-82.

[32] [日]三隅二不二.事故预防心理学[M].金会庆,等译.上海:上海交通大学出版社,1993.

[33] 刘轶松.安全管理中人的不安全行为的探讨[J].西部探矿工程,2005(6):226-228.

[34] 曹庆仁,李爽,宋学锋.煤矿员工的"知—能—行"不安全行为模式研究[J].中国安全科学学报,2007(12):19-25.

[35] 周刚,程卫民,诸葛福民,等.人因失误与人不安全行为相关原理的分析与探讨[J].中国安全科学学报,2008(3):10-14+176.

[36] 国注册安全工程师执业资格考试辅导教材编审委员会.安全生产管理知识[M].北京:煤炭工业出版社,2004.

[37] 孙多勇.突发性社会公共危机事件下个体与群体行为决策研究[D].长沙:国防科学技术大学,2005.

[38] Banerjee A V.A simple model of herd behavior[J].The quarterly journal of economics,1992,107(3):797-817.

[39] Keynes J M.The General Theory of Employment,Interest and Money

[M].New York:Harcourt,Brace and Co.,1936.

[40] Asch S E,Guetzkow H.Effects of group pressure upon the modification and distortion of judgments[J].Documents of gestalt psychology,1951: 222-236.

[41] Allen V L.Situational factors in conformity[J].Advances in experimental social psychology,1965,2:133-175.

[42] Kiesler C A, Kiesler S B. Conformity [M]. Massachusetts: Addison Wesley Publishing Company,1969.

[43] Lakonishok J, Shleifer A, Vishny R W. The impact of institutional trading on stock prices[J].Journal of financial economics,1992,32(1): 23-43.

[44] Wilkie W L.Consumer Behavior (3rd edn.)[M].New York:John Wiley & Sons,1994.

[45] Shiller R J. Conversation, information, and herd behavior [J]. The American economic review,1995,85(2):181-185.

[46] Mowen J.Consumer Behaviour[M]. New York: MacMillan Publishing Company,1993.

[47] Bikhchandani S,Sharma S.Herd behavior in financial markets[J].IMF Staff papers,2000,47(3):279-310.

[48] Cialdini R B,Goldstein N J.Social influence:Compliance and conformity [J].Annu.Rev.Psychol.,2004,55:591-621.

[49] 张胜康.社会交往与青年社会化的作用机制[J].当代青年研究,1999(03): 32-34.

[50] 曹虹剑,姚炳洪.对从众消费行为的分析与思考[J].消费经济,2003(05): 42-45.

[51] 宋官东.从众新论[J].心理科学,2005,5:1174-1178.

[52] 乐国安.社会心理学[M].北京:中国人民大学出版社,2009.

[53] 华红琴.社会心理学原理与应用[M].上海:上海大学出版社,2012.

[54] Rose R L,Bearden W O,Teel J E.An attributional analysis of resistance

to group pressure regarding illicit drug and alcohol consumption[J]. Journal of Consumer Research,1992,19(1):1-13.

[55] Lascu D-N,Zinkhan G.Consumer conformity:review and applications for marketing theory and practice[J].Journal of Marketing Theory and Practice,1999,7(3):1-12.

[56] 宋官东.对从众行为的新认识[J].心理科学,1997(1):88-90.

[57] Grabowski M,Laidler P.The World in Economic Crisis:Remarks from the SYLFF Community[M].Poland Krakow:Jagiellonian University Press,2012.

[58] Roll R.A mean/variance analysis of tracking error[J].Journal of portfolio management,1992,18(4):465-479.

[59] Maug E,Naik N.Herding and Delegated Portfolio Management[R].London:London Business School,1996.

[60] Koch A.Herd behavior and mutual fund performance[J].Management Science,2016,63(11):3849-3873.

[61] 阴东玲,陈兆波,曾建潮,等.煤矿作业人员不安全行为的影响因素分析[J].中国安全科学学报,2015,25(12):151-156.

[62] Paul P S,Maiti J.The role of behavioral factors on safety management in underground mines[J].Safety Science,2007,45(4):449-471.

[63] Amponsah-Tawiah K,Mensah J.Occupational health and safety and organizational commitment:Evidence from the Ghanaian mining industry[J].Safety and Health at work,2016,7(3):225-230.

[64] Mohammadfam I,Soltanzadeh A,Moghimbeigi A,et al.Confirmatory factor analysis of occupational injuries:presenting an analytical tool[J].Trauma monthly,2017,22(2):1-8.

[65] Verma S,Chaudhari S.Safety of workers in Indian mines:study,analysis,and prediction[J].Safety and health at work,2017,8(3):267-275.

[66] 崔宁,程恋军,张天亮,等.基于个人背景特征的矿工不安全行为分析[J].

辽宁工程技术大学学报(社会科学版),2017,19(3):259-263.

[67] 刘超.企业员工不安全行为影响因素分析及控制对策研究[D].北京:中国地质大学(北京),2010.

[68] Greenwood M, Woods H M. The incidence of industrial accidents upon individuals: With special reference to multiple accidents[R].London:Industrial Fatigue Board,1919.

[69] Marbe K. Praktische Psychologie der Unfälle und Betriebsschäden[M]. München,Germany:Publ.R.Oldenbourg,1926.

[70] Farmer E,Chambers E G.A study of personal qualities in accident proneness and proficiency[R].London:Industrial Health Research Board, His Majesty's Stationery Office,1929.

[71] Farmer E.,G.C E.A study of accident proneness among motor drivers [R].London:Industrial Health Research Board,1939.

[72] Mckenna F P.Accident proneness:A conceptual analysis[J].Accident Analysis & Prevention,1983,15(1):65-71.

[73] Sass R,Crook G.Accident proneness:science or non-science?[J].International Journal of Health Services,1981,11(2):175-190.

[74] Cellar D F, Zachary C. Nelson, and Candice M. Yorke. The five-factor model and driving behavior:Personality and involvement in vehicular accidents[J].Psychological reports,2000,86(2):454-456.

[75] Cellar D F, Nelson Z C, Yorke C M, et al. The five-factor model and safety in the workplace:Investigating the relationships between personality and accident involvement[J].Journal of Prevention & Intervention in the community,2001,22(1):43-52.

[76] Berek N C,Sholihah Q.Personality,Perceived about Co-workers Safety Behavior and Unsafe Acts in Construction Workers[J].Indian Journal of Public Health Research & Development,2019,10(3):316-320.

[77] S G.Personality's powerful role in safety[J].ISHN,2004,38(5):20-21.

[78] Clarke S,Robertson I T.A meta-analytic review of the Big Five personal-

ity factors and accident involvement in occupational and non-occupational settings[J]. Journal of Occupational and Organizational Psychology,2005,78(3):355-376.

[79] Clarke S,Robertson I.An examination of the role of personality in work accidents using meta-analysis[J]. Applied Psychology, 2008, 57(1): 94-108.

[80] Beus J M,Dhanani L Y,Mccord M A.A meta-analysis of personality and workplace safety:Addressing unanswered questions[J]. Journal of applied psychology,2015,100(2):481.

[81] Baba V V,Tourigny L,Wang X,et al.Proactive personality and work performance in China:The moderating effects of emotional exhaustion and perceived safety climate[J].Canadian Journal of Administrative Sciences/Revue Canadienne des Sciences de l'Administration,2009,26(1): 23-37.

[82] 赵长城,何存道.事故中的人格因素:内外向性格与事故关系的初步研究 [J].心理科学通讯,1989,1:24-29+34.

[83] 孙瑞山,赵宁,李敬强.民航飞行员人格特质与行为安全的理论分析[J].人 类工效学,2015,21(3):50-54+82.

[84] 陈伟珂,陈瑞瑞.施工现场工人不良职业心理与不安全行为机理研究[J]. 中国安全生产科学技术,2016,12(4):118-123.

[85] Siu O-L,Phillips D R,Leung T-W.Age differences in safety attitudes and safety performance in Hong Kong construction workers[J].Journal of Safety Research,2003,34(2):199-205.

[86] Wallace J C,Chen G.Development and validation of a work-specific measure of cognitive failure:Implications for occupational safety[J]. Journal of Occupational and Organizational Psychology,2005,78(4): 615-632.

[87] Paul P S M J.The role of behavioral factors on safety management in underground mines[J].Safety Science,2007,45(4):449-471.

[88] Tam V W,Fung I.A study of knowledge,awareness,practice and recommendations among Hong Kong construction workers on using personal respiratory protective equipment at risk[J].The Open Construction and Building Technology Journal,2008,2(1):69-81.

[89] Pordanjani T R,Ebrahimi A M.Safety motivation and work pressure as predictors of occupational accidents in the petrochemical industry[J]. Health Scope,2015,4(4):20-24.

[90] Alavi S S,Mohammadi M R,Souri H,et al.Personality,driving behavior and mental disorders factors as predictors of road traffic accidents based on logistic regression[J].Iranian journal of medical sciences,2017,42 (1):24-31.

[91] 苑红伟,肖贵平.基于交通心理的行人不安全行为研究[J].中国安全科学学报,2008,1:20-26+179.

[92] 周波,谭芳敏,金登刚.煤矿职工安全心理重要性分析[J].工业安全与环保,2011,37(9):15-16.

[93] 张孟春,方东平.建筑工人不安全行为产生的认知原因和管理措施[J].土木工程学报,2012,45(S2):297-305.

[94] 王永刚,杨洁.民航机务人员自我效能感与不安全行为关系研究[J].安全与环境工程,2015,22(5):123-127.

[95] 田水承,孔维静,况云,等.矿工心理因素、工作压力反应和不安全行为关系研究[J].中国安全生产科学技术,2018,14(8):106-111.

[96] Gold D R,Rogacz S,Bock N,et al.Rotating shift work,sleep,and accidents related to sleepiness in hospital nurses[J].American journal of public health,1992,82(7):1011-1014.

[97] Hallowell M R.Worker fatigue:Managing concerns in rapid renewal highway construction projects[J].Professional safety,2010,55(12): 18-26.

[98] Gatti U C,Migliaccio G C.A study on the influence of construction workers' physiological status and jobsite environment on behaviour and

performance［C］. 49th ASC Annual International Conference Proceedings,2013:10-13.

[99] Kao K-Y,Spitzmueller C,Cigularov K,et al.Linking insomnia to work-place injuries:A moderated mediation model of supervisor safety priority and safety behavior[J].Journal of occupational health psychology,2016, 21(1):91-104.

[100] Useche S A,Ortiz V G,Cendales B E. Stress-related psychosocial factors at work,fatigue,and risky driving behavior in bus rapid trans-port（BRT）drivers[J].Accident Analysis & Prevention,2017,104: 106-114.

[101] 陈永新,金士其.人体生物节律在煤矿安全生产中的应用[J].煤矿安全, 1995(8):46-47.

[102] 徐国英.急诊护理安全影响因素调查与分析[J].中国护理管理,2006(4): 5-7.

[103] 李乃文,牛莉霞.矿工工作倦怠、不安全心理与不安全行为的结构模型 [J].中国心理卫生杂志,2010,24(3):236-240.

[104] 李红霞,薛建文,杨妍.疲劳对矿工不安全行为影响的 ERP 实验研究[J]. 西安科技大学学报,2015,35(3):376-380.

[105] 毛男.连续认知作业致脑力疲劳对风险和不确定性决策的影响[D].西 安:第四军医大学,2017.

[106] 黄芹芹,祁神军,张云波,等.建筑工人不安全心理和生理健康对不安全 行为的影的影响机理[J].工程经济,2018,28(6):33-37.

[107] Salas E,Shuffler M L,Thayer A L,et al.Understanding and improving teamwork in organizations:A scientifically based practical guide[J]. Human Resource Management,2015,54(4):599-622.

[108] Annet J,Stanton N A.Task Analysis[M].London:Taylor & Francis,2000.

[109] Geller E S. The Psychology of Safety[M].Florida,Boca Raton:Lewis Publishers,2000.

[110] Hofmann D A,Stetzer A.A cross-level investigation of factors influen-

cing unsafe behaviors and accidents[J].Personnel psychology,1996,49
(2):307-339.

[111] Helmreich R L.Managing human error in aviation[J].Scientific American,1997,276(5):62-67.

[112] Zohar D. A group-level model of safety climate:testing the effect of group climate on microaccidents in manufacturing jobs[J].Journal of applied psychology,2000,85(4):587-596.

[113] Aksorn T,Hadikusumo B. The unsafe acts and the decision-to-err factors of Thai construction workers[J].Journal of Construction in Developing Countries,2007,12(1):1-25.

[114] 叶贵,陈梦莉,汪红霞.建筑工人不安全行为意向 TPB 修正模型研究[J].中国安全科学学报,2015,25(1):145-151.

[115] Schwatka N V,Rosecrance J C.Safety climate and safety behaviors in the construction industry:The importance of co-workers commitment to safety[J].Work & Stress,2016,54(2):401-413.

[116] 安景文,赵嘉丽,王金鹤,等.基于 ANP-MEA 模型的煤矿工人不安全行为评价[J].煤矿安全,2018,49(8):303-306+309.

[117] Gaertner G,Newman P,Perry M,et al.Determining the effects of management practices on coal miners' safety[C].Human engineering and human resource management in mining proceedings,1987:82-94.

[118] Hemingway M A,Smith C S.Organizational climate and occupational stressors as predictors of withdrawal behaviours and injuries in nurses [J].Journal of occupational and organizational psychology,1999,72 (3):285-299.

[119] Neal A,Griffin M A,Hart P M.The impact of organizational climate on safety climate and individual behavior[J].Safety science,2000,34(1-3):99-109.

[120] Zohar D,Luria G. The use of supervisory practices as leverage to improve safety behavior:A cross-level intervention model[J].Journal of

Safety Research,2003,34(5):567-577.

[121] Burke M J,Sarpy S A,Smith-Crowe K,et al.Relative effectiveness of worker safety and health training methods[J].American journal of public health,2006,96(2):315-324.

[122] Tucker S,Chmiel N,Turner N,et al.Perceived organizational support for safety and employee safety voice:The mediating role of coworker support for safety[J].Journal of occupational health psychology,2008, 13(4):319-330.

[123] Vinodkumar M,Bhasi M.Safety management practices and safety be-haviour:Assessing the mediating role of safety knowledge and motiva-tion[J].Accident Analysis & Prevention,2010,42(6):2082-2093.

[124] Kagan I,Barnoy S.Organizational safety culture and medical error re-porting by Israeli nurses[J].Journal of Nursing Scholarship,2013,45 (3):273-280.

[125] Jiang L,Probst T M.Transformational and passive leadership as cross-level moderators of the relationships between safety knowledge,safety motivation, and safety participation [J]. Journal of safety research, 2016,57:27-32.

[126] 郑双忠,陈宝智,刘艳军.复杂社会技术系统人因组织行为安全控制模型 [J].东北大学学报,2001(3):288-290.

[127] 傅贵,陆柏,陈秀珍.基于行为科学的组织安全管理方案模型[J].中国安全科学学报,2005(9):21-27.

[128] 刘绘珍.影响复杂人机系统安全的组织因素分析[D].衡阳:南华大学,2007.

[129] 戴立操,肖东生.核电站安全相关的组织因素分析[J].工业安全与环保, 2010,36(7):54-55+64.

[130] 曹庆仁,李凯,李静林.管理者行为对矿工不安全行为的影响关系研究 [J].管理科学,2011,24(6):69-78.

[131] 薛韦一,刘泽功.组织管理因素对矿工不安全心理行为影响的调查研究

[J].中国安全生产科学技术,2014,10(3):184-190.

[132] 程恋军,仲维清.安全监管影响矿工不安全行为的机理研究[J].中国安全科学学报,2015,25(1):16-22.

[133] 王丹,关莹,宫晶晶.人力资源管理、心理安全感与矿工安全行为的关系研究[J].中国安全科学学报,2017,27(12):122-127.

[134] 祁神军,姚明亮,成家磊,等.安全激励对具从众动机的建筑工人不安全行为的干预作用[J].中国安全生产科学技术,2018,14(12):186-192.

[135] Wagenaar W A,Wilpert B,Qvale T.A model-based analysis of automation problems[J].Reliability and Safety in Hazardous Work Systems, 1993:71-85.

[136] Colquhoun W.Effects of raised ambient temperature and event rate on vigilance performance[J].Aerospace medicine,1969,40(4):413-417.

[137] Dean Chiles W.Effects of elevated temperatures on performance of a complex mental task[J].Ergonomics,1958,2(1):89-96.

[138] Azer N Z,Monall P,Leung H C.Effects of heat stress on performance [J].Ergonomics,1972,15(6):681-691.

[139] D.Ramsey J,L.Burford C,Youssefbeshir M,et al.Effects of workplace thermal conditions on safe work behavior[J].Journal of Safety Research,1983,14(3):105-114.

[140] Smith A,Stansfeld S.Aircraft noise exposure,noise sensitivity,and everyday errors[J].Environment and Behavior,1986,18(2):214-226.

[141] Yoon J-H,Hong J-S,Roh J,et al.Dose-response relationship between noise exposure and the risk of occupational injury[J].Noise & health, 2015,17(74):43-47.

[142] 叶义华,张治国.环境因素对人的行为影响分析与评价[J].有色金属, 2001(2):6-9.

[143] 史元增,刘春桥.车内湿度与行车安全[J].解放军健康,1997(6):12-12.

[144] Glazner J,Bondy J,Lezotte D C,et al.Factors contributing to construction injury at Denver International Airport[J].American journal of in-

dustrial medicine,2005,47(1):27-36.

[145] 吴海,王卫军,邹安全.综放工作面微气候对工人操作失误影响研究[J].中国安全科学学报,2006(10):112-115+145.

[146] Chi S,Han S,Kim D Y.Relationship between unsafe working conditions and workers' behavior and impact of working conditions on injury severity in US construction industry[J].Journal of Construction Engineering and Management,2012,139(7):826-838.

[147] 兰国辉,陈亚树,何刚,等.矿井环境对员工不安全行为的影响研究[J].工业安全与环保,2017,43(8):43-46.

[148] 骆火红,王文和,王贤田,等.基于2-4模型的高温作业下员工"脱帽"不安全行为原因分析及预防对策[J].安全与环境工程,2018,25(4):146-149+164.

[149] C·D·威肯斯,J·D·李,刘乙力,等.人因工程学导论:第2版[M].上海:华东师范大学出版社,2007.

[150] Hammer D A.Constructed wetlands for wastewater treatment:municipal,industrial and agricultural[M].Boca Raton U.S.:CRC Press,1989.

[151] 许东强.论冲压设备机械伤害事故的成因与预防[J].中国安全科学学报,1996(S1):148-150.

[152] Mohammadfam I,Amiri S,Sadehi M.Warning signs and its impact on decrease of accidents in a manufacturing factory[J].Journal of research in health sciences (2001),2002,2(1):3-10.

[153] Chi C-F,Yang C-C,Chen Z-L.In-depth accident analysis of electrical fatalities in the construction industry[J].International Journal of Industrial Ergonomics,2009,39(4):635-644.

[154] Raksanam B,Taneepanichskul S,Siriwong W,et al.Factors associated with pesticide risk behaviors among rice farmers in rural community,Thailand[J].2012,2(2):32-39.

[155] 梁振东.组织及环境因素对员工不安全行为影响的SEM研究[J].中国安全科学学报,2012,22(11):16-22.

[156] Clarke S.Safety climate in an automobile manufacturing plant: The effects of work environment,job communication and safety attitudes on accidents and unsafe behaviour[J].Personnel Review,2006,35(4): 413-430.

[157] Zohar D.Safety Climate:Conceptualization,Measurement and Improvement[A].B.Schneider & B.Barbera (Eds.).The Oxford Handbook of Organizational Climate and Culture [C].Oxford:Oxford University Press,2014:317-334.

[158] Watson G W,Scott D,Bishop J,et al.Dimensions of interpersonal relationships and safety in the steel industry[J].Journal of Business and Psychology,2005,19(3):303-318.

[159] 张雅萍,栗继祖,冯国瑞,等.冲突处理模式对矿工不安全行为意向的作用[J].中国安全科学学报,2016,26(8):24-29.

[160] Chen Y,Li S.Relationship between workplace ostracism and unsafe behaviors:the mediating effect of psychological detachment and emotional exhaustion[J].Psychological Reports,2020,123(2):488-516.

[161] Westaby J D,Lowe J K.Risk-taking orientation and injury among youth workers:examining the social influence of supervisors,coworkers,and parents[J].Journal of Applied Psychology,2005,90(5):1027-1035.

[162] Cullen J C,Hammer L B.Developing and testing a theoretical model linking work-family conflict to employee safety[J].Journal of occupational health psychology,2007,12(3):266-278.

[163] 宫运华,王镇.大学生不安全行为形成机理研究[J].中国安全科学学报, 2014,24(10):3-7.

[164] Miller P,Haslam C.Why employers spend money on employee health: Interviews with occupational health and safety professionals from British Industry[J].Safety Science,2009,47(2):163-169.

[165] Kaila H.Behaviour based safety in organizations[J].Indian Journal of Occupational and Environmental Medicine,2006,10(3):102-106.

［166］ Stajkovic A D，Luthans F. A meta-analysis of the effects of organizational behavior modification on task performance，1975-95［J］. Academy of Management journal，1997，40（5）：1122-1149.

［167］ Krause T R，Seymour K，Sloat K.Long-term evaluation of a behavior-based method for improving safety performance：a meta-analysis of 73 interrupted time-series replications［J］.Safety Science，1999，32（1）：1-18.

［168］ Hermann J A，Ibarra G V，Hopkins B.A safety program that integrated behavior-based safety and traditional safety methods and its effects on injury rates of manufacturing workers［J］.Journal of organizational behavior management，2010，30（1）：6-25.

［169］ 于跃,栗继祖,冯国瑞,等.BBS对采煤工安全心理的改善［J］.煤矿安全,2017,48（5）：244-248.

［170］罗栋,王雪松,余荣杰,等.营运驾驶员行为安全教育效果研究［J］.中国安全科学学报,2016,26（9）：124-128.

［171］陈大伟,田翰之,张江石.基于行为安全的建筑事故预防量化方法与实证研究［J］.中国安全科学学报,2010,20（7）：96-102.

［172］李研,王凯,李东进.商家危害食品安全行为的影响因素模型：基于网络论坛评论的扎根研究［J］.经济与管理研究,2018,39（8）：95-107.

［173］王长建,傅贵.行为矫正方法在事故预防中的应用［J］.煤矿安全,2007（11）：80-82.

［174］张力,王以群,黄曙东.人因事故纵深防御系统模型［J］.中国安全科学学报,2002（1）：37-40.

［175］陈红.煤炭企业重大事故防控的"行为栅栏"研究［M］.北京:经济科学出版社,2008.

［176］许素睿,项原驰.行为安全"2-4"模型［J］.中国劳动关系学院学报,2015,29（6）：90-93.

［177］傅贵,殷文韬,董继业,等.行为安全"2-4"模型及其在煤矿安全管理中的应用［J］.煤炭学报,2013,38（7）：1123-1129.

[178] 许素睿,项原驰,任国友,等.新的行为安全"2-4"模型研究[J].中国安全科学学报,2016,26(4):29-33.

[179] 王丹,刘庆丽,刘国峰.基于事故致因"2-4"模型的模板坍塌事故研究[J].工程管理学报,2017,31(6):130-134.

[180] 李乃文,马跃.基于流程思想的矿工安全行为习惯塑造研究[J].中国安全科学学报,2010,20(3):120-124.

[181] Cao Q G,Li K,Liu Y J,et al.Risk management and workers' safety behavior control in coal mine[J].Safety science,2012,50(4):909-913.

[182] 田水承,李广利,李停军,等.基于 SD 的矿工不安全行为干预模型仿真[J].煤矿安全,2014,45(8):245-248.

[183] 张书莉,吴超.安全行为管理"五位一体"模型构建及应用[J].中国安全科学学报,2018,28(1):143-148.

[184] 韩豫,梅强,刘素霞,等.建筑工人不安全行为的模仿与学习的调查与分析[J].中国安全生产科学技术,2015,11(6):182-188.

[185] 韩豫,梅强,周丹,等.群体封闭性视角下的建筑工人不安全行为传播特性[J].中国安全生产科学技术,2016,12(3):187-192.

[186] 周丹.建筑工人不安全行为的传播特性与机理研究[D].镇江:江苏大学,2016.

[187] 曹文敬.基于复杂网络的煤矿员工不安全行为传播与控制[D].徐州:中国矿业大学,2017.

[188] 杨振宏,丁光灿,张涛,等.基于 SEM 的建筑工人不安全行为传播影响因素研究[J].安全与环境学报,2018,3:987-992.

[189] Jiang H,Wang J,Han Y,et al.Structural equation model analysis of factors in the spread of unsafe behavior among construction workers[J].Information,2018,9(2):39-49.

[190] Festinger,Leon.An analysis of compliant behavior[A].M.Sherif and M.O.Wilson Group Relations at the Crossroads[C].New York:Harper,1953:232-256.

[191] Allen V L.Situational factors in conformity[A].L.B ERKOWITZ

(Eds.).Advances in Experimental Social Psychology [C].Orlando,FL:
Academic Press,1965:133-176.

[192] Kelman H C.Three processes of social influence[J].Public Opinion
Quarterly,1961,25:57-78.

[193] Deutsch M,Gerard H B.A study of normative and informational social
influences upon individual judgment[J].The journal of abnormal and
social psychology,1955,51(3):629-636.

[194] Carlson R A.The quest for conformity:Americanization through educa-
tion[M].New York:Wiley,1975.

[195] Bourne F S.Group influence in marketing and public relations[A].R.
Likert & S.P.Hayes (Eds.),Some applications of behavioral research
[C].Basel,Switzerland:UNESCO,1957:207-257.

[196] Nakamura C Y.Conformity and problem solving[J].The Journal of Ab-
normal and Social Psychology,1958,56(3):315-320.

[197] Yarnold P R,Grimm L G,Mueser K T.Social conformity and the type a
behavior pattern[J].Perceptual and motor skills,1986,62(1):99-104.

[198] Nantel J,Strahle W.The self-monitoring concept:A consumer behavior
perspective[A].R.Lutz (Ed.),Advances in consumer research[C].Pro-
vo,UT:Association for Consumer Research.,1986:83-87.

[199] Brown B B,Clasen D R,Eicher S A.Perceptions of peer pressure,peer
conformity dispositions,and self-reported behavior among adolescents
[J].Developmental psychology,1986,22(4):521-530.

[200] 李颖.青少年从众心理的社会学分析[J].教育评论,2004(1):29-32.

[201] 蒂姆·理查兹.投资心理分析[M].北京:中国工信出版集团电子工业出
版社,2016.

[202] Roberts T-A. Gender and the influence of evaluations on self-
assessments in achievement settings[J].Psychological bulletin,1991,
109(2):297-308.

[203] Venkatesh V,Morris M G,Ackerman P L.A longitudinal field investi-

gation of gender differences in individual technology adoption decision-making processes［J］. Organizational behavior and human decision processes,2000,83(1):33-60.

[204] Schwartz S H,Rubel T.Sex differences in value priorities:cross-cultural and multimethod studies[J].Journal of personality and social psychology,2005,89(6):1010-1028.

[205] Goldsmith R E,Clark R A,Lafferty B A.Tendency to conform:A new measure and its relationship to psychological reactance ［J］. Psychological Reports,2005,96(3):591-594.

[206] 郑磊.与羊群博弈[M].北京:机械工程出版社,2016.

[207] Osterhus T L.Pro-social consumer influence strategies:when and how do they work? ［J］.Journal of marketing,1997,61(4):16-29.

[208] Lascu D N,Zinkhan G.Consumer conformity:review and applications for marketing theory and practice[J].Journal of Marketing Theory and Practice,1999,7(3):1-12.

[209] Rosenberg L. Group size, prior experience, and conformity[J]. The Journal of Abnormal and Social Psychology,1961,63(2):436-437.

[210] 蔡晓惠,李俊娇.90后大学生从众行为影响因素实验研究[J].中国健康心理学杂志,2013,21(11):1740-1742.

[211] Brehm J W, A. R. Cohen. Explorations in cognitive dissonance［M］. Hoboken,NJ,US:John Wiley & Sons Inc,1962.

[212] 刘启华.在线用户羊群行为的理论解释及应对策略[J].信息资源管理学报,2014,4(3):54-59+94.

[213] Bond R,Smith P B.Culture and conformity:A meta-analysis of studies using Asch's (1952b,1956) line judgment task[J].Psychological bulletin,1996,119(1):111-137.

[214] 马欢.中国股市投资者从众行为社会影响因素研究[D].北京:北京工业大学,2017.

[215] Asch S E.Studies of independence and conformity:I.A minority of one

against a unanimous majority[J].Psychological monographs:General and applied,1956,70(9):1-70.

[216] Sun H.A longitudinal study of herd behavior in the adoption and continued use of technology[J].MIS Quarterly,2013,37(4):1013-1041.

[217] Shusha A A,Touny M A.The attitudinal determinants of adopting the herd behavior:an applied study on the Egyptian exchange[J].Journal of Finance and Investment Analysis,2016,5(1):55-69.

[218] Wu P C,Lo W-K.Effects of product scarcity:the mediating role of consumer need for uniqueness and conformity[J].International Journal of Business Environment,2017,9(1):34-50.

[219] Sun J C Y,Syu Y R,Lin Y Y.Effects of conformity and learning anxiety on intrinsic and extrinsic motivation:the case of Facebook course groups[J].Universal Access in the Information Society,2017,16(2):273-288.

[220] Grinblatt M,Titman S,Wermers R.Momentum investment strategies,portfolio performance,and herding:A study of mutual fund behavior[J].The American economic review,1995,85(5):1088-1105.

[221] Christie W G,Huang R D.Following the pied piper:Do individual returns herd around the market? [J].Financial Analysts Journal,1995,51(4):31-37.

[222] Chang E C,Cheng J W,Khorana A.An examination of herd behavior in equity markets:An international perspective[J].Journal of Banking & Finance,2000,24(10):1651-1679.

[223] Stebbins R A.Book Review:Constructing grounded theory:A practical guide through qualitative analysis[J].Health,2006,10(3):378-380.

[224] Charmaz K.Constructing grounded theory:A practical guide through qualitative analysis[J].International Journal of Qualitative Studies on Health and Well-Being,2006,1(3):378-380.

[225] 陈向明.质的研究方法与社会科学研究[M].北京:教育科学出版社,1990.

[226] Flick U.An introduction to qualitative research[M].London：Sage Publications Limited,2018.

[227] 卞良.中国研究型大学二级学院内部治理及其影响因素研究[D].武汉：华中科技大学,2017.

[228] Glaser B G,Strauss A L.The Discovery of Grounded Theory：Strategies for Qualitative Research[M].Chicago：Aldine Publishing Company,1967.

[229] 魏佳.城市居民碳能力及其驱动机理研究[D].徐州：中国矿业大学,2017.

[230] Fassinger R E.Paradigms,praxis,problems,and promise：Grounded theory in counseling psychology research[J].Journal of counseling psychology,2005,52(2)：156-166.

[231] Bearden W O,Netemeyer R G,Teel J E.Measurement of consumer susceptibility to interpersonal influence[J].Journal of consumer research,1989,15(4)：473-481.

[232] Ajzen I.Residual effects of past on later behavior：Habituation and reasoned action perspectives[J].Personality and social psychology review,2002,6(2)：107-122.

[233] Chen C C,Meindl J R,Hui H.Deciding on equity or parity：A test of situational,cultural,and individual factors[J].Journal of Organizational Behavior：The International Journal of Industrial,Occupational and Organizational Psychology and Behavior,1998,19(2)：115-129.

[234] Hofstede G.Culture's consequences：International differences in work-related values[M].Thousand Oaks,CA：Sage Publications,1984.

[235] 陈建安,邓海生,陈武.工作场所中多层集体主义：回顾、启示与展望[J].江苏大学学报(社会科学版),2019,21(2)：72-85.

[236] Jackson C L,Colquitt J A,Wesson M J,et al.Psychological collectivism：A measurement validation and linkage to group member performance[J].Journal of Applied Psychology,2006,91(4)：884-899.

[237] 杨自伟.华人集体主义再思考：差序格局规范下的集体主义认知与行为倾向[J].中国人力资源开发,2015(9)：49-55.

[238] Kruglanski A W,Webster D M,Klem A.Motivated resistance and openness to persuasion in the presence or absence of prior information[J]. Journal of personality and social psychology,1993,65(5):861.

[239] 周鹏生.认知闭合需要的结构及其产生机制[J].心理技术与应用,2018,6 (11):677-687.

[240] Linden W,Earle T,Gerin W,et al.Physiological stress reactivity and recovery:conceptual siblings separated at birth? [J].Journal of psychosomatic research,1997,42(2):117-135.

[241] 郑莹.煤矿员工不安全行为的心理因素分析及对策研究[D].唐山:河北理工大学,2008.

[242] Smith L J,Gallagher M W,Tran J K,et al.Posttraumatic stress,alcohol use,and alcohol use reasons in firefighters:the role of sleep disturbance [J].Comprehensive psychiatry,2018,87:64-71.

[243] Sonnentag S,Fritz C.The Recovery Experience Questionnaire:development and validation of a measure for assessing recuperation and unwinding from work[J].Journal of occupational health psychology,2007,12 (3):204.

[244] Sonnentag S.Psychological detachment from work during leisure time: The benefits of mentally disengaging from work[J].Current Directions in Psychological Science,2012,21(2):114-118.

[245] Chen Y,Li S,Xia Q,et al.The relationship between job demands and employees' counterproductive work behaviors:the mediating effect of psychological detachment and job anxiety[J].Frontiers in psychology, 2017,8:1-15.

[246] Shippmann J S,Ash R A,Batjtsta M,et al.The practice of competency modeling[J].Personnel psychology,2000,53(3):703-740.

[247] 姚勇,郭启明,高树姗,等.矿工安全行为能力评估方法研究[J].煤矿安全,2011,42(12):155-157.

[248] 申洛霖,卢明银,汪伟忠.基于模糊层次分析的矿工安全能力评价[J].中

国矿业,2014,23(01):137-140.

[249] 王旭峰,邱坤南,阳富强,等.建筑工人个体安全能力影响因素效用量化研究[J].中国安全科学学报,2015,25(3):133-139.

[250] Agarwal U A,Gupta V.Relationships between job characteristics,work engagement, conscientiousness and managers' turnover intentions: A moderated-mediation analysis [J]. Personnel Review, 2018, 47 (2): 353-377.

[251] Ferris D L,Brown D J,Berry J W,et al.The development and validation of the Workplace Ostracism Scale[J].Journal of Applied Psychology, 2008,93(6):1348-1366.

[252] Williams K D,Sommer K L.Social ostracism by coworkers:Does rejection lead to loafing or compensation? [J].Personality and Social Psychology Bulletin,1997,23(7):693-706.

[253] Byrom N,Corbridge J.A tool to assess aspects of an organisations health & safety climate[C].Proceedings of International Conference on Safety Culture in the Energy Industries,1997.

[254] Flin R, Mearns K, O' connor P, et al. Measuring safety climate: identifying the common features[J]. Safety science, 2000, 34 (1-3): 177-192.

[255] Shen X L,Zhang K Z,Zhao S J.Herd behavior in consumers' adoption of online reviews[J].Journal of the Association for Information Science and Technology,2016,67(11):2754-2765.

[256] Wang W,Guo L,Sun R.Rational herd behavior in online learning:Insights from MOOC [J]. Computers in Human Behavior, 2017, 92: 660-669.

[257] 王学婷,张俊飚,何可,等.社会信任、群体规范对农户生态自觉性的影响[J].农业现代化研究,2019,40(2):215-225.

[258] Lieke L,Johns G,Lyons B J,et al.Why and when do employees imitate the absenteeism of co-workers? [J]. Organizational Behavior and

Human Decision Processes,2016,134:16-30.

[259] Flynn E,Turner C,Giraldeau L-A.Follow（or don't follow）the crowd：Young children's conformity is influenced by norm domain and age[J].Journal of experimental child psychology,2018,167:222-233.

[260] Bakker A B,Demerouti E.Job demands-resources theory：taking stock and looking forward[J].Journal of occupational health psychology,2017,22(3):273-285.

[261] Hambrick D C,Finkelstein S,Mooney A C.Executive job demands：New insights for explaining strategic decisions and leader behaviors[J].Academy of management review,2005,30(3):472-491.

[262] Aleksi ċ D,Miheli ċ K K,Ċerne M,et al.Interactive effects of perceived time pressure,satisfaction with work-family balance（SWFB）,and leader-member exchange（LMX）on creativity[J].Personnel Review,2017,46(3):662-679.

[263] Zakay D.The impact of time perception processes on decision making under time stress[A].Braga L.Time pressure and stress in human judgment and decision making[C].London,Britain：Pergamon Press,1993:59-72.

[264] Delfino A,Marengo L,Ploner M.I did it your way.An experimental investigation of peer effects in investment choices [J]. Journal of Economic Psychology,2016,54:113-123.

[265] 郭伏,钱省三.人因工程学[M].北京:机械工业出版社,2005.

[266] 王保国,黄伟光,王凯全,等.人机环境安全工程原理[M].北京:中国石化出版社,2014.

[267] 陈宝智.安全管理[M].天津:天津大学出版社,1999.

[268] 冯务中.制度有效性理论论纲[J].理论与改革,2005(5):15-19.

[269] Mohammadi A,Tavakolan M,Khosravi Y.Factors influencing safety performance on construction projects：A review[J].Safety science,2018,109:382-397.

[270] Ghasemi F, Kalatpour O, Moghimbeigi A, et al. Selecting strategies to reduce high-risk unsafe work behaviors using the safety behavior sampling technique and Bayesian network analysis[J].2017,17(1):1-6.

[271] Zaira M M, Hadikusumo B H. Structural equation model of integrated safety intervention practices affecting the safety behaviour of workers in the construction industry[J].Safety science,2017,98:124-135.

[272] Namian M, Albert A, Zuluaga C M, et al. Role of safety training: Impact on hazard recognition and safety risk perception[J].Journal of construction engineering and management,2016,142(12):91-104.

[273] Hodgetts R M, Altman S. Organizational behavior[M].Philadelphia: Saunders Limited.,1979.

[274] Zhang J, Chen N, Fu G, et al. The safety attitudes of senior managers in the Chinese coal industry[J].International journal of environmental research and public health,2016,13(11):1147-1157.

[275] Aliabadi M M, Aghaei H, Kalatpour O, et al. Effects of human and organizational deficiencies on workers' safety behavior at a mining site in Iran[J].Epidemiology and health,2018,40:1-9.

[276] [美]加里·S·贝克尔.人类行为的经济分析[M].王业宇,译.上海:上海人民出版社,1995.

[277] Wilde G J. The theory of risk homeostasis: implications for safety and health[J].Risk analysis,1982,2(4):209-225.

[278] Soane E, Dewberry C, Narendran S. The role of perceived costs and perceived benefits in the relationship between personality and risk-related choices[J].Journal of Risk Research,2010,13(3):303-318.

[279] Hobfoll S E, Freedy J, Lane C, et al. Conservation of social resources: Social support resource theory[J].Journal of Social and Personal Relationships,1990,7(4):465-478.

[280] Chan E Y.Follow the Herd? Group Opinions (Do Not) Matter for Collectivists[DB/OL].(2009-03-22) [2013-04-16].http://papers,ssrn.

corn/ sol3/oaoers,efrnq abstract_id＝1365633.

[281] Ten Brummelhuis L L,Ter Hoeven C L,Bakker A B,et al.Breaking through the loss cycle of burnout:The role of motivation[J].Journal of Occupational and Organizational Psychology,2011,84(2):268-287.

[282] 陈红,祁慧,汪鸥,等.中国煤矿重大事故中故意违章行为影响因素结构方程模型研究[J].系统工程理论与实践,2007,27(8):127-136.

[283] Newsted P R,Huff S L,Munro M C.Survey instruments in information systems[J].MIS quarterly,1998,22(4):553-554.

[284] 孙国强.管理研究方法[M].上海:上海人民出版社,2010.

[285] Berdie D R.Reassessing the Value of High Response Rates to Mail Surveys[J].Marketing Research,1989,1(3):515-531.

[286] Hair J F,Black W C,Babin B J,et al.Multivariate data analysis[M].Upper Saddle River,NJ:Prentice Hall,1998.

[287] Oyserman D,Coon H M,Kemmelmeier M.Rethinking individualism and collectivism:evaluation of theoretical assumptions and meta-analyses[J].Psychological bulletin,2002,128(1):3-72.

[288] Van Hooft E A,De Jong M.Predicting job seeking for temporary employment using the theory of planned behaviour:The moderating role of individualism and collectivism[J].Journal of Occupational and Organizational Psychology,2009,82(2):295-316.

[289] Roets A,Van Hiel A.Item selection and validation of a brief,15-item version of the Need for Closure Scale[J].Personality and Individual Differences,2011,50(1):90-94.

[290] Bravo A J,Kelley M L,Swinkels C M,et al.Work stressors,depressive symptoms and sleep quality among US Navy members:a parallel process latent growth modelling approach across deployment[J].Journal of sleep research,2018,27(3):1-9.

[291] Mohamed S.Safety climate in construction site environments[J].Journal of construction engineering and management,2002,128(5):375-384.

[292] 李启明,王盼盼,邓小鹏,等.地铁盾构坍塌事故中施工人员安全能力分析[J].灾害学,2010,25(4):73-77.

[293] 闫文周,杨翻艳,杨波涛.地铁施工班组安全氛围对人因风险传播的 SEM 研究[J].土木工程与管理学报,2018,35(2):39-44.

[294] Ghose S,Dou W.Interactive functions and their impacts on the appeal of Internet presence sites[J].Journal of Advertising research,1998,38(2):29-43.

[295] 李乃文,王晓芳.煤矿工人工作倦怠的工作要求-资源模型[J].中国心理卫生杂志,2009,23(7):515-520.

[296] Hong H,Cao M,Wang G A.The effects of network externalities and herding on user satisfaction with mobile social apps[J].Journal of Electronic Commerce Research,2017,18(1):18-31.

[297] 吴明隆.SPSS 统计应用实务[M].北京:中国铁道出版社,2000.

[298] 杜强,贾丽艳.SPSS 统计分析从入门到精通[M].北京:人民邮电出版社,2009.

[299] 卢纹岱.SPSS for Windows 统计分析[M].北京:电子工业出版社,2000.

[300] Kline R B.Principles and practice of structural equation modeling[M].New York:Guildwood,1998.

[301] 林嵩,姜彦福.结构方程模型理论及其在管理研究中的应用[J].科学学与科学技术管理,2006(2):38-41.

[302] Tucker L R,Lewis C.A reliability coefficient for maximum likelihood factor analysis[J].Psychometrika,1973,38(1):1-10.

[303] Salisbury W D,Chin W W,Gopal A,et al.Better theory through measurement-Developing a scale to capture consensus on appropriation[J].Information Systems Research,2002,13(1):91-103.

[304] Byrne B M.Structural equation modeling with EQS:Basic concepts,applications,and programming[M].United States:Sage Publications,2013.

[305] 侯杰泰,温忠麟,成子娟,等.结构方程模型及其应用[M].北京:教育科学出版社,2004.

[306] 余嘉元.共同方法偏差[C].第十五届全国心理学学术会议,2012:1.

[307] 熊红星,张璟,叶宝娟,等.共同方法变异的影响及其统计控制途径的模型分析[J].心理科学进展,2012,20(05):757-769.

[308] Spencer S J,Zanna M P,Fong G T.Establishing a causal chain:why experiments are often more effective than mediational analyses in examining psychological processes[J].Journal of personality and social psychology,2005,89(6):845-851.

[309] Mackinnon D P,Lockwood C M,Hoffman J M,et al.A comparison of methods to test mediation and other intervening variable effects[J].Psychological methods,2002,7(1):83-104.

[310] Mackinnon D P,Lockwood C M,Williams J.Confidence limits for the indirect effect:Distribution of the product and resampling methods[J].Multivariate behavioral research,2004,39(1):99-128.

[311] Little T D,Cunningham W A,Shahar G,et al.To parcel or not to parcel:Exploring the question,weighing the merits[J].Structural equation modeling,2002,9(2):151-173.

[312] Rogers W M,Schmitt N.Parameter recovery and model fit using multidimensional composites:A comparison of four empirical parceling algorithms[J].Multivariate Behavioral Research,2004,39(3):379-412.

[313] 谢识予.有限理性条件下的进化博弈理论[J].上海财经大学学报,2001,3(5):3-9.

[314] Simon H A.A behavioral model of rational choice[J].The quarterly journal of economics,1955,69(1):99-118.

[315] 商淑秀,张再生.虚拟企业知识共享演化博弈分析[J].中国软科学,2015(03):150-157.

[316] 卞曰瑭,李金生,许露.网络协调博弈策略下的股市羊群行为演化模型及仿真[J].中国管理科学,2017,25(3):20-29.

[317] 王冀宁,陈庭强.基于信号博弈的投资者羊群行为的机理探究[J].统计与决策,2010(16):138-140.

[318] 刘锦德,刘咏梅.基于不完全信息演化博弈模型的网络舆情传播羊群行为[J].国防科技大学学报,2013,35(5):96-101.

[319] 陈福集,黄江玲.基于演化博弈的网络舆情传播的羊群效应研究[J].情报杂志,2013,32(10):1-5.

[320] Gou J,Cai X,Dou S. Behavior simulation of "Chinese style road crossing" based on evolutionary game theory[C].2016 International Conference on Logistics,Informatics and Service Sciences (LISS),2016:1-6.

[321] Benseghir H,Idris M F M,Kabir M N,et al.Survey on pedestrian-dynamics models for evacuation process based on game theory[C].2018 International Seminar on Application for Technology of Information and Communication,2018:539-544.

[322] Weibull J W. Evolutionary game theory[M]. Cambridge MA:MIT Press,1997.

[323] Friedman D.Equilibrium in evolutionary games:Some experimental results[J].The Economic Journal,1996,106(434):1-25.

[324] Adami C,Schossau J,Hintze A.Evolutionary game theory using agent-based methods[J].Physics of life reviews,2016,19:1-26.

[325] 单红梅,熊新正,胡恩华,等.科研人员个体特征对其诚信行为的影响[J].科学学与科学技术管理,2014,35(2):169-179.

[326] 孙绍荣,焦玥,刘春霞.行为概率的数学模型[J].系统工程理论与实践,2007(11):79-86.

[327] Riva P,Eck J,Riva.Social exclusion[M].Cham:Springer,2016.